浙江改革开放四十年研究系列

共享发展
浙江的探索与实践

何显明 等 ◎ 著

中国社会科学出版社

图书在版编目(CIP)数据

共享发展：浙江的探索与实践／何显明等著. —北京：中国社会科学出版社，2018.10

（浙江改革开放四十年研究系列）

ISBN 978-7-5203-3351-1

Ⅰ.①共… Ⅱ.①何… Ⅲ.①区域经济发展—研究—浙江 Ⅳ.①F127.55

中国版本图书馆 CIP 数据核字（2018）第 237554 号

出 版 人	赵剑英
责任编辑	刘　芳
责任校对	王佳玉
责任印制	王　超

出　　版	中国社会科学出版社
社　　址	北京鼓楼西大街甲 158 号
邮　　编	100720
网　　址	http://www.csspw.cn
发 行 部	010-84083685
门 市 部	010-84029450
经　　销	新华书店及其他书店

印刷装订	北京君升印刷有限公司
版　　次	2018 年 10 月第 1 版
印　　次	2018 年 10 月第 1 次印刷

开　　本	710×1000　1/16
印　　张	18.25
字　　数	275 千字
定　　价	78.00 元

凡购买中国社会科学出版社图书，如有质量问题请与本社营销中心联系调换
电话：010-84083683
版权所有　侵权必究

浙江省文化研究工程指导委员会

主　任：车　俊

副主任：葛慧君　郑栅洁　陈金彪　周江勇
　　　　成岳冲　陈伟俊　邹晓东

成　员：胡庆国　吴伟平　蔡晓春　来颖杰
　　　　徐明华　焦旭祥　郭华巍　徐宇宁
　　　　鲁　俊　褚子育　寿剑刚　盛世豪
　　　　蒋承勇　张伟斌　鲍洪俊　许　江
　　　　蔡袁强　蒋国俊　马晓晖　张　兵
　　　　马卫光　陈　龙　徐文光　俞东来
　　　　陈奕君　胡海峰

浙江文化研究工程成果文库总序

有人将文化比作一条来自老祖宗而又流向未来的河，这是说文化的传统，通过纵向传承和横向传递，生生不息地影响和引领着人们的生存与发展；有人说文化是人类的思想、智慧、信仰、情感和生活的载体、方式和方法，这是将文化作为人们代代相传的生活方式的整体。我们说，文化为群体生活提供规范、方式与环境，文化通过传承为社会进步发挥基础作用，文化会促进或制约经济乃至整个社会的发展。文化的力量，已经深深熔铸在民族的生命力、创造力和凝聚力之中。

在人类文化演化的进程中，各种文化都在其内部生成众多的元素、层次与类型，由此决定了文化的多样性与复杂性。

中国文化的博大精深，来源于其内部生成的多姿多彩；中国文化的历久弥新，取决于其变迁过程中各种元素、层次、类型在内容和结构上通过碰撞、解构、融合而产生的革故鼎新的强大动力。

中国土地广袤、疆域辽阔，不同区域间因自然环境、经济环境、社会环境等诸多方面的差异，建构了不同的区域文化。区域文化如同百川归海，共同汇聚成中国文化的大传统，这种大传统如同春风化雨，渗透于各种区域文化之中。在这个过程中，区域文化如同清溪山泉潺潺不息，在中国文化的共同价值取向下，以自己的独特个性支撑着、引领着本地经济社会的发展。

从区域文化入手，对一地文化的历史与现状展开全面、系统、扎实、有序的研究，一方面可以藉此梳理和弘扬当地的历史传统和文化资源，繁荣和丰富当代的先进文化建设活动，规划和指导未来的文化发展蓝图，增强文化软实力，为全面建设小康社会、加快推进社会主义现代化提供思想保证、精神动力、智力支持和舆论力量；另一方面，这也是深入了解中国文化、研究中国文化、发展中国文化、创新中国文化的重要途径之一。如今，区域文化研究日益受到各地重视，成为我国文化研究走向深入的一个重要标志。我们今天实施浙江文化研究工程，其目的和意义也在于此。

千百年来，浙江人民积淀和传承了一个底蕴深厚的文化传统。这种文化传统的独特性，正在于它令人惊叹的富于创造力的智慧和力量。

浙江文化中富于创造力的基因，早早地出现在其历史的源头。在浙江新石器时代最为著名的跨湖桥、河姆渡、马家浜和良渚的考古文化中，浙江先民们都以不同凡响的作为，在中华民族的文明之源留下了创造和进步的印记。

浙江人民在与时俱进的历史轨迹上一路走来，秉承富于创造力的文化传统，这深深地融汇在一代代浙江人民的血液中，体现在浙江人民的行为上，也在浙江历史上众多杰出人物身上得到充分展示。从大禹的因势利导、敬业治水，到勾践的卧薪尝胆、励精图治；从钱氏的保境安民、纳土归宋，到胡则的为官一任、造福一方；从岳飞、于谦的精忠报国、清白一生，到方孝孺、张苍水的刚正不阿、以身殉国；从沈括的博学多识、精研深究，到竺可桢的科学救国、求是一生；无论是陈亮、叶适的经世致用，还是黄宗羲的工商皆本；无论是王充、王阳明的批判、自觉，还是龚自珍、蔡元培的开明、开放，等等，都展示了浙江深厚的文化底蕴，凝聚了浙江人民求真务实的创造精神。

代代相传的文化创造的作为和精神，从观念、态度、行为方式和价值取向上，孕育、形成和发展了渊源有自的浙江地域文化传统和与时俱进的浙江文化精神，她滋育着浙江的生命力、催生着浙江的凝聚力、激发着浙江的创造力、培植着浙江的竞争力，激励着浙江人民永不自满、永不停息，在各个不同的历史时期不断地超越自我、创业奋进。

悠久深厚、意韵丰富的浙江文化传统，是历史赐予我们的宝贵财富，也是我们开拓未来的丰富资源和不竭动力。党的十六大以来推进浙江新发展的实践，使我们越来越深刻地认识到，与国家实施改革开放大政方针相伴随的浙江经济社会持续快速健康发展的深层原因，就在于浙江深厚的文化底蕴和文化传统与当今时代精神的有机结合，就在于发展先进生产力与发展先进文化的有机结合。今后一个时期浙江能否在全面建设小康社会、加快社会主义现代化建设进程中继续走在前列，很大程度上取决于我们对文化力量的深刻认识、对发展先进文化的高度自觉和对加快建设文化大省的工作力度。我们应该看到，文化的力量最终可以转化为物质的力量，文化的软实力最终可以转化为经济的硬实力。文化要素是综合竞争力的核心要素，文化资源是经济社会发展的重要资源，文化素质是领导者和劳动者的首要素质。因此，研究浙江文化的历史与现状，增强文化软实力，为浙江的现代化建设服务，是浙江人民的共同事业，也是浙江各级党委、政府的重要使命和责任。

2005年7月召开的中共浙江省委十一届八次全会，作出《关于加快建设文化大省的决定》，提出要从增强先进文化凝聚力、解放和发展生产力、增强社会公共服务能力入手，大力实施文明素质工程、文化精品工程、文化研究工程、文化保护工程、文化产业促进工程、文化阵地工程、文化传播工程、文化人才工程等"八项工程"，实施科教兴国和人才强国战略，加快建设教育、科技、卫生、体育等"四个强省"。作为文化建设"八项工程"之一的文化研究工程，其任务就是系统研究浙江文化的历史成就和当代发展，深入挖掘浙江文化底蕴、研究浙江现象、总结浙江经验、指导浙江未来的发展。

浙江文化研究工程将重点研究"今、古、人、文"四个方面，即围绕浙江当代发展问题研究、浙江历史文化专题研究、浙江名人研究、浙江历史文献整理四大板块，开展系统研究，出版系列丛书。在研究内容上，深入挖掘浙江文化底蕴，系统梳理和分析浙江历史文化的内部结构、变化规律和地域特色，坚持和发展浙江精神；研究浙江文化与其他地域文化的异同，厘清浙江文化在中国文化中的地位和相互影响的关系；围绕浙江生动的当代实践，深入解读浙江现象，总结浙江经验，指导浙江发展。在研究力量上，通过课题组织、出版资助、重点研究基地建设、加强省内外大院名校合作、整合各地各部门力量等途径，形成上下联动、学界互动的整体合力。在成果运用上，注重研究成果的学术价值和应用价值，充分发挥其认识世界、传承文明、创新理论、咨政育人、服务社会的重要作用。

我们希望通过实施浙江文化研究工程，努力用浙江历史教育浙江人民、用浙江文化熏陶浙江人民、用浙江精神鼓舞浙江人民、用浙江经验引领浙江人民，进一步激发浙江人民的无穷智慧和伟大创造能力，推动浙江实现又快又好发展。

今天，我们踏着来自历史的河流，受着一方百姓的期许，理应负起使命，至诚奉献，让我们的文化绵延不绝，让我们的创造生生不息。

2006 年 5 月 30 日于杭州

浙江文化研究工程(第二期)序

车俊

　　文化是一个国家、一个民族的灵魂。文化兴国运兴，文化强民族强。没有高度的文化自信，没有文化的繁荣昌盛，就没有中华民族伟大复兴。文化研究肩负着继承文化传统、推动文化创新、激发文化自觉、增强文化自信的历史重任和时代担当。

　　浙江是中华文明的重要发祥地，文源深、文脉广、文气足。悠久深厚、意蕴丰富的浙江文化传统，是浙江改革发展最充沛的养分、最深沉的力量。2003年，时任浙江省委书记的习近平同志作出了"八八战略"重大决策部署，明确提出要"进一步发挥浙江的人文优势，积极推进科教兴省、人才强省，加快建设文化大省"。2005年，作为落实"八八战略"的重要举措，习近平同志亲自谋划实施浙江文化研究工程，并亲自担任指导委员会主任，提出要通过实施这一工程，用浙江历史教育浙江人民、用浙江文化熏陶浙江人民、用浙江精神鼓舞浙江人民、用浙江经验引领浙江人民。

　　12年来，历届省委坚持一张蓝图绘到底，一年接着一年干，持续深入推进浙江文化研究工程的实施。全省哲学社会科学工作者积极响应、踊跃参与，将毕生所学倾注于一功，为工程的顺利实施提供了强大智力支持。经过这些年的艰苦努力和不断积淀，第一期"浙江文化研究工程"圆满完成了规划任务。通过实施第一期"浙江文化研究工程"，一大批优秀学术研究成果涌现出来，一大批优秀哲学社会科学人才成长起来，我省哲学社会科学研究水平站上了新高度，这不仅为优秀传统文化创造性转化、创新性发展作出了浙江探索，也为加快构建中国特色哲学社会科学提供了浙江素材。可以说，浙江文化研究工程，已经成为浙江文化大省、文化强省建设的有力抓手，成为浙江社会主义文化建设的一块"金字招牌"。

　　新时代，历史变化如此深刻，社会进步如此巨大，精神世界如此活跃，文化建设正当其时，文化研究正当其势。党的十九大深刻阐明了新时代中国特色社会主义文化发展的一系列重大问题，并对坚定文化自信、推动社会主义文化繁荣兴盛作出了全面部署。浙江省第十四次党代会也明确提出"在提升文化软实力上更进一步、更快一步，努力建设文化浙江"。在承接第一期成果的基础上，实施新一期浙江文化研究工程，是坚定不移沿着"八八战略"指引的路子走下去的具体行动，是推动新时代中国特色社会主义文化繁荣兴盛的重大举措，也是建设文化浙江的必然要求。新一期浙江文化研究工程将延续"今、古、人、文"的主题框架，通过突出当代发展研究、历史文化研究、"浙学"文化阐述三方面内容，努力把浙江历史讲得更动听、把浙江文化讲得更精彩、把浙江精神讲得更深刻、把浙江经验讲得更透彻。

　　新一期工程将进一步传承优秀文化，弘扬时代价值，提炼浙江文化的优秀基因和核心价值，推动优秀传统文化基因和思想融入经济社会发展之中，推动文化软实力转化为发展硬实力。

　　新一期工程将进一步整理文献典籍，发掘学术思想，继续对浙江文献典籍和学术思想进行系统梳理，对濒临失传的珍贵文献和经典著述进行抢救性发掘和系统整理，对历代有突出影响的文化名家进行深入研究，帮助人们加深对中华思想文化宝库的认识。

　　新一期工程将进一步注重成果运用，突出咨政功能，深入阐释红船精神、浙江精神，积极提炼浙江文化中的治理智慧和思想，为浙江改革发展提供学理支持。

　　新一期工程将进一步淬炼"浙学"品牌，完善学科体系，不断推出富有主体性、原创性的研究成果，切实提高浙江学术的影响力和话语权。

　　文化河流奔腾不息，文化研究逐浪前行。我们相信，浙江文化研究工程的深入实施，必将进一步满足浙江人民的精神文化需求，滋养浙江人民的精神家园，夯实浙江人民文化自信和文化自觉的根基，激励浙江人民坚定不移沿着习近平总书记指引的路子走下去，为高水平全面建成小康社会、高水平推进社会主义现代化建设凝聚起强大精神力量。

目　录

总论　共享发展的中国实践与浙江探索 …………………… （1）
　　第一节　共享发展：中国道路的核心价值 ……………… （1）
　　第二节　共享发展：中国道路的本质特征及内在逻辑 …… （14）
　　第三节　共享发展的浙江实践 …………………………… （29）

第一章　富民强省：浙江共享发展的探索历程 ……………… （44）
　　第一节　富民强省的"浙江经验"的形成与发展 ………… （45）
　　第二节　"八八战略"与基于共享发展的经济转型升级 …… （49）
　　第三节　从"两创""两富"到"两美""两高" …………… （60）

第二章　大众创业：夯实共享发展的社会基础 ……………… （70）
　　第一节　大众创业与浙江"老百姓经济"现象 …………… （70）
　　第二节　大力营造大众创业的浓厚氛围 ………………… （78）
　　第三节　大众创业的共享发展效应 ……………………… （89）

第三章　民生为本：逐步健全省域公共服务体系 …………… （97）
　　第一节　以发展促民生：在不断发展中解决民生问题 …… （98）
　　第二节　以兜底保民生：逐渐补齐民生短板 …………… （105）
　　第三节　以均等惠民生：全面推进基本公共服务
　　　　　　均等化 ………………………………………… （113）
　　第四节　以品质强民生：公共服务供给的内涵发展与
　　　　　　机制创新 ……………………………………… （122）

第四章　山海协作：浙江区域共享发展之路 ……………（130）
  第一节　浙江区域共享发展的主要历程和特征 …………（131）
  第二节　山海协作：优化区域协调发展的战略布局………（136）
  第三节　"八八战略"引领下的区域共享发展成效 ………（147）

第五章　全面小康：外延拓展与内涵提升 ………………（157）
  第一节　走在前列的浙江小康社会建设 …………………（158）
  第二节　全覆盖的高水平小康社会建设 …………………（163）
  第三节　全领域的高水平小康社会建设 …………………（169）

第六章　市场与政府：优势互补的共享发展协同机制……（188）
  第一节　顺势而为：共享发展中的政府与市场 …………（188）
  第二节　充分发挥市场在营造共建格局中的关键作用…（195）
  第三节　充分发挥政府的共享发展引导协调作用………（205）

第七章　共建共治共享：多元主体的合作治理格局………（217）
  第一节　构建多元主体合作治理的制度框架 ……………（217）
  第二节　以多元协调联动机制创新推进基层共治………（230）
  第三节　健全促进社会治理成果共享的有效机制………（239）

第八章　勇立潮头：提供高水平共享发展的浙江经验……（248）
  第一节　干在实处：补齐高水平共享发展的短板 ………（248）
  第二节　走在前列：全面拓展共享发展的内涵 …………（252）
  第三节　先行先试：打造跨越"中等收入陷阱"的

      浙江经验 ……………………………………（260）

主要参考文献 ………………………………………………（275）

后　记 ………………………………………………………（278）

总论　共享发展的中国实践与浙江探索

在共建中实现共享，以共建与共享的良性互动促进社会全面进步，奠定人的全面自由发展的坚实基础，是人类经济社会发展的理想状态。作为中国特色社会主义发展实践的理论结晶，习近平总书记概括的五大发展理念，把共享作为发展的出发点和落脚点，清晰地表达了发展为了人民、发展依靠人民、发展成果由人民共享的发展理念，为中国适应经济新常态、引领经济新常态，推动经济社会发展全面转型升级提供了思想引领。共享发展，是社会主义实践的本质要求，是马克思主义发展哲学在当代中国的创新发展，不仅为全面建成小康社会、实现中华民族伟大复兴的中国梦提供了价值导向，而且为发展中国家破解"中等收入陷阱"的困局，为人类社会寻求更好的发展模式及其体制保障，贡献了具有独特魅力的中国实践经验和中国智慧。长期走在中国改革发展前列的浙江，则以高水平的全面小康社会建设的优异成果，为全民共享、全面共享、共建共享、渐进共享的中国发展实践，提供了丰富的浙江元素，成为共享发展的中国道路的成功样本。

第一节　共享发展：中国道路的核心价值

改革开放以来，中国共产党全面开创了中国特色社会主义道路，克服了前进道路上的种种困难，创造了举世瞩目的发展奇迹。中国的发展实践不仅让西方一波接一波的"中国崩溃论"成为过眼云烟，而且以其在消除贫困,全面提高人民生活水平上的巨大成就,在所谓的"华盛顿共识"陷于破灭之际,焕发出了独特的共享发展魅力,推动中国特色社会主义进入了新境界。

一　中国特色社会主义实践的主旨

中华人民共和国在致力于社会主义现代化道路探索的过程中,始终将实现共同富裕,改变旧中国积贫积弱的一穷二白局面,作为社会主义建设的重要目标。中华人民共和国成立之初,毛泽东同志就指出:"现在我们实行这么一种制度,这么一种计划,是可以一年一年走向更富更强的,一年一年可以看到更富更强些。而这个富,是共同的富,这个强,是共同的强,大家都有份。"① 在特定的历史条件下,毛泽东对中国如何走出一条不同于苏联的社会主义现代化道路,在一穷二白的国度谱写最美的画卷进行了大胆探索,虽然后来经历了种种挫折,走过了一段弯路,但三十年的探索,也为改革开放以后中国共产党开创中国特色社会主义道路奠定了重要的基础。

改革开放以来,在深刻总结历史经验和教训的基础上,邓小平同志果断地提出了"以经济建设为中心""发展才是硬道理"等重大论断,立足于中国的基本国情,科学回答了"什么是社会主义,怎样建设社会主义"这一根本问题,形成了社会主义初级阶段的发展理论,确立了改革开放的发展战略,创造性地开辟了一条中国特色社会主义的发展道路。作为这一发展道路的重要指导思想原则,共同富裕一直是邓小平同志最为关切的问题之一。为加快发展步伐,党的十一届三中全会确立了"允许一部分人先富起来"的政策,打破了把"共同富裕"当作"同步富裕"的僵化观念,极大地调动了人们勤劳致富的积极性,取得了显著的发展成效。需要指出的是,"允许一部分人先富起来"这一"大政策",从一开始就是放在邓小平同志强调的"两个大局"的战略中谋划的。邓小平同志强调,一个大局,就是东部沿海地区加快对外开放,使之较快地先发展起来,中西部地区要顾

---

① 习近平:《在省部级主要领导干部学习贯彻党的十八届五中全会精神专题研讨班上的讲话》,《人民日报》2016年5月10日第1版。

全这个大局；另一个大局，就是当发展到一定时期，比如20世纪末全国达到小康水平时，就要拿出更多的力量帮助中西部地区加快发展，东部沿海地区也要服从这个大局。①

在思考什么是社会主义本质这一重大问题时，邓小平同志明确提出，"社会主义的目的就是要全国人民共同富裕，不是两极分化"②，"我们坚持走社会主义道路，根本目标是实现共同富裕"③。20世纪90年代初，邓小平同志还总结指出："共同致富，我们从改革一开始就讲，将来总有一天要成为中心课题。社会主义不是少数人富起来、大多数人穷，不是那个样子。社会主义最大的优越性就是共同富裕，这是体现社会主义本质的一个东西。如果搞两极分化，情况就不同了，民族矛盾、区域间矛盾、阶级矛盾都会发展，相应地中央和地方的矛盾也会发展，就可能出乱子。"④

党的十四大明确提出了建立社会主义市场经济体制的改革目标，围绕如何在市场经济条件下坚持和发展中国特色社会主义这一历史性课题，江泽民同志在党的十四届五中全会闭幕式上的讲话，系统地概括了社会主义现代化建设中的十二大关系，提出："实现共同富裕是社会主义的根本原则和本质特征，绝不能动摇。"党的十五大在概括社会主义初级阶段经济建设纲领时进一步强调，"建设有中国特色社会主义的经济，就是在社会主义条件下发展市场经济，不断解放和发展生产力"，其目的就是"保证国民经济持续快速健康发展，人民共享经济繁荣成果"。

进入21世纪以后，面对我国经济社会发展中存在的不协调不可持续等现实挑战，胡锦涛同志在党的十六届三中全会上提出了科学发展观，强调要"坚持以人为本，树立全面、协调、可持续的发展观，促进经济社会和人的全面发展"。这里，"坚持以人为本，就是要以实现人的全面发展为目标，从人民群众的根本利益出发谋发展、促发展，不断满足人民群众日益增长的物质文化需要，切实保障人民群众

---

① 《邓小平文选》第3卷，人民出版社1994年版，第277—278页。
② 同上书，第110—111页。
③ 同上书，第155页。
④ 同上书，第364页。

的经济、政治和文化权益，让发展的成果惠及全体人民"。科学发展观的提出，深刻体现了我们党对于发展问题认识的全面深化。在此基础上，党的十七大进一步提出要"走共同富裕道路，促进人的全面发展，做到发展为了人民、发展依靠人民、发展成果由人民共享"，指明社会建设的重点是保障和改善民生，社会建设的基本原则是"共建共享"，社会建设的总目标是"使全体人民学有所教、劳有所得、病有所医、老有所养、住有所居"。

党的十八大则就如何通过全面深化改革，健全保障制度，明确了实现共同富裕的努力方向，强调"共同富裕是中国特色社会主义的根本原则。要坚持社会主义基本经济制度和分配制度，调整国民收入分配格局，加大再分配调节力度，着力解决收入分配差距较大问题，使发展成果更多更公平惠及全体人民，朝着共同富裕方向稳步前进。"党的十九大作出了"我国社会主要矛盾已经转化为人民日益增长的美好生活需要和不平衡不充分的发展之间的矛盾"重大判断，强调"必须始终把人民利益摆在至高无上的地位，让改革发展成果更多更公平惠及全体人民，朝着实现全体人民共同富裕不断迈进"。

在我们党的发展理论的持续创新过程中，发展理念"是管全局、管根本、管方向、管长远的东西"[1]，深刻地反映着我们党对于发展问题的理论自觉。党的十八大以来，习近平总书记对中国发展实践和理论进行了系统的总结，最终正式概括提出了"创新、协调、绿色、开放、共享"五大发展理念，标志着我们党对三大规律的认识，对发展理论和实践的探索，达到了崭新的历史高度。共享发展理念坚持以人民为中心的发展准则，体现的是我们党领导中国人民逐步实现共同富裕的执着信念，既深刻地反映了马克思主义关于发展的基本理念和社会主义实践的本质要求，也鲜明也体现了中国优秀文化传统的精髓，是马克思主义中国化最重要的理论创新成果，赋予了中国特色社会主义实践最重要的思想内核。

---

[1] 习近平：《关于〈中共中央关于制定国民经济和社会发展第十三个五年规划的建议〉的说明》，《人民日报》2015年11月4日第2版。

二 共享发展内涵的全面拓展

共享发展作为中国特色社会主义发展实践的核心理念，全面拓展了马克思主义关于社会主义建设的理论，为人类社会探索更加公平、更加合理、更符合社会全面进步与人的全面自由发展内在要求的发展道路提供了新的方案。概括地讲，中国道路彰显的共享发展，具有四个方面的内涵。

就共享的覆盖面而言，共享发展要求发展成果"人人享有、各得其所，不是少数人共享、一部分人共享"。习近平总书记明确指出："广大人民群众共享改革发展成果，是社会主义的本质要求，是我们党坚持全心全意为人民服务根本宗旨的重要体现。我们追求的发展是造福人民的发展，我们追求的富裕是全体人民共同富裕。改革发展搞得成功不成功，最终的判断标准是人民是不是共同享受到了改革发展成果。"[1] 客观地讲，由于资源禀赋、发展条件的差异，以及发展能力的差别，再加上体制性、政策性因素，城乡之间、地区之间、行业之间及不同的人群之间，不可能实现同步富裕。这就要求完善社会主义基本经济制度和分配制度，深化收入分配制度改革和社会保障制度改革，加大再分配调节力度，在做大"蛋糕"的同时分好"蛋糕"，努力缩小城乡、区域、行业收入差距，使各阶层、各民族、各地区的人民都能享受到改革发展的成果，不让一个人掉队。

人人享有的内涵，并不局限于全体人民都能分享到改革发展的成果，更重要的是，人人都能平等享有发展的权利和机会。党的十八大报告将社会主义公平界定为"权利公平、机会公平、规则公平"。这里，人的基本权利，包括法律地位、政治地位以及社会保障权益等的平等，无疑是社会公平最基础、最核心的内容。正如恩格斯指出的那样，"社会的一切成员，都应当有平等的政治地位和社会地位"[2]，而不能以出身、性别、种族、财富等附加条件加以区别对待。规则公平

---

[1] 《中共中央召开党外人士座谈会征求中共中央关于制定国民经济和社会发展第十三个五年规划的建议的意见》，《人民日报》2015年10月31日第1版。

[2] 《马克思恩格斯选集》第3卷，人民出版社1995年版，第444页。

要求所有社会规则得到公正的执行，以保障规则面前人人平等。机会公平则要求赋予每个社会成员平等地参与竞争各种经济、政治、社会、文化稀缺资源的机会，是权利公平和规则公平的最终体现。党的十八届五中全会强调，要"按照人人参与、人人尽力、人人享有的要求，坚守底线、突出重点、完善制度、引导预期，注重机会公平，保障基本民生，实现全体人民共同迈入全面小康社会"，再次突出了发展权利的平等共享，是实现发展成果共享的重要前提。正如习近平总书记谈到中国梦归根到底是人民的梦时指出的那样，生活在我们伟大祖国和伟大时代的中国人民，共同享有人生出彩的机会，共同享有梦想成真的机会，共同享有同祖国和时代一起成长与进步的机会。有梦想，有机会，有奋斗，一切美好的东西都能够创造出来。[1] 只有充分保障人人享有平等的发展权利，最大限度地创造平等的发展机会，才能将共享发展成果建立在人人参与的基础上，建立在每个人的奋斗基础上而不是国家的直接提供上。

就共享的内容而言，共享发展要求全体人民"共享国家经济、政治、文化、社会、生态各方面建设成果，全面保障人民在各方面的合法权益"[2]。人民的需求是多层面和动态发展的。随着社会的进步和人民生活水平的提高，人民群众对生活品质、文化精神生活、生态环境保护和政治权利等方面的需求会日益增强，需求的个性化差异也会日益显著。党的十九大明确指出，我国社会主要矛盾的变化是关系全局的历史性变化，对党和国家工作提出了许多新要求。我们要在继续推动发展的基础上，着力解决好发展不平衡不充分问题，大力提升发展质量和效益，更好满足人民在经济、政治、文化、社会、生态等方面日益增长的需要，更好推动人的全面发展、社会全面进步。习近平总书记在省部级主要领导干部"学习习近平总书记重要讲话精神，迎接党的十九大"专题研讨班的讲话中指出：经过改革开放近40年的发展，我国社会生产力水平明显提高；人民生活显著改善，对美好生

---

[1] 《习近平谈治国理政》，外文出版社2014年版，第40页。
[2] 习近平：《在省部级主要领导干部学习贯彻党的十八届五中全会精神专题研讨班上的讲话》，《人民日报》2016年5月10日第1版。

活的向往更加强烈,人民群众的需要呈现多样化多层次多方面的特点,期盼有更好的教育、更稳定的工作、更满意的收入、更可靠的社会保障、更高水平的医疗卫生服务、更舒适的居住条件、更优美的环境、更丰富的精神文化生活。因此,实现共享发展决不能满足于保障人民群众享有基本生存条件,而必须立足于推动各项事业发展,促进社会全面进步,不断创造和优化全体人民实现全面自由发展的现实条件。

就共享的实现途径而言,共享发展要求"充分发扬民主,广泛汇聚民智,最大激发民力,形成人人参与、人人尽力、人人都有成就感的生动局面"①。共享的成果不会从天上掉下来,只有人人参与、人人尽力,才能创造出日益丰富的可供共享的发展成果。"大鹏之动,非一羽之轻也;骐骥之速,非一足之力也。"要实现共享发展,就必须充分尊重和激发人民群众的首创精神,就必须不断完善尊重劳动、尊重知识、尊重人才、尊重创造的体制机制,大力营造鼓励创新、包容失败的社会环境,形成大众创业、万众创新的局面,最大限度释放人民群众的创造潜能,让一切劳动、知识、技术、管理、资本的活力竞相迸发,让一切创造社会财富的源泉充分涌流,让发展成果更多更公平地惠及全体人民。

就共享发展的实现过程而言,"共享发展必将有一个从低级到高级、从不均衡到均衡的过程,即使达到很高的水平也会有差别"②。共享发展的最终目标是实现共同富裕,但共同富裕不是同步富裕。从某种意义上讲,社会生产力发展在任何时候都无法保证能够让所有个体都享有同等富裕的资源。共享发展是一个从低级到高级、从不均衡到相对均衡的渐进过程,不可能一步到位、一蹴而就。我国现在仍然处于社会主义初级阶段,生产力发展水平还不高,发展不平衡、不协调、不可持续问题还比较突出,共享发展与人民群众的要求和期待相比差距还很大。推进共享发展,必须立足初级阶段的基本国情,一方

---

① 习近平:《在省部级主要领导干部学习贯彻党的十八届五中全会精神专题研讨班上的讲话》,《人民日报》2016年5月10日第1版。
② 同上。

面积极回应人民群众诉求，实施好精准扶贫政策，大力推进公共服务均等化，健全公平的分配机制，努力破解共享不均的突出问题，尽最大可能保证低收入群体能够充分分享改革发展的成果；另一方面又要充分认识共享发展的艰巨性、复杂性、长期性，充分考虑客观条件和可承受能力，量力而行，循序渐进，注意克服绝对平均主义思想，防止草率冒进，欲速而不达，或寅吃卯粮，将注意力完全集中在"切蛋糕"而影响"做大蛋糕"，最终陷入共享贫困、共担停滞的局面。

综上所述，作为中国道路核心理念的共享发展，蕴含着"为谁发展""靠谁发展""怎样发展"等丰富思想内涵。在此，共享发展是目的与过程、主体与客体的有机统一。党的十九大基于中国特色社会主义进入新时代，我国社会主要矛盾已经转化为人民日益增长的美好生活需要和不平衡不充分的发展之间的矛盾的重大判断，对决胜全面建成小康社会，实现共享发展进一步作出了明确的战略规划。社会主要矛盾的历史性转化意味着，一方面，我国社会生产力水平总体上显著提高，社会生产能力在很多方面进入世界前列，我国已经稳定地解决了十几亿人的温饱问题，总体上实现了小康；另一方面，人民美好生活需要日益广泛，不仅对物质文化生活提出了更高要求，而且在民主、法治、公平、正义、安全、环境等方面的要求日益增长，发展的不平衡不充分，这已经成为满足人民日益增长的美好生活需要的主要制约因素，成为下一步实现共享发展必须破解的重要任务。为此，就必须坚持以人民为中心的发展思想，不断促进人的全面发展、全体人民共同富裕。

三 共享发展制度体系的不断完善

共享发展在中国不只是一种理念和愿景，而且是一种现实的实践。习近平总书记指出，落实共享发展是一门大学问，要做好从顶层设计到"最后一公里"落地的工作，在实践中不断取得新成效。[①] 改革开放以来，中国之所以能够在共享发展方面取得举世瞩目的成就，

---

① 习近平：《在省部级主要领导干部学习贯彻党的十八届五中全会精神专题研讨班上的讲话》，《人民日报》2016年5月10日第1版。

关键就在于围绕坚持以人民为中心的发展准则,形成了以促进社会公平正义为价值导向,以全面建成小康社会为载体,以扶贫攻坚、缩小收入差距为抓手,以推进公共服务均等化为基础,以完善社会保障体系为制度保障的一整套体制机制和政策体系。

(一) 以维护社会公平正义为共享发展的核心价值

共享是实现公平正义的内在要求。"虽然公正思想源远流长,但把它作为一种政治运动和政治制度加以追求的,则非社会主义莫属。"① 党的十八大报告明确提出,"公平正义是中国特色社会主义的内在要求",要"加紧建设对保障社会公平正义具有重大作用的制度,逐步建立以权利公平、机会公平、规则公平为主要内容的社会公平保障体系"。党的十八届三中全会进一步强调,全面深化改革必须以促进社会公平正义、增进人民福祉为出发点和落脚点。习近平总书记就此深刻指出:"要把促进社会公平正义、增进人民福祉作为一面镜子,审视我们各方面体制机制和政策规定,哪里有不符合促进社会公平正义的问题,哪里就需要改革;哪个领域哪个环节问题突出,哪个领域哪个环节就是改革的重点。对由于制度安排不健全造成的有违公平正义的问题要抓紧解决,使我们的制度安排更好体现社会主义公平正义原则,更加有利于实现好、维护好、发展好最广大人民根本利益。"② 这就非常醒目地突出了公平正义在共享发展的"中国方案"中体现社会主义本质要求的核心价值地位。

(二) 以全面建成小康社会为共享发展的重要载体

共享发展是一个渐进、持续的过程,立足中国的发展水平和基本国情,改革开放以来,我国确立了小康社会建设的战略目标,作为推进共享发展的基本载体。党的十七大明确提出了全面建成小康社会的奋斗目标,党的十八大以后我国进入决胜全面小康建设的重要发展阶段,党的十八届五中全会将"人民生活水平和质量普遍提高"作为全面建成小康社会的新目标,进一步拓展了共享发展的内涵,推动共

---

① 杨光斌:《习近平的国家治理现代化思想》,《行政科学论坛》2015年第4期。
② 习近平:《切实把思想统一到党的十八届三中全会精神上来》,《人民日报》2014年1月1日第1版。

享发展从追求量的增长转向追求质的提升。党的十九大报告提出了从2020年到21世纪中叶实现第二个百年目标的"新两步走"发展战略。第一个阶段,从2020年到2035年,在全面建成小康社会的基础上再奋斗十五年,基本实现社会主义现代化。第二个阶段,从2035年到21世纪中叶,在基本实现现代化的基础上再奋斗十五年,把我国建成富强民主文明和谐美丽的社会主义现代化强国。其中第一阶段的发展目标要求在共享发展方面实现"人民生活更为宽裕,中等收入群体比例明显提高,城乡区域发展差距和居民生活水平差距显著缩小,基本公共服务均等化基本实现,全体人民共同富裕迈出坚实步伐"。而到第二阶段任务完成时,我国将在物质文明、政治文明、精神文明、社会文明、生态文明全面提升的基础上,基本实现"全体人民共同富裕"的奋斗目标。显然,中国道路在推进共享发展上的一个显著的体制优势,就是执政党始终坚持以人民为中心的发展观,围绕实现共同富裕这一目标,确立全面建成小康社会和建设社会主义现代化强国的战略目标,进而凝聚全党、全社会的力量,心无旁骛,聚精会神,持之以恒地朝着这一目标迈进,从而以显著的战略定力,克服了许多国家的"否决政治"带来的诸如无法形成稳定持久的共享发展战略等一系列弊端,一步一个脚印地取得了共享发展的显著成就。

(三) 以促进创业就业为共享发展的实践基础

共享发展不可能建立在一部分人创业劳动,一部分不劳而获、坐等分享成果的基础上。中国是一个发展中大国,还处于社会主义初级阶段,共享发展更不可能走发达国家高福利的路子。中国发展之所以呈现出罕见的高效率,共享发展之所以能够在短短的几十年里取得举世瞩目的成就,一条重要的成功经验,就是坚持共享与共建有机统一,以创业和就业为优先战略,奠定了共享发展逐步推进的坚实物质基础。改革开放以来,我国始终坚持以就业为民生之本,想方设法通过体制机制创新,调动全体人民参与小康社会建设和现代化建设的积极性,引导人们通过自己劳动来改善自己的生活,提高生活的质量。党的十八大以来,在决胜全面小康社会建设的新征程中,我们党全面深化改革,着力营造"大众创业万众创新"的体制环境和社会氛围。"十三五"规划将实施就业优先战略重点放在创造更多就业岗位上,着力解决结构性就业矛盾,并稳步提升就业质量。为此,国家提出了完善创业扶持政策、打破就业市场壁垒与身份歧视、强化对灵活就业与新就业形态支持、实施劳动者技能素质提升计划、完善就业公共服务体系等一系列体制创新和政策创新计划。这必将进一步激发全社会的创业创新活力,彰显出以共建实现共享的中国价值的魅力。

(四) 以扶贫攻坚、缩小收入差距为共享发展的重要抓手

任何一个将共享列为重要发展导向的国家,受资源禀赋、发展能力等条件限制,总是存在某些特殊的社会群体无法实现同步发展。中国共享发展道路的一个显著特色,是将共享发展上升到国家意志的高度,进而充分发挥社会主义国家集中力量办大事的体制优势,全面实施脱贫攻坚战略,将脱贫目标具体化,督促各级政府按照明确的时间表补齐共享发展的短板。我国由于国土面积大,地区之间自然条件差异极大,连片贫困地区的贫困状态与散落在全国城乡的贫困人口依然规模庞大。如果不能让这些贫困地区与贫困人口迅速摆脱贫困状态,就不可能完成全面建成小康社会的任务,更不可能实现共享发展的目标。为此,改革开放以来我国不断加大扶贫攻坚的力度,出台了一系列的专门政策。党的十八届五中全会明确提出了"十三五"期间"我国现行标准下农村贫困人口实现脱贫,贫困县全部摘帽,解决区域性整体贫困"目标,明确要求要"加大对革命老区、民族地区、边疆地区、贫困地区的转移支付,实施脱贫攻坚工程,实施精准扶贫、精准脱贫,分类扶持贫困家庭,探索对贫困人口实行资产收益扶持制度,建立健全农村留守儿童和妇女、老人关爱服务体系"。党的十八大以来,我国创新扶贫方式,全面实施精准扶贫战略,五年间,六千多万贫困人口稳定脱贫,贫困发生率从 10.2% 下降到 4% 以下。随着贫困面的逐步缩小,扶贫攻坚的难度越来越大。为此,党的十九大报告明确提出,"让贫困人口和贫困地区同全国一道进入全面小康社会是我们党的庄严承诺。要动员全党全国全社会力量,坚持精准扶贫、精准脱贫,坚持中央统筹省负总责市县抓落实的工作机制,强化党政一把手负总责的责任制,坚持大扶贫格局,注重扶贫同扶志、扶智相结合,深入实施东西部扶贫协作,重点攻克深度贫困地区脱贫任务,确保到 2020 年我国现行

标准下农村贫困人口实现脱贫，贫困县全部摘帽，解决区域性整体贫困，做到脱真贫、真脱贫"。

　　实现共享发展，有赖于建立健全有效的收入分配调节机制，逐步形成橄榄型的社会分配格局。党的十八大以来，我国进一步加大了收入分配制度的改革，不同行业、不同群体之间收入过于悬殊的现象有效缓解，基尼系数明显下降。2013年2月国务院批转的《关于深化收入分配制度改革的若干意见》提出，收入分配制度改革的目标，是"扶贫对象大幅减少，中等收入群体持续扩大，'橄榄型'分配结构逐步形成"，"力争中低收入者收入增长更快一些，人民生活水平全面提高"。《中共中央关于全面深化改革若干重大问题的决定》进一步明确，要"规范收入分配秩序，完善收入分配调控体制机制和政策体系，建立个人收入和财产信息系统，保护合法收入，调节过高收入，清理规范隐性收入，取缔非法收入，增加低收入者收入，扩大中等收入者比重，努力缩小城乡、区域、行业收入分配差距，逐步形成橄榄型分配格局"。党的十八届五中全会将缩小收入差距确定为"十三五"期间必须见效的民生目标，在坚持居民收入增长和经济增长同步、劳动报酬提高和劳动生产率提高同步的条件下，着力通过健全工资增长机制、加大再分配调节力度和支持发展慈善事业等措施，来进一步缩小贫富差距、扩大中等收入群体规模。加强收入分配调节，形成合理的分配格局，是社会主义基本分配制度，也是体现共享发展的必然要求。习近平总书记在省部级主要领导干部学习贯彻党的十八届五中全会精神专题研讨班上的讲话，专门就此指出，"要坚持社会主义基本经济制度和分配制度，调整收入分配格局，完善以税收、社会保障、转移支付等为主要手段的再分配调节机制，维护社会公平正义，解决好收入差距问题，使发展成果更多更公平惠及全体人民"[①]。党的十九大报告进一步对加快收入分配改革提出了明确、系统的要求。除了坚持按劳分配原则，明确提出要"完善政府、工会、企业共同参与的协商协调机制，构建和谐劳动关系"，以解决初次分配中突

---

① 习近平：《在省部级主要领导干部学习贯彻党的十八届五中全会精神专题研讨班上的讲话》，《人民日报》2016年5月10日第1版。

出的问题，同时"鼓励勤劳守法致富，扩大中等收入群体，增加低收入者收入，调节过高收入，取缔非法收入"。经过改革开放以来三十多年的探索，中国逐步形成了既体现社会主义按劳分配原则，又能充分调动社会成员的积极性的分配体制，为共享发展提供了重要的制度支撑。

（五）以推进基本公共服务均等化为共享发展的制度保障

公共服务是市场经济条件下政府的基本职责，推进基本公共服务均等化更是有效发挥政府在实现共享发展上不可替代作用的重要途径。自2005年10月党的十六届五中全会提出促进基本公共服务均等化战略构想以来，中国各级政府担负起了越来越丰富的公共服务职责，基本公共服务制度框架已基本形成。公共服务水平与社会成员参与社会建设的能力息息相关，它不仅能广泛而有效地提升全体社会成员的生活品质，而且能够通过加强城乡公共设施建设，发展教育、科技、文化、卫生、体育等公共事业，为社会成员参与社会经济、政治、文化建设等提供有力支撑。党的十八届五中全会通过的十三五规划建议，在谈到共享发展时，将公共服务放在首位，明确要坚持普惠性、保基本、均等化、可持续方向，从解决人民最关心最直接最现实的利益问题入手，增强政府职责，提高公共服务共建能力和共享水平。2017年3月我国专门出台了《"十三五"推进基本公共服务均等化规划》，全面部署了推进基本公共服务均等化的路线图和时间表。党的十九大报告将"基本公共服务均等化基本实现"作为从2020年到2035年的发展目标，要求"在幼有所育、学有所教、劳有所得、病有所医、老有所养、住有所居、弱有所扶上不断取得新进展"，从而进一步突出了基本公共服务均等化在共享发展中的重要战略地位。

社会保障是全体社会成员共享发展成果的基本制度保证。在大幅度地增加公共服务供给的同时，我国还立足于基本国情与经济发展水平，逐步健全社会保障体系，为共享发展构建全覆盖的社会安全阀。我国"十三五"规划明确将建立更加公平更可持续的社会保障制度，通过多个方面的制度建设，为全民共享发展成果提供基础性的保障。党的十九大报告进一步明确了"按照兜底线、织密网、建机制的要求，全面建成覆盖全民、城乡统筹、权责清晰、保障适度、可持续的多层次社会保障体系"的总体战略,并提出要"全面实施全民参保计划""尽快实现养老保险全国统筹""完善统一的城乡居民基本医疗保险制度和大病保险制度""完善失业、工伤保险制度""建立全国统一的社会保险公共服务平台""统筹城乡社会救助体系,完善最低生活保障制度"等一系列适应共享发展的社会保障制度建设规划,必将进一步加快我国社会保障体系建设的步伐,为共享发展奠定更完善的制度保障体系。

第二节 共享发展:中国道路的本质特征及内在逻辑

在改革开放实践中逐步探索成型的中国共享发展,既是一种体现社会主义核心价值追求和中国特色社会主义制度基本特征的发展理念,又是一种注重调动全体人民积极性、创造性的发展方式,已经深刻地积淀在中国各个层面的发展战略和各个领域的政策体系之中,体现在经济社会发展各个环节,构成了中国道路、中国模式的本质特征。

一 中国发展模式转型升级的必然要求

发展的非均衡现象,一直以来都是人类社会发展的常态,也是市场经济运行逻辑的必然产物。不同地区,由于区位条件和资源禀赋的差异、经济社会发展条件及其所处的发展阶段的差别,发展速度必然呈现出巨大的差异。不同的社会群体乃至个体,由于家庭背景的差异、体力智力的差异,以及对技术、土地、资本、信息等各种稀缺资源拥有程度的差别,也必然会在获取发展机会、分享发展成果上表现出很大的差异。我国是一个国情异常复杂的巨型国家,上述情形表现得更为突出。

改革开放之初,面对普遍贫困的现实挑战,面对巨大的赶超压力,我国实行了"效率优先、兼顾公平"的发展导向,出台了一系列鼓励一部分地区、一部分人先富起来的不均衡发展战略。只要客观、理性地正视当时中国面临的发展困境,这种发展导向和政策体系无疑具有充分的历史合理性，它正是我国能够创造出增长奇迹的重要背景。但是，不均衡发展战略必然会扩大发展条件所造成的发展水平差距和收入分配差距。特别是在权力广泛介入生产经营和分配过程，各种破坏公平竞争的违法行为没有得到有效遏制，弱势群体缺乏必要的话语权等社会背景下，这种发展差距和分配差距还会以更为刺激的方式暴露出来。

国家统计局发布数据显示，自2003年以来，我国基尼系数一直处在全球平均水平0.44之上，2008年达到最高点0.491，随后虽然有所下降，但2015年全国居民收入基尼系数依然达到0.462，远高于国际公认的警戒标准。这充分说明我国的收入差距，已经比较严重地偏离了正常区间。发展成果分享的不均衡、不公平问题已经现实地体现在不同区域之间、城乡之间、不同社会群体之间。据中山大学社会科学调查中心最新发布的《中国劳动力动态调查：2015年报告》，2014年全国平均总收入最高的20%家庭，收入达到153546元；而最低的20%家庭，平均总收入只有7155元，差距达21倍。城市和农村内部的差距同样也相当惊人，城市最高收入组家庭平均总收入是最低组的约12倍，农村的差距则高达27倍。[①] 习近平总书记曾就我国在共享发展上存在的问题深刻指出："我国经济发展的'蛋糕'不断做大，但分配不公问题比较突出，收入差距、城乡区域公共服务水平差距较大。在共享改革发展成果上，无论是实际情况还是制度设计，都还有不完善的地方。为此，我们必须坚持发展为了人民、发展依靠人民、发展成果由人民共享，作出更有效的制度安排，使全体人民朝着共同富裕方向稳步前进，绝不能出现'富者累巨万，而贫者食糟糠'的现象。"[②]

收入分配和发展成果分享差距的悬殊化，不仅背离了社会主义的价值准则，而且直接影响乃至威胁着社会的和谐稳定。事实上，贫富差距的过度扩大催生的社会相对剥夺感，已经严重动摇了相当一部分

---

① 中山大学社会科学调查中心：《中国劳动力动态调查：2015年报告》，《南方日报》2015年12月7日第9版。

② 习近平：《落实共享发展是一门大学问》，人民网，2016年5月14日。

社会群体的社会公平信仰，成为刺激各种群体性事件的社会温床。党的十八大之前之所以在一些地方出现了完全否定市场化改革，主张回到传统计划经济轨道上去的"左"的社会思潮，与此也有着密切的关系。

更值得关切的是，如果一个国家的发展体制和政策体系不发生实质性的改变，即使有较高的经济增长速度，也很难改变贫富差距扩大的趋势。经济学家 Raua Jlion 和 Chen 2013 年的研究结果显示，当一国的收入分配差别较大时，经济增长与贫困人群负相关。平均来说，每一个百分点的增长，可使收入分配差距较低的国家贫困发生率减少 4.3 个百分点，而对贫富差距较大的国家只能达到 0.6 个百分点。[①] 收入分配和发展成果分享差距的悬殊化，还会严重制约经济的可持续发展。实践证明，收入差距如果不能控制在合理区间，两极化的分配格局将严重阻碍中等收入群体的扩大，必然会造成严重的内需不足。在这方面，我国存在的突出问题长期以来为高速的出口增长所掩盖，随着国际金融危机爆发，各种贸易保护主义政策抬头，我国出口增长受到抑制，不合理的分配格局和社会结构严重制约内需扩大的问题，就突出地暴露了出来，使得整个国民经济的发展面临严重的下行压力。中国改革实践之所以取得巨大的成功，关键在于充分调动了广大人民群众创业创新的积极性和创造性。但是，贫富差距的持续扩大，必然极大地损伤低收入群体的创业积极性，最终导致改革丧失广大人民群众的信任和支持。正如习近平总书记指出的那样，"全面深化改革必须着眼创造更加公平正义的社会环境，不断克服各种有违公平正义的现象，使改革发展成果更多更公平惠及全体人民。如果不能给老百姓带来实实在在的利益，如果不能创造更加公平的社会环境，甚至导致更多不公平，改革就失去意义，也不可能持续"。[②] 借鉴拉美一些国家长期陷入经济发展停滞、社会矛盾激化、政治腐败加剧恶性循环的陷阱，确立共享发展取向，已经成为中国实现社会长治久安的必

---

① 转引自林毅夫《以共享式增长促进社会和谐》，中国计划出版社 2008 年版，第 133 页。
② 习近平：《切实把思想统一到党的十八届三中全会精神上来》，《人民日报》2014 年 1 月 1 日第 1 版。

然选择。

包括共享发展在内的五大发展新理念,"是我们在深刻总结国内外发展经验教训的基础上形成的,也是在深刻分析国内外发展大势的基础上形成的,集中反映了我们党对经济社会发展规律认识的深化,也是针对我国发展的突出矛盾和问题提出来的"①。共享发展回应了中国改革发展实践面临的现实挑战,深刻总结了一些发展中国家长期陷入中等收入陷阱不可自拔的教训,有力地推动了中国发展模式的转型升级和中国特色社会主义道路的自发完善。

二 马克思主义发展观的当代体现

当代中国的共享发展实践,不断以发展理念、发展思想的丰富发展,以及体制保障的不断完善,深化着我们党对共产党执政规律、社会主义建设规律和人类社会发展规律的认识,丰富着马克思主义发展观关于发展本质的思想。

作为历史唯物主义和马克思主义政治经济学立场、观点的反映,马克思主义发展观将人的全面自由发展,视为人类历史发展的终极目标,强调一切发展,归根到底都是人自身的发展,是人的自然属性和社会属性的全面发展,即保证社会成员的"体力和智力获得充分的自由的发展和运用"②。人的全面自由发展,必然是一种全方位的整体性发展,为此就必须"培养社会的人的一切属性,并且把他作为具有尽可能丰富的属性和联系的人,因而具有尽可能广泛需要的人生产出来——把他作为尽可能完整的和全面的社会产品生产出来"③。社会主义社会正是"以每个人的全面而自由的发展为基本原则的社会形式"④,社会主义超越资本主义的一个最本质特征,就是使"人终于成为自己的社会结合的主人,从而也就成为自然界的主人,成为自身

---

① 习近平:《在党的十八届五中全会第二次全体会议上的讲话(节选)》,《人民日报》2016年1月1日第1版。
② 《马克思恩格斯全集》第42卷,人民出版社1979年版,第670页。
③ 《马克思恩格斯全集》第46卷(上),人民出版社1979年版,第392页。
④ 《马克思恩格斯全集》第23卷,人民出版社1972年版,第649页。

的主人——自由的人"①。

把人的发展放在经济社会发展的核心位置，确立人的发展在所有发展实践中的目的性和主体性地位，把培养和造就全面自由发展的人作为发展实践的出发点和落脚点，是马克思主义发展观的基本立场和核心价值。要实现人的全面自由发展，一个重要的前提，就是生产力高度发达，物质产品极大丰富，使人的发展能够最终摆脱物的依赖性。马克思将生产力的发达作为实现人自由全面发展的"绝对必需的实际前提"，强调"如果没有发展，那就只会有贫穷、极端贫困的普遍化；而在极端贫困的情况下，必须重新开始争取必需品的斗争，全部陈腐污浊的东西又要死灰复燃"②。更重要的是，"通过社会化生产，不仅可能保证一切社会成员有富足的和一天比一天充裕的物质生活，而且还可能保证他们的体力和智力获得充分自由的发展和运用"③。

更进一步讲，相对于人的需求的扩展性和多元性，人类社会所拥有的资源总是稀缺的，这就必然要求建立健全合理的资源分配体制，以保障所有社会成员日益增长的发展需求得到相对公平、合理的满足。社会成员对资源占有的不均衡，必将造成社会成员在身心发展上的极度不均衡，并形成代际传递，导致少数人的全面自由发展建立在剥夺大多数人全面自由发展机会的基础上。资本主义文明创造了前人难以想象的物质财富，但存在着一个根本性局限，那就是"一切提高社会劳动生产力的方法都是靠牺牲工人个人来实现的；一切发展生产的手段都变成统治和剥削生产者的手段，都使工人畸形发展，成为局部的人"④，只有在社会全体成员组成的"自由联合体"内，才能结束牺牲一些人的利益来满足另一些人的需要的状况。显然，共享发展成果，是兼顾人的全面发展需要与社会资源的相对稀缺的必然选择。"我们的目的是要建立社会主义制度，这种制度将给所有的人提供健康而有益的工作，给所有的人提供充裕的物质生活和闲暇时间，给所

---

① 《马克思恩格斯选集》第3卷，人民出版社1995年版，第760页。
② 《马克思恩格斯选集》第1卷，人民出版社1995年版，第86页。
③ 《马克思恩格斯文集》第9卷，人民出版社2009年版，第299页。
④ 《马克思恩格斯全集》第23卷，人民出版社1972年版，第708页。

有的人提供真正充分的自由。"①

与此同时,全面自由发展不是一种赋予性的成果,而是一种广泛参与的社会实践产物。人的本质不外乎是社会实践的产物,社会成员只有在共建中实现共享,才能实现全面自由发展。马克思强调,在人类社会历史活动中,人"不应当仅仅被理解为直接的、片面的享受……人以一种全面的方式,也就是说,作为一个完整的人,占有自己的全面的本质"②。人只有参与社会劳动实践,才有可能呈现出人之为人的本质,才获得全面自由发展的现实途径。也就是说,社会成员"只有在现实的世界中并使用现实的手段才能实现真正的解放"③,正是"生产劳动给每一个人提供全面发展和表现自己全部的即体力的和脑力的能力的机会"④。

共享发展的理念,作为社会主义发展观的核心价值,之所以内在地蕴含着以共建实现共享的内涵,就是因为单纯被动地获取发展成果,根本无法体现人的主体性,无法实现人自身的发展。在马克思看来,资本主义社会造成了劳动的普遍异化,劳动对工人来说属于外在的东西,他在劳动中不是肯定自己,而是否定自己;不是感到幸福,而是感到不幸;不是自由地发挥自己的体力和智力,而是使自己的肉体受折磨、精神遭摧残。"工人生产得越多,他能够消费得越少;他创造价值越多,他自己越没有价值、越低贱;工人的产品越完美,工人自己越畸形;工人创造的对象越文明,工人自己越野蛮;劳动越有力量,工人越无力;劳动越机巧,工人越愚钝,越成为自然界的奴隶。"⑤ 只有建立起共建共享的发展体制,才能全面克服资本主义社会的异化劳动现象,到那时,"生产劳动就不再是奴役人的手段,而成了解放人的手段,因此,生产劳动就从一种负担变成一种快乐"⑥,变成实现自我全面发展的快乐。

---

① 《马克思恩格斯全集》第 21 卷,人民出版社 1972 年版,第 570 页。
② 《马克思恩格斯全集》第 42 卷,人民出版社 1979 年版,第 123 页。
③ 《马克思恩格斯选集》第 1 卷,人民出版社 1995 年版,第 74 页。
④ 《马克思恩格斯选集》第 3 卷,人民出版社 1995 年版,第 644 页。
⑤ 《马克思恩格斯全集》第 42 卷,人民出版社 1979 年版,第 92—93 页。
⑥ 《马克思恩格斯全集》第 20 卷,人民出版社 1971 年版,第 318 页。

人的发展具有显著的历史性属性。按照马克思的说法，"'解放'是一种历史活动，不是思想活动，'解放'是由历史关系，是由工业状况、农业状况、交往状况促成的"①。社会生产力的发展水平决定着社会成员在何种程度，以何种方式参与到劳动实践中，决定着社会成员相互之间形成何种社会关系，进而直接影响着人的思想观念、行为方式，决定着人的精神世界的丰富程度。马克思曾深刻指出，"个人的全面性不是想象的或设想的全面性，而是他的现实关系和观念关系的全面性"②，"一个人的发展取决于和他直接或间接进行交往的其他一切人的发展"③。显然，只有在共建共享的社会生活实践中，人们才能广泛地参与各个领域的社会生活，才能不断扩展社会交往关系，形成开放式的心灵，促进精神世界的自由全面发展。合乎逻辑地，社会生产力的发展和生产关系的变革，必然是一个共建共享的社会生活实践的不断扩展和丰富的过程。"历史活动是群众的活动，随着历史活动的深入，必将是群众队伍的扩大。"④ 在此，马克思主义关于人的主体性理论与人民群众创造历史的历史观达成了内在的一致。

基于马克思主义的人民立场及其蕴含的共建与共享的内在统一性，习近平总书记明确指出："要坚持以人民为中心的发展思想，这是马克思主义政治经济学的根本立场。要坚持把增进人民福祉、促进人的全面发展、朝着共同富裕方向稳步前进作为经济发展的出发点和落脚点，部署经济工作、制定经济政策、推动经济发展都要牢牢坚持这个根本立场。"⑤

三 中国特色社会主义的本质规定

共建共享作为实现人的全面自由发展目的与手段相统一的内在要

---

① 《马克思恩格斯文集》第1卷，人民出版社2009年版，第527页。
② 《马克思恩格斯全集》第46卷（下），人民出版社1980年版，第36页。
③ 《马克思恩格斯全集》第3卷，人民出版社1960年版，第515页。
④ 《马克思恩格斯文集》第1卷，人民出版社2009年版，第287页。
⑤ 《习近平主持中共中央政治局第二十八次集体学习》，《人民日报》2015年11月24日第1版。

求，决定了它必然成为社会主义实践和社会主义制度安排的本质特征。恩格斯曾经对未来社会的共享发展前景作了深刻的描述："由社会全体成员组成的共同联合体来共同地和有计划地利用生产力；把生产发展到能够满足所有人的需要的规模；结束牺牲一些人的利益来满足另一些人的需要的状况；彻底消灭阶级和阶级对立；通过消除旧的分工，通过产业教育、变换工种、所有人共同享受大家创造出来的福利，通过城乡的融合，使社会全体成员的才能得到全面发展。"①

中华人民共和国成立以来，特别是改革开放以来中国共产党在开创和完善中国特色社会主义的过程中，始终将实现共同富裕作为中国特色社会主义建设的本质要求和根本目的。邓小平同志对此有着极为深切的思想清醒和思想定力，一再强调指出，"社会主义发展生产力，成果是属于人民的"②；"社会主义的本质，是解放生产力，发展生产力，消灭剥削，消除两极分化，最终达到共同富裕"③。他还告诫全党："社会主义的目的就是要全国人民共同富裕，不是两极分化"④，"如果我们的政策导致了两极分化，我们就失败了！"⑤ 这种原则性立场，无论在改革发展的哪一个阶段，几代中国领导人从来没有动摇过。

党的十九大在宣布中国特色社会主义进入了新时代时，明确将这个新时代界定为"全国各族人民团结奋斗、不断创造美好生活、逐步实现全体人民共同富裕的时代"。报告还明确将"明确新时代我国社会主要矛盾是人民日益增长的美好生活需要和不平衡不充分的发展之间的矛盾，必须坚持以人民为中心的发展思想，不断促进人的全面发展、全体人民共同富裕"，概括为习近平新时代中国特色社会主义思想的核心内容之一，将"坚持在发展中保障和改善民生"，"保证全体人民在共建共享发展中有更多获得感，不断促进人的全面发展、全体人民共同富裕"概括为新时代中国特色社会主义的基本方略之一。

---

① 《马克思恩格斯选集》第4卷，人民出版社1995年版，第330页。
② 《邓小平文选》第3卷，人民出版社1993年版，第255页。
③ 同上书，第373页。
④ 同上书，第110页。
⑤ 同上书，第111页。

2016年习近平总书记在省部级主要领导干部学习贯彻党的十八届五中全会精神专题研讨班上的讲话中还将在中国特色社会主义建设中落实共享发展理念，归结为两个层面的实践：一是充分调动人民群众的积极性、主动性、创造性，举全民之力推进中国特色社会主义事业，不断把"蛋糕"做大。二是把不断做大的"蛋糕"分好，让社会主义制度的优越性得到更充分体现，让人民群众有更多获得感。① 这些都充分体现了执政党在践行共同富裕这一社会主义本质要求上的思想自觉与战略自觉。

共建共享是公平正义这一社会主义核心价值在社会主义实践过程和实践结果上的具体体现。"正义是社会制度的首要价值，正像真理是思想体系的首要价值一样。"② 公平正义是社会主义实践最鲜艳的旗帜，但马克思主义历来认为，正义观念是具体的历史的，"关于永恒公平的观念是因时因地而变"③。随着我国经济发展水平的提高，我们党在改革开放之初提出"效率优先，兼顾公平"原则的基础上，逐步突出了公平的发展导向。党的十五大提出了初次分配注重效率，再分配注重公平的指导思想。党的十七大则进一步提出，初次分配和再分配都要处理好效率和公平的关系，再分配更加注重公平。党的十八大明确提出，公平正义是中国特色社会主义的内在要求；要在全体人民共同奋斗、经济社会发展的基础上，加紧建设对保障社会公平正义具有重大作用的制度，逐步建立以权利公平、机会公平、规则公平为主要内容的社会公平保障体系，努力营造公平的社会环境，保证人民平等参与、平等发展权利。党的十八届三中全会在制定全面深化改革的总体战略时，突出强调全面深化改革必须以促进社会公平正义、增进人民福祉为出发点和落脚点，从而完成了改革发展政策和战略导向的一次历史性调整。习近平总书记就此进行了深刻总结，指出，实现社会公平正义是由多种因素决定的，最主要的还是经济社会发展水

---

① 习近平：《在省部级主要领导干部学习贯彻党的十八届五中全会精神专题研讨班上的讲话》，《人民日报》2016年5月10日第1版。
② [美]约翰·罗尔斯：《正义论》，何怀宏、何包钢、廖申白译，中国社会科学出版社1988年版，第1页。
③ 《马克思恩格斯选集》第3卷，人民出版社1995年版，第212页。

平。在不同发展水平上，在不同历史时期，不同思想认识的人，不同阶层的人，对社会公平正义的认识和诉求也会不同。我们讲促进社会公平正义，就要从最广大人民根本利益出发，多从社会发展水平、从社会大局、从全体人民的角度看待和处理这个问题。我国现阶段存在的有违公平正义的现象，许多是发展中的问题，是能够通过不断发展，通过制度安排、法律规范、政策支持加以解决的。我们必须紧紧抓住经济建设这个中心，推动经济持续健康发展，进一步把"蛋糕"做大，为保障社会公平正义奠定更加坚实的物质基础。这样讲，并不是说就等着经济发展起来了再解决社会公平正义问题。一个时期有一个时期的问题，发展水平高的社会有发展水平高的问题，发展水平不高的社会有发展水平不高的问题。"蛋糕"不断做大了，同时还要把"蛋糕"分好。[1]

在全面深化社会主义建设规律认识的基础上，党的十八大以来，我们党不仅在发展指导思想上突出公平价值的优先性，而且将维护和实现公平正义纳入国家治理体系现代化的框架，着力通过健全保障公平正义的制度体系，使公平正义和共同富裕真正成为中国特色社会主义制度的显著特征。习近平总书记强调，"不论处在什么发展水平上，制度都是社会公平正义的重要保证。我们要通过创新制度安排，努力克服人为因素造成的有违公平正义的现象，保证人民平等参与、平等发展权利。要把促进社会公平正义、增进人民福祉作为一面镜子，审视我们各方面体制机制和政策规定，哪里有不符合促进社会公平正义的问题，哪里就需要改革；哪个领域哪个环节问题突出，哪个领域哪个环节就是改革的重点。对由于制度安排不健全造成的有违公平正义的问题要抓紧解决，使我们的制度安排更好体现社会主义公平正义原则，更加有利于实现好、维护好、发展好最广大人民根本利益"[2]。这就非常充分地揭示了公平正义在国家治理制度体系中的首要价值的地位。

---

[1] 习近平：《切实把思想统一到党的十八届三中全会精神上来》，《人民日报》2014年1月1日第1版。

[2] 同上。

四 顺应人类文明发展潮流的中国共享发展实践

在现代化进程中出现程度不一的发展成果分享不均衡、不公平问题,曾经是一个普遍的现象。早发国家在原始资本积累时期更是将这一问题推向了极端。马克思曾经指出:"资产阶级社会的症结正是在于,对生产自始就不存在有意识的社会调节。"[1] 英美资本主义国家曾经以自由竞争、自由放任为借口,无视劳动力沦为商品以及劳动异化的现实,放任资本力量对经济社会生活的全面主宰,不仅将本国的发展建立在对殖民地人民无情掠夺的基础上,而且将少数人的穷奢极欲建立在对大多数劳动者的盘剥之上。以美国为例,其建国初期社会收入差距极为悬殊。1860 年美国最富有的 10% 人口占有社会财富的 73%,基尼系数高达 0.832。[2] 其后,反垄断法和其他一些税法的出台,使收入差距有所下降,但 1918—1928 年的柯立芝繁荣时期,基尼系数又上升到 0.6 以上。罗斯福就曾认为,1929 年大萧条主要原因,就是柯立芝繁荣时期过度的自由放任,"使我们遭受打击的 10 年的放荡无忌,10 年的集团的利己主义——所追求的唯一目标表现在这种思想上——'人不为己,天诛地灭'。其结果是,98% 的美国人都遭到了天诛地灭"[3]。

英国经济史学家卡尔·波兰尼曾经对所谓的自生自发市场秩序进行了深刻批判,指出,作为最重要的生产要素,劳动力并不是甚至从来都不是真正意义的商品,而只是一种虚拟商品,"如果允许市场机制成为人的命运,人的自然环境,乃至他的购买力的数量和用途的唯一主宰,那么它就会导致社会的毁灭。"[4] 正是在资本主义面临全面崩溃性的压力下,以罗斯福新政和欧洲福利国家建设为标志,西方国家通过加大政府干预,逐步缩小了社会收入差距,使无产者也不对称

---

[1] 《马克思恩格斯文集》第 10 卷,人民出版社 2009 年版,第 290 页。
[2] [美] 斯坦利·恩戈尔曼、罗伯特·高尔曼编:《剑桥美国经济史》第 3 卷,王珏总译校,蔡挺、张林、李雅菁主译,中国人民大学出版社 2008 年版,第 90 页。
[3] 同上书,第 736 页。
[4] [英] 卡尔·波兰尼:《大转型:我们时代的政治与经济起源》,冯钢、刘阳译,浙江人民出版社 2007 年版,第 63 页。

地分享了部分发展成果。

第二次世界大战以后，大批亚非拉国家启动了现代化进程，但同样普遍性地发生了社会两极分化现象。世界银行于 2006 年在《东亚经济发展报告》中提出了"中等收入陷阱"概念。相关研究表明，近 50 年来全球 100 多个中等收入经济体中，仅有 13 个国家和地区跨越"中等收入陷阱"，从中等收入经济体上升为高收入经济体。一些国家还经历了"晋级—退出—再晋级"的痛苦过程。"中等收入陷阱"的一个实质性问题，就是社会两极分化不仅直接威胁着社会的稳定，而且严重制约了社会总体消费水平的提升，制约了经济发展转型升级，形成了社会动荡、政治腐败、经济停滞的恶性循环。发展政治学家阿尔蒙德曾经指出，"在贫富差距巨大的社会里，正规的利益表达渠道很可能由富人掌握，而穷人要么是保持沉默，要么是采取暴力的或激进的手段来使人们听到他们的呼声"[1]。

面对经济增长没能带来贫困人口减少这一普遍性现象，西方发展经济学提出了一系列的解释性理论，如"贫困的恶性循环论""贸易条件恶化论""二元结构论""中心—外围论""中等收入陷阱论""增长极限论"等，提出了诸多的发展对策理论，如强调知识外溢和技术进步的"新增长理论"，强调创新集群和规模经济的"发展极理论"，强调对外贸易在经济发展中的引擎作用的"比较优势理论"，强调减少收入分配不平等程度和消灭贫困的"丰裕中的贫困理论"，等等。但相关方案的实施效果都不理想，以至于有学者提出，"发展经济学……并没有成功地消灭落后，也就是说作为一个学科它失败了"[2]。

20 世纪末以来，正视全球化并没有带来贫困现象普遍减少，甚至进一步加剧了国家间、地区间的不平等的现象，国际社会普遍增强了对新的发展理念和思路的关切。1990 年世界银行提出了"基础广泛的增长"（broad-based growth）理念，其后又提出"益贫式增长"

---

[1] ［美］加布里埃尔·A. 阿尔蒙德等：《比较政治学：体系、过程和政策》，曹沛霖等译，东方出版社 2007 年版，第 230 页。

[2] ［英］V. N. 巴拉舒伯拉曼雅姆、［英］桑加亚·拉尔主编：《发展经济学前沿问题》，梁小民译，中国税务出版社 2000 年版，第 2 页。

（pro-poor growth）的理念，并以此制定世界银行的贫困减除政策，用以指导各国相关实践。2003年世界银行在其出版的《全球化增长与贫困（建设一个包容性的世界经济）》政策报告中提出了世界经济增长的包容性问题。2004年亚洲开发银行发布的《在亚洲发展中国家持续性减少贫困的包容性增长》报告初步界定了包容性增长的概念，提出要通过提高穷人的市场进入程度、创造更多的就业机会等手段来引导穷人参与经济增长进程。2008年5月，世行增长与发展委员会发表《增长报告：持续增长与包容性发展战略》，进一步明确提出要维持长期增长及"包容性增长"。我国政府对此作出了积极回应。2009年11月15日，国家主席胡锦涛在亚太经济合作组织第十七次领导人非正式会议上发表题为"合力应对挑战推动持续发展"的重要讲话，强调"统筹兼顾，倡导包容性增长"。2010年9月16日，第五届亚太经合组织人力资源开发部长级会议在北京举行，胡锦涛主席出席开幕式并发表题为"深化交流合作实现包容性增长"的致辞，指出，中国是包容性增长的积极倡导者，更是包容性增长的积极实践者。胡锦涛同志强调："我们应该坚持社会公平正义，着力促进人人平等获得发展机会，逐步建立以权利公平、机会公平、规则公平、分配公平为主要内容的社会公平保障体系，不断消除人民参与经济发展、分享经济发展成果方面的障碍。"

包容性发展（inclusive development）或包容性增长（inclusive growth）旨在坚持经济发展、社会公正和以人为本的原则，通过扩大生产性就业保证经济机会最大化，通过提升人力资源能力保证经济机会平等，通过构建社会保障体系保证最低水平的经济福利，最终让经济全球化和经济发展成果惠及所有国家和地区、惠及所有人群，在可持续发展中实现经济社会协调发展。近些年来，包容性增长常与"基础广泛的增长""分享式增长"（shared growth）、"益贫式增长"等几个概念交替使用。其中，基础广泛的增长是基于市场导向、能够充分利用劳动力并使其发挥自身最大能力的、劳动密集型的增长模式，侧重于扩展穷人的就业机会，其减贫战略基于扩展就业机会和能力兼顾。分享式增长注重通过穷人参与贡献经济增长并从中获益来改善穷人自身福利。益贫式增长基于市场和非市场行动相结合，主张实施实现减贫和改善财富分配不平等状况,并使穷人得益比例高于非穷人的有利于穷人的增长模式,重点在于扩展穷人的经济机会,如增加穷人的资本累积与回报率,提高穷人作为行为人和受益人参与经济增长的程度,避免政策对立形成政策合力等。①

中国共享发展理念基于马克思主义发展观和社会主义公平正义的价值理念,既深刻地总结了中国发展丰富实践经验,又广泛借鉴和吸取了"包容性增长""基础广泛的增长""分享式增长""益贫式增长"等理念的营养,同时又以中国在反贫困和促进共享发展的一系列重大成就,特别是在发展实践中逐步成型的促进共享发展的体制和政策体系,对推动全球共享发展作出了重大贡献。

改革开放之初,中国农村贫困人口高达7.7亿,贫困发生率达97.5%。近40年来,中国成功地实现了7亿多人的脱贫。据联合国《2015年千年发展目标报告》,中国极端贫困人口比例从1990年的61%,下降到2002年的30%以下,率先实现了比例减半,2014年又下降到4.2%,中国对全球减贫的贡献率超过70%。党的十八大以来,我国进一步加强了扶贫攻坚的力度,2013年至2016年,中国每年农村贫困人口减少1000万余人,累计脱贫5564万人,贫困发生率从2012年年底的10.2%下降到2016年年底4.5%。到2020年,当4000多万贫困人口如期脱贫,中华民族将历史性地摆脱绝对贫困,全体中国人将共同迈入全面小康。中国在实现经济高速增长的同时成为全球减贫人口最多的国家,成为世界上率先完成联合国千年发展目标的国家,为全球减贫事业做出了重大贡献,得到了国际社会的广泛赞誉。

中国之所以在共享发展上取得巨大成功,首先得益于共享发展和反贫困作为国家意志的体现,通过各种国家发展战略得到了有效的贯彻。从20世纪90年代起,中国政府开始全面推行减贫战略。1994年《国家八七扶贫攻坚计划(1994—2000年)》出台,目标是帮助8000万人口摆脱贫困。其后中国政府于2000年制定并实施了《中国农村

---

① 朱春奎、严敏、曲洁:《包容性增长的由来与理论要义》,《东岳论丛》2012年第3期。

扶贫开发纲要（2001—2010年）》；2010年又制定了《中国农村扶贫开发纲要（2011—2020年）》。2015年中共中央和国务院又专门制定了《关于打赢脱贫攻坚战的决定》，目标是到2020年，稳定实现农村贫困人口不愁吃、不愁穿，义务教育、基本医疗和住房安全有保障；实现贫困地区农民人均可支配收入增长幅度高于全国平均水平，基本公共服务主要领域指标接近全国平均水平；确保我国现行标准下农村贫困人口实现脱贫，贫困县全部摘帽，解决区域性整体贫困。国家战略对经济社会发展主导作用，有效地保证了中国在缓解、抑制、消除影响共享发展的自然条件和体制因素的作用，并保持了战略的持续性。在多年来的探索基础上，中国还在反贫困上形成了"中央统筹、省负总责、市县抓落实"的一整套管理体制。此外，针对贫困人口大规模减少之后的扶贫工作面对的啃硬骨头、攻坚拔寨的压力，现阶段我国又突出加强了精准扶贫，还按照因地制宜，因人而异的原则，各地涌现出了产业扶贫、劳务输出扶贫、易地扶贫搬迁、交通扶贫、水利扶贫、教育扶贫、健康扶贫、农村危房改造、金融扶贫、土地支持政策、资产收益扶贫等各种差异化、个性化的中国式扶贫举措，大大提高了反贫困的成效。

在所谓的"华盛顿共识"提出的一系列经济发展建议在许多国家遭遇严重的政策失灵和体制失灵的背景下，中国的共享发展理念和思路，以及反贫困的战略和体制优势开始日益受到国际社会的高度关注。联合国开发计划署署长海伦·克拉克（Helen Elizabeth Clark）专门在中国媒体撰文，谈"分享中国的减贫经验"，认为"联合国开发计划署正同中国政府开展紧密合作，分享减贫的良策以及增加减贫致富机会和减少不平等方面的经验……正当中国通过包容性和可持续的经济增长，努力向更多人类的发展成果迈进之时，它成功的经验可以在南南合作中分享给更多国家"①。

需要指出的，中国作为国情异常复杂的巨型国家，共享发展所面临的来自自然发展条件和资源、能力禀赋方面的限制，是城市型国

---

① ［新西兰］海伦·克拉克：《分享中国的减贫经验》，《人民日报》（海外版）2011年10月24日第1版。

家、小经济体以及拥有丰富资源的国家,难以想象的。中国在实现共享发展方面的积累的成功经验,作为全球经济治理的中国方案,将会给全球共享发展进程带来的日益深刻的影响。杭州的G20峰会倡导的建设创新、活力、联动、包容的世界经济的思路,无疑正凝聚着中国基于共享发展理念,处理好公平和效率、资本和劳动、技术和就业的矛盾,促进收入分配更加公平合理的丰富实践经验和理论政策创新。

第三节 共享发展的浙江实践

如果说中国为全球共享发展提供了独特的中国实践经验的话,那么,浙江则无疑为此贡献了成功的鲜活样本。改革开放以来,浙江坚持富民强省的总方针,充分发挥区域文化工商意识浓、民众自主创业热情高的优势,率先推进市场化、民营化的制度创新,以体制机制的创新优势克服了种种不利条件,走出了一条大众化创业的工业化模式,形成了具有显著富民绩效的"老百姓经济"的经济格局。21世纪之初,习近平同志主政浙江,针对共享发展存在的短板,制定实施了"八八战略",在着力推进经济社会发展全面转型升级的同时,强化了政府对经济社会发展,特别是促进城乡之间和区域之间协调、共享发展的调节,在共建共享方面逐步形成了一整套形之有效的政策体系和体制机制保障,更使浙江共享发展步入了相对成熟的境地,在践行新发展理念上走在了全国前列。

一 浙江共享发展的成就及其经验意义

浙江是改革开放以来经济发展速度最快的省份之一。经过近20年的快速发展,到20世纪末,主要经济指标从位居全国中游迅速跃升到位居全国前列。其后,以"八八战略"的实施为标志,通过全面促进经济社会协调发展,浙江实践原有的富民经济优势逐步扩展成为共享发展优势。

截至2016年,浙江城乡居民可支配收入已分别连续16年和32年居全国各省区之首。据国家统计局住户调查数据,2016年浙江全省居民人均可支配收入38529元,比全国平均水平的23821元高出

14708元，居全国31个省（区、市）第三位，省（区）第一位，仅次于上海和北京。这其中，2016年城镇常住居民人均可支配收入47237元，比全国平均水平的33616元高出13621元，居全国31个省（区、市）第三位，仅次于上海和北京。2016年农村常住居民人均可支配收入22866元，比全国平均水平的12363元高出10503元，居全国31个省（区、市）第二位，仅次于上海。

更值得注意的是，这样一个高收入省份，同时也是一个城乡居民收入最为均衡的地区之一。2013年至2016年，浙江城乡居民收入差距逐年下降，从2.1∶1下降至2.066∶1。2016年城乡居民收入比在全国各省区市中，仅次于上海，远小于2.72∶1的全国平均水平。

2015年浙江已全面消除家庭人均年收入4600元以下贫困户，在全国率先完成脱贫任务。为确保全面小康"一个都不掉队"，浙江持续完善城乡最低生活保障和社会救助制度，为特定贫困群体"兜底"。如2016年试点"支出型贫困"家庭救助工作，探索将"支出型贫困"对象纳入低保、医疗救助和临时救助等救助范畴。同年，浙江还出台《浙江省困难残疾人生活补贴实施办法》和《浙江省重度残疾人护理补贴实施办法》，两个办法覆盖近80%的持证残疾人，164万人次残疾人因此受益。另外，浙江还从经济薄弱村入手，通过提高村集体收入，最终造福农村居民。

从地区间的差距来看，统计数据显示，浙江是全国唯一一个省内所有地级市的城镇居民人均可支配收入均超过全国平均水平的省份。在浙江的11个地市（含副省级城市）中，杭州、宁波两大副省级城市以及绍兴市的城镇居民人均可支配收入均超5万元大关，位居全国前列，嘉兴和舟山也超过了4.8万元；温州、台州、金华和湖州的城镇居民人均可支配收入也超过了4.5万元；浙西南的衢州和丽水也分别达到36188元和35968元，比全国平均水平也要高出2000多元。相形之下，全国第一经济大省广东，除了珠三角的广州、深圳、佛山、东莞、珠海和中山6个城市外，其余15个地市城镇居民人均可支配收入均低于全国平均水平。

浙江原有26个欠发达县（市、区），是全省重点扶持发展对象。经过长期不懈的努力，到2014年年末，26个县的农民收入、人均

GDP、社会保障等主要经济和社会发展指标大部分高于或接近全国县级平均水平。这26个县均处于浙江的生态屏障地区，为此，2015年年初浙江省委省政府作出了淳安等26个欠发达县（市、区）一次性全部"摘除"欠发达县"帽子"的决策，出台了《关于推进淳安等26县加快发展的若干意见》以及配套的考核办法，推动淳安等26县加快走上绿色发展、生态富民、科学跨越的路子。

毫无疑问，无论就缩小城乡差距还是地区差距来说，浙江已经成为共享发展的榜样。在全国31个省（市、区）中，只有上海的城乡居民收入差距略小于浙江，而相对一个城市来说，作为一个广域行政区，浙江能够取得这样的成绩殊为不易。诉诸常识，在现代化的发展进程中，通常一个经济较为落后的地区，由于城市和乡村发展水平都比较低，城乡居民收入更容易显示出"均贫"式的平衡。而浙江恰恰是经济发达省份，区域市场化水平长期居于全国前列。联系到浙江经济发展的总体水平，我们完全有理由说，浙江基本上已跨越了"中等收入陷阱"，居民收入差距变动已经处于库兹涅茨倒"U"形曲线右侧，进入收入分配日趋公平合理的发展状态。

浙江之所以称得上是中国共享发展的成功典范，还在于它并不享有特殊的共享发展条件。一般来说，一个地区经济的超常规发展和共享发展成效，往往有赖于特定的产业基础、资源禀赋、资本供给、制度安排、区位条件等优势的支撑。但浙江现象的特殊性恰恰就在于，除了地处沿海地区，有一定区位优势以外，浙江其他方面不仅没有优势可言，反而呈现出明显的劣势。

就工业化的起始条件而言，改革开放前夕，浙江农业比重大，工业基础薄弱，经济发展在全国居于较低水平，是一个比较贫穷落后的农业省份。1978年浙江人均GDP只有331元，列全国第15位，比全国平均水平低48元。全省工业总产值只有136.2亿元，只占社会总产值的54.38%，大大低于全国61.89%的平均水平。[①] 可以说，"直到1978年，浙江仍然是一个工业基础薄弱的农业省份，是一个半自

---

① 赵伟：《温州模式：作为区域工业化范式的一种理解》，《社会科学战线》2002年第1期。

给自足的自然经济社会"①。

　　从自然资源禀赋来看，浙江"七山二水一分田"，山地占全省土地面积的70%，耕地资源稀缺，改革之初人均耕地仅0.62亩，不到全国平均数的一半。在矿产资源中，按照"主要自然资源人均拥有量指数"，如以全国平均数为100计，浙江的"自然资源人均拥有量综合指数"，仅为11.5，即只相当于全国的11.5%，居倒数第三名。② 可以说，浙江是一个典型的"资源小省"。

　　资本是现代经济增长的"发动机"。对一个地区的经济发展来说，资本投入的重要性是不言而喻的。在计划经济时代，国家是动员、组织和集中各种资源进行工业化投资的唯一主体，其投资重点则是重工业和国有大中型企业。浙江地处海防前线，又缺乏发展重工业的原材料，是中华人民共和国成立以来国家投资最少的省份。据统计，从1952年到1978年的26年间，中央对浙江的投资总额为77亿元，人均只有410元，相当于全国平均水平的一半。从1952年到1980年，浙江全民所有制单位固定资产投资总额只有134.02亿元，仅占全国同期投资总额的1.56%，远远低于1978年时浙江人口占全国3.9%、生产总值占全国3.42%的比重。改革开放以后，国家在浙江投资少的状况仍没有多大改变。从1979年到1992年，浙江人均国有单位投资额为1723元，是全国同期人均水平的3/4，列全国各省市的第22位。③ 同主要靠外部资本投入推动经济发展的"珠三角模式"及90年代后期以来的"新苏南模式"形成鲜明对照的是，浙江在引进外资方面也长期居沿海省份末流。2001年港澳台和外商投资经济创造的增加值占浙江全省生产总值的比重达到历史最高点，而这一数字仅为7.9%。2003年浙江港澳台和外商投资经济增加值为695.02亿元，仅占全省生产总值的7.4%，占非公有制经济增加值的12.4%。

　　在制度和政策支撑方面，改革开放以来，国家既没有在浙江设立特区，也几乎没有给予过特殊的优惠政策，浙江发展的整个体制环境

---

① 参见方民生等《浙江制度变迁与发展轨迹》，浙江人民出版社2000年版，第58页。
② 参见高山《国民经济新成长阶段的区域问题》，《管理世界》1987年第4期。
③ 方民生等：《浙江制度变迁与发展轨迹》，浙江人民出版社2000年版，第154—155页。

同全国大部分地区并没有两样。可以说,浙江是在没有什么特殊的体制、资源、资本及起始条件优势的情况下,依靠市场化的体制机制创新,激发出了被压抑已久的民间创业冲动,克服了经济发展的种种不利条件的约束,实现了超常规的增长。在此基础上,浙江通过逐步调整政府与市场的关系,强化政府在社会收入分配调节上的功能,不断完善促进收入分配公平的"兜底"保障机制,率先形成了共享发展的态势,成为践行共享发展理念的先行者。

二 浙江共享发展的基本经验

在不断完善发展模式,理顺政府与市场关系的过程中,浙江各级党委政府逐步形成了较为自觉的共享发展意识,制定实施了一系列战略举措,建立起一整套的政策体系,积累形成了较为成熟的共享发展经验。

(一) 以人为本:牢固树立富民强省的发展理念

"理念是行动的先导,一定的发展实践都是由一定的发展理念来引领的。发展理念是否对头,从根本上决定着发展成效乃至成败。"[1] 改革开放以来,浙江各级党委政府推动地方经济社会发展,持之以恒且极具地方特色的,就是始终坚持以人为本,奉行富民强省的总方针。从改革之初的"放水养鱼""多个轮子一起转",到习近平同志主政浙江突出彰显的"以人为本、促进人的全面发展",再到"两创""两富""两美""两高"战略,尊重群众首创精神,以富民为强省之基,始终是浙江改革发展核心政策导向。

改革开放初期,在面临巨大的生存压力,难以通过大量获取体制内资源推进工业化进程的情况下,面对底层民众依靠自身的力量,以创办乡镇企业、兴办家庭工业和专业市场等形式,在体制外寻找发展经济的空间的现象,浙江各级地方政府没有用行政手段强行压制老百姓的创新试验,而是采取了相对开明、宽容的默认和不干预的态度。这是改革开放以来浙江民众的创业精神得以不断发扬光大的一个至关重要的因素。而当这些创新举动取得明显的增长绩效时,地方政府的

---

[1] 习近平:《深刻认识全面建成小康社会决胜阶段的形势》,《求是》2016年第1期。

态度更是从基于同情的默许，逐步转变成理性的支持。在民间的种种创新举动同僵化的旧体制和意识形态发生冲突的情况下，地方党委政府着眼于发展经济，着眼于保护群众的创业积极性，将党的改革开放政策同浙江实际有机地结合起来，将对上负责同对下负责有机地结合起来，成功地在自上而下的政治压力与自下而上的民间创新冲动之间建立起了一个缓冲地带，为民间的创新实践提供了一个相对宽松而又至关重要的政策环境。从20世纪80年代初温州对个体私营经济和专业市场发展所采取的"允许试、允许看、允许改"的开明政策，到义乌顺乎民意，开放小商品市场，"允许农民经商、允许长途贩运、允许开放城乡市场、允许多渠道竞争"，开明务实的地方政府，不仅没有对地方民众冲突旧体制束缚的自主性创业采取打压的态度，而且出台了大量庇护性和扶持性的政策，为民间的创新试验提供了各种难能可贵的政策环境。在自下而上与自上而下辩证统一的改革进程中，浙江各级党委政府逐步清醒地摆正了自己的位置，认识到人民群众才是改革实践的主体，人民群众投身改革发展实践的积极性、主动性、创造性，是浙江经济社会发展最根本的动力。

在充分总结浙江改革发展的历史经验的基础上，习近平同志在浙江工作期间，借助于贯彻落实科学发展观的契机，把浙江原有的朴素的民本发展理念，转化为"以人为本"的发展理念，具体化为"一切相信群众，一切依靠群众，一切为了群众"的执政理念。习近平同志强调，"必须把贯彻立党为公、执政为民的本质要求，作为一切工作的根本出发点和最终落脚点，使之落实到制定和实施各项方针政策的工作中去，落实到各级领导干部的思想和行动中去，落实到关心群众生产生活的工作中去。在任何时候任何情况下，都要始终坚持把最广大人民的根本利益放在首位，自觉用最广大人民的根本利益来检验自己的工作和政绩，做到凡是为民造福的事就一定要千方百计办好，凡是损害广大群众利益的事就坚决不办"①。将人的全面发展作为发展的根本目的，意味着人民群众既是小康社会、和谐社会建设的主

---

① 习近平：《干在实处　走在前列——推进浙江新发展的思考与实践》，中共中央党校出版社2006年版，第33页。

体,也是小康社会、和谐社会建设成果的享有者。习近平同志指出,以人为本、促进人的全面发展,是科学发展观的核心,是和谐社会的最高价值理念。人民群众既是建设和谐社会的主体,也是和谐社会的享有者。构建社会主义和谐社会,必须坚持以人为本,满足人民日益增长的物质文化需要,不断增进人民福祉,做到发展为了人民、发展依靠人民、发展成果由人民共享。为民办实事是浙江省构建和谐社会的重要举措,必须长期坚持。要从广大人民群众最关心、最直接、最现实的切身利益出发,把解决民生问题放在更加突出的位置,进一步深化和完善为民办实事长效机制,切实把人的全面发展贯穿于经济社会发展之中,更好地为人民提供有效的公共服务,塑造有利于社会和谐的人文精神,处理好各种人民内部矛盾,使和谐社会建设不断取得实实在在的成效,使浙江人民真正享受到经济社会又好又快发展所带来的实惠。[①]

面对浙江"先成长先烦恼"的遭遇,习近平同志主政浙江期间制定的"八八战略",围绕浙江在全面建成小康社会的基础上提前基本实现现代化的目标,将促进城乡和区域协调发展,健全城乡社会保障体系,增进人民福祉作为重要战略导向,并据此出台了诸如推进山海协作、统筹城乡发展等一系列战略举措。更重要的是,在前期注重为民间自发创业营造宽松环境的基础上,针对自发性创业带来的诸如城乡之间、区域之间及不同群体之间收入差距拉大,社会保障历史欠账过多,民生保障的基础较为脆弱的现实问题,其间,浙江积极调整政府角色定位,充分发挥政府在协调城乡区域发展、维护社会公平、调节利益分配格局上的优势,强化政府公共服务功能,加大了社会保障体系建设的力度,奠定了浙江共享发展走向良性循环的格局,形成了共享发展在政策导向和战略举措上的自我强化机制。

在"八八战略"的引领下,2007年11月中共浙江省委十二届二次会议上通过了《关于推进创业富民创新强省的决定》,进一步突出以创业创新为富民之本、强省之源,着力加快建设全民创业型社会,

---

① 习近平:《努力在又好又快发展中推进浙江和谐社会建设》,《浙江人大》(公报版)2007年第2期。

确保浙江在全面建设惠及全省人民的小康社会上继续走在全国前列。为此，全省全面实施"全面小康六大行动计划"。2012年年底，中共浙江省委十三届二次会议又作出了《加快推进物质富裕精神富有现代化浙江建设的决定》，强调要努力创造更加丰裕的物质财富，在大力发展现代产业、推进经济持续平稳较快发展的同时，着力增加城乡居民收入和家庭财产，加快完善社会保障体系和公共服务体系，力求缩小收入差距，最终实现物质上共同富裕。2014年5月，根据党的十八大确立的人民群众对美好生活的向往就是我们的奋斗目标的执政理念，中共浙江省委十三届五次会议作出《关于建设美丽浙江、创造美好生活的决定》，进一步拓展了共享发展的内涵。2017年召开的省十四次党代会，又围绕在高水平全面建成小康社会的基础上，高水平推进社会主义现代化建设，就进一步完善浙江共享发展体制机制和政策体系进行了全面部署，推动浙江共享发展进入了新的发展阶段。

显而易见，从"两创""两富"到"两美""两高"，几届省委省政府的战略部署，都鲜明地体现了"八八战略"高扬的以人为本、促进人的全面发展的核心价值理念，都将体制创新和政策完善聚焦到了富民和高水平小康社会建设上，聚焦到了如何不断拓展共享发展的内涵、不断提高共享发展的水平上。"两创"战略延续了"八八战略"创新发展的战略取向，进一步突出了创业创新在共享发展实践中的基础性地位；"两富""两美"战略进一步明确了浙江全面建设小康社会的短板和建设重点，丰富了共享发展的内涵；"两高"战略则立足于浙江人民对美好生活的新要求，对共享发展提出了更高要求。这些无疑都为浙江不断完善共享发展模式提供了重要的保障。

（二）共建共享：以大众化创业奠定共享发展的坚实基础

奠定浙江共享发展坚实基础的，是改革开放以来浙江率先形成的大众化创业浪潮。在特定的区域文化土壤中形成的浙江民众的强烈自主创业冲动，同各级地方政府坚持富民强省，率先推进市场化的体制机制创新的努力形成的良性互动，使浙江从改革伊始就形成了一浪高过一浪的创业大潮。浙江民众凭借"野火烧不尽、春风吹又生"的草根创业精神，以走遍千山万水、说遍千言万语、想尽千方百计、历经千难万险的拼搏意志，"一有土壤就发芽，给点阳光就灿烂"，成为全国最大的创富群体。国家统计局数据显示，除京津沪三大直辖市外，在每万人口中，法人单位和产业活动单位的比例，浙江均居全国第一。全国每万人口的法人单位是 40 个，浙江是 78 个；全国每万人口的产业活动单位是 43.1 个，浙江是 93.5 个，均高出全国平均水平的近一倍。

实践证明，人的观念和行为不是一成不变的，而是从根本上取决于社会生活关系及其变革。马克思曾经提出，在现代的大生产实践中，"不但客观条件改变着……而且生产者也改变着，炼出新的品质，通过生产而发展和改造着自身，造成新的力量和新的观念，造成新的交往方式，新的需要和新的语言"[1]。如果说独特的区域文化所催生的自主创业精神，推动浙江民众成为了体制创新的"第一行动集团"，推动他们率先进行了冲破旧体制的改革试验的话，那么浙江市场化改革所形成的体制机制创新优势，又为浙江民众的创业营造出了良好的社会制度环境，为浙江民众创业激情的进一步激发提供了适宜的社会土壤。而正是这样一种大众化的创业格局，普遍提高了浙江城乡人民的生活水平，为实现共享发展奠定了坚实的社会基础。

大众化的创业大潮推动浙江率先走上了以民营经济为主体的发展道路。民营经济作为浙江经济高速增长的主发动机，不仅对浙江市场化和现代化的进程产生了重大的影响，而且对浙江形成共建共享发展格局产生了决定性影响。据统计，1979 年至 2003 年，浙江新增就业人员 1125 万人，私营经济安排就业 1058 万人，占 94.1%，成为浙江解决就业问题的主渠道。民营经济发展还对城乡居民收入的增长产生了重要影响。以农村居民为例，2003 年与 1997 年相比，农村居民人均工资性收入由 1496 元增加到 2613 元，占全年人均总收入的比重由 31.7% 上升到 38.9%，对农村居民人均总收入增长的贡献份额达到 56.2%，而农村居民的工资性收入绝大部分都是依靠非公有制经济发展取得的。[2] 浙江农村居民收入之所以长期稳居全国各省区首位，浙

---

[1] 《马克思恩格斯全集》第 46 卷（上），人民出版社 1979 年版，第 494 页。
[2] 国家统计局：《浙江省非公有制经济发展现状、特点、作用与困难分析》，2004 年 12 月 14 日，http://finance.sina.com.cn。

江之所以能够成为全国城乡居民收入差距最小的省份，民营经济居功甚伟。

草根创业的初始发展条件，决定了浙江创业大众为节约成本普遍采用了在家门口就地创业的模式，进而形成了一种以中小企业为基础、特色产业为主体、网络结构为支撑的集群化区域产业发展模式，即"块状经济"模式。浙江的"块状经济"大多属于劳动密集型产业，市场进入的门槛较低，企业的生产过程容易模仿，它为浙江普通百姓参与产业活动提供了最有利的空间。由于产业分工非常精细，每个小企业只负责其中一道工序，知识、技术、资本的门槛都很低，普通老百姓通过相互模仿，都能掌握相关的经营知识。同时，借助于专业市场，文化素质不高的经营者都能与全省甚至全国市场发生联系。可以说，"块状经济"成功地把家庭这个消费单元变成了生产单元，这对解决浙江农村富余劳动力出路及其收入问题产生了巨大的影响。正是借助于"块状经济"的生产模式，浙江成功地实现了创业的大众化，并在这一过程中培育出了规模庞大的市场主体。

"块状经济"的蓬勃发展，造就了浙江独一无二的县域经济现象。早在2004年，浙江县域经济平均规模就达到了111.5亿元，是全国县域平均水平的2.8倍；人均GDP达到19312元，是全国县域平均水平的2.2倍；平均财政总收入8.83亿元，是全国县域平均水平的2.9倍；平均城乡居民存款额58.74亿元，是全国县域平均水平的2.5倍；平均出口创汇4.01亿美元，是全国县域平均水平的6.0倍；平均实际利用外资0.55亿美元，是全国县域平均水平的3.2倍。① 另据国家统计局对全国县域单位综合实力的测评，从2004年起，全国最发达的100个强县中，浙江占据了30个席位，总数远远超过其他三个经济总量过万亿的经济大省，即广东、江苏和山东，在全国处于绝对领先地位。

就全国性的发展格局而言，共享发展最薄弱的环节在县域，特别是县域农村，县域经济与城市经济的发展差距、城市居民和农村居民收入差距成为制约共享发展的瓶颈。浙江立足地方实际创造出来的

---

① 参见《浙江经济统计年鉴》2004年，浙江人民出版社2005年版。

"老百姓经济"格局,成功地调动了广大群众的创业积极性,使千百万最普通不过的"泥腿子"转变成了工业经济的创业者。正是由于浙江在大众化创业进程中成功地塑造出了全民共建格局,大部分普通农民通过创业和务工广泛地参与到了工业化进程,获得了投资性收益和工资收入,极大地促进了农村居民收入的广泛提高。早在21世纪之初,浙江全面建设小康社会实践和共享发展就走在了全国前列,尤其是农村全面小康实现程度远远领先于全国平均水平。2004年浙江农村全面小康社会实现度达到58.9%,高出全国平均水平37.3全百分点(全国为21.6%),居全国第4位,各省区之首。与此同时,草根创业主体为节约创业成本,选择在家门口创业,由此催生的"块状经济"快速发展局面,又极大地促进了县域经济的繁荣。这就使浙江成功克服了全国普遍性的共享发展短板。

更值得欣喜的是,在产业转型升级的大变革中,浙江依然呈现出了良好的大众创业、万众创新的局面。从互联网产业的"新四军",到美丽乡村建设中各地在民宿经济、旅游经济发展过程中涌现出来的新的创业气象;从方兴未艾的特色小镇建设中的创新大军,到640万在省外投资创业的浙商群体,浙江民众继续秉持与时俱进的浙江精神,以自己的辛勤汗水和聪明智慧去实现创造美好生活的梦想。正是这种在全国极具典型性的大众创业、万众创新热潮,这种全民共建格局,奠定了浙江共享发展最坚实的基础。

(三)用好"两只手":充分发挥政府和市场的共享发展优势

实现共享发展,政府与市场的角色及其相互关系是关键。单纯依赖政府,不去充分发挥市场机制的作用,难以调动社会成员参与共建的积极性,就无法为共享发展创造必要的物质基础;反过来,政府无所作为,一味听任市场机制的扩张,必然造成社会财富分配的"马太效应",造成两极分化的态势日益加剧。浙江之所以能够提供共享发展的成功经验,与政府和市场关系相对合理,市场与政府各自的优势得到充分发挥有着密切的关系。

改革开放之初,在国有经济极为薄弱,地方政府可用于扶持乡镇集体经济发展的资源也极为有限,而地方民众却表现出了极为强烈的自主创业热情的背景下,地方政府有意识地对个体私营经济的发展采取了默认乃至暗中支持的态度。当民营经济的发展迅速呈现出显著的发展绩效之后，地方党委政府更是想方设法致力为民营经济发展营造相对宽松的政策环境。就此而言，浙江市场经济、民营经济的先发优势，既植根于地方区域文化传统和地方民众的生存格局，也得益于地方党委政府在特定时代背景下的合理角色定位。正是地方党委政府种种看似"无为"的积极策略，有效地保护了地方民众的创业热情，为市场主体的成长提供了较好的环境。

浙江市场经济的先发优势，最突出的表现，就是成功地调动了千百万民众的自主创业意识，形成了创业大潮生机勃发与自主创业热情蔚然成风的良性互动。进入21世纪以来，浙江大众化创业的富民效果已经充分显示出来，但与此同时，民众的自发性创业不可避免地派生出了地区之间、城乡之间以及不同社会群体之间收入差距拉大的现象，政府与市场关系的再调整很自然地成为浙江共享发展实践面临的突出问题。正是在浙江转型发展的关键时期，习近平同志主政浙江，把理顺政府与市场关系，作为推动模式转型升级的重要抓手。针对浙江长期藏富于民，公共财力拮据，致使公共基础设施和公共服务供给欠账较多，城乡之间、区域之间发展不平衡现象拉大等现实问题，"八八战略"围绕更好地发挥政府的作用，补齐短板，对此进行了全面部署。"八八战略"制定了统筹协调发达地区与欠发达地区、城市与乡村发展的战略举措，重点补齐欠发达地区、农村地区、低收入群体小康社会建设的短板。从2005年起浙江全面实行农业税免征，真正落实了"多予少取放活"的方针。为切实改善城镇下岗职工和农村贫困人口的生活，浙江着力完善社会保障体系，提高社会保障水平，扩大社会保障覆盖。2004年，全省78个统筹地区全部实施了基本医疗保险制度，覆盖人数达到569万人，居全国前列。2004年全省绝大部分县（市、区）建立了新型农村合作医疗制度。同年全省初步建立了以"新五保"（最低生活保障、农民工养老保险、农村新型合作医疗、失地农民基本生活保障、孤寡老人集中供养和贫困农户子女免费入学等社会保障）为主要内容的农村社会保障制度。

为有效破解城乡之间、地区之间的发展差距，在习近平同志的推动下，2003年年初浙江省委省政府专门召开了欠发达乡镇奔小康工作会议，全面部署实施"欠发达乡镇奔小康工程"。2004年1月，全省农村工作会议又根据党的十六大提出的"统筹城乡经济社会发展"和十六届三中全会提出的"五个统筹"的要求，对统筹区域发展、推动欠发达地区成为全省经济的新的增长点，作出了新的部署。2004年浙江省委专门制定出台了《浙江省统筹城乡发展推进城乡一体化纲要》，重点是扩大公共财政、社会保障、社会事业和公共服务向农村的覆盖。

针对公共基础设施建设和公共服务供给存在的短板，在习近平同志推动下，2003年起浙江全面实施"五大百亿"工程。包括"百亿基础设施建设""百亿信息化建设""百亿科教文卫体建设""百亿生态环境建设""百亿帮扶致富建设"在内的"五大百亿"工程，在促进经济发展的同时，更加注重社会发展；在加快经济建设的同时，更加注重生态建设；在充分发挥经济发达地区和城市优势的同时，更加注重欠发达地区和农村的发展，培育新的经济增长点。这些重大工程的实施，不仅切实提升了浙江人民的幸福感，而且开启了浙江强化政府公共产品供给功能的发展新格局。

针对政府提供的公共服务与民众的真实需求存在的脱节问题，2004年，在习近平同志的推动下，浙江又在全国率先作出了建立为民办实事长效机制的重大决策，要求各级政府努力解决人民群众最关心、最直接、最现实的利益问题，把关系人民群众生产生活的工作做好、做细、做实，使群众实实在在地享受到经济社会又好又快发展所带来的实惠。为民办实事制度在广泛征求民意，吸纳、综合各方面建议的基础上，科学决策，制订为民办实事工作计划，并由各级政府向社会作出公开承诺。随后，浙江各级政府几乎每年都提出十大为民办实事项目，主要涉及就业再就业、社会保障、医疗卫生、权益保障、社会稳定等与群众生产生活息息相关的实事。在省委省政府的推动下，浙江各级党委政府逐渐建立起了为民办实事的长效机制，包括民情反映机制、民主决策机制、责任落实机制、投入保障机制、督查考评机制等，为民办实事工作逐步走向规范化、制度化。为民办实事制度将政府的民生决策建立在广泛征求群众意见建议的基础上，实现了补短板的精准发力，对于解决人民群众普遍最关切、最迫切的民生难点发挥了重要作用。

在"八八战略"的引领下,浙江几届省委省政府紧紧围绕更好地保障和改善民生,促进共享发展,继续在理顺政府与市场关系下做文章,在强化政府的共享发展的调节和保障功能方面不断取得新成效,公共财政支出结构不断优化,政府社会管理和公共服务职能显著增强,基本公共服务均等化程度逐步高,创造了诸多全国第一:2008年,浙江在全国第一个制订实施《公民权益依法保障行动计划》;2009年,浙江在全国第一批推行城乡居民社会养老保险最低标准,城乡社会保障覆盖率高居全国之首;2011年,浙江在全国第一个实施城镇廉租房保障,实现了困难家庭廉租住房应保尽保。所有这些成就,主要着力于统筹区域、城乡发展,多举措切实保障和改善民生,努力实现共享发展打下了坚实的基础。这其中,最具典型意义的,就是2008年开始实施的"全面小康六大行动计划"。

"全面小康六大行动计划"涉及自主创新能力提升、重大项目建设、资源节约与环境保护、基本公共服务均等化、低收入群众增收、公民权益依法保障等方方面面,是一个系统工程,除了着力推进经济转型升级,强化公共产品供给外,"全面小康六大行动计划"进一步突出了政府在促进和保障发展方面的作用。其中,在全国率先实施的省域"基本公共服务均等化行动计划",以扩大基本公共服务覆盖面、提高基本公共服务均等化程度为目标,以社会保障、社会事业和公用设施为重点,坚持底线公平、机会均等,着力构建覆盖城乡、区域均衡、全民共享的基本公共服务体系。同时实施就业促进、社会保障、教育公平、全民健康、文体普及、社会福利、社区服务、惠民安居、公用设施、民工关爱十大工程,以缩小城乡之间、欠发达地区与发达地区之间的基本公共服务差距,使全省人民学有所教、劳有所得、病有所医、老有所养、住有所居。"低收入群众增收行动计划"以提高低收入群众致富能力和收入水平为中心,将2007年家庭人均收入低于2500元的农户,2007年家庭人均可支配收入低于当地城镇最低生活保障标准2倍的城镇家庭,作为实施低收入群众增收行动计划的主要对象,实施产业开发帮扶、培训就业帮扶、下山搬迁帮扶、基础设施建设、社会救助覆盖、区域协作促进、金融服务支持和社会援助关爱八大行动。到2012年，低收入农户（"低保"农户除外）中70%以上家庭人均收入超过4000元；所有县（市、区）农村最低生活保障标准提高到2500元以上，基本消除绝对贫困现象。同时，抓好就业创业扶持、社会救助扩面和社会慈善关爱三大行动，到2012年，城镇低收入家庭（"低保"家庭除外）中70%以上家庭人均可支配收入超过2007年当地城镇"低保"标准的4倍。

浙江理顺政府与市场关系的成功实践，充分发挥了政府与市场的各自优势，不仅有力地促进了共享发展实践的不断深化，而且为习近平总书记在党的十八大之后在全面深化改革的大背景下深刻总结政府与市场关系，强调充分发挥市场在资源配置中的决定性作用，同时更好地发挥政府的作用，以及概括提炼形成新发展理念提供了直接的经验支撑。

综上所述，中国基于马克思主义发展观和社会主义本质要求，立足中国国情探索形成的共享发展模式，不仅在短短的近40年里极大地提升了广大人民群众的生活水平，在人类反贫困实践中创造了前所未有的奇迹，而且以丰富的共享发展实践经验和制度建设成果，为人类探索更加公平、合理、有效的经济社会发展模式及其制度安排，贡献了中国实践的经验和智慧。作为中国特色社会主义在浙江的成功实践，浙江则以更加自觉的共享发展理念，持之以恒的探索实践，显著的共享发展成就，以及丰富的体制性、政策性成果，为共享发展的中国实践贡献了大量的浙江元素。浙江共享发展的成功实践及其积累的体制性、政策性成果，不仅为研究总结共享发展的中国实践提供了极具典型性的经验，而且为广大发展中国家探索共享发展的有效路径提供了有益的启示。

第一章　富民强省：浙江共享发展的探索历程

发展的最高尺度和根本目的是让广大人民群众尽可能多地分享发展带来的成果，最大限度地减少人民分担发展、改革的成本和代价。回顾改革开放以来浙江的发展历程，从资源小省到经济大省，从解决温饱到总体小康，再到全面小康，始终贯穿着"富民强省"这一发展战略。富民强省首先强调的就是"富民"。"富民"为先，鲜明地体现了发展为了人民、发展依靠人民、发展成果由人民共享的共享发展理念。富民强省战略反映了省委省政府对富民与强省两者关系的深刻认识和科学把握，鲜明地体现了以人民为中心的执政理念。历届省委、省政府深刻认识到发展的最终目的是富民，只有通过富民，充分调动人民群众的积极性，形成强大的发展动力，才能真正实现强省。没有全省人民的富裕，就不可能有强省。反之，只有经济发展水平提高了，实现了强省，才能为富民创造物质基础，才能更好地把发展成果惠及全省人民。这就把富民与强省这两者内在统一于浙江省推进中国特色社会主义建设的伟大事业中。

改革开放以来，省委、省政府正确处理富民与强省的关系，坚持发展是硬道理，始终把人民群众的根本利益放在首位，把以人民为中心的发展思想贯穿于经济社会发展各个环节，把增加百姓收入放在发展优先考虑的位置，把提升百姓幸福感作为评价经济发展质量的重要尺度，把维护弱势群体的基本权益和改善其生存条件作为经济社会协调发展的重要衡量指标，做到"群众想什么我们就干什么"，不仅注重经济总量的增加，更注意居民人均可支配收入水平的提升，不断提高人民群众的生活质量和增强人民群众的获得感、幸福感，实现了经济增长与居民收入增长同步、富民与强省并举的良性发展。40年来坚定不移地走富民强省道路，书写了浙江探索共享发展的精彩历程。

第一节　富民强省的"浙江经验"的形成与发展

改革开放之前，浙江是一个资源贫乏、国家扶持少、无政策优惠的经济小省，一直面临巨大的生存压力。改革开放以来，浙江在不足10.2万平方千米的土地上，以全国倒数第三的人均自然资源拥有量，创造了全国第四的经济总量，全省居民生活水平持续快速提高，创造出了令世人瞩目的"浙江经验"。"浙江经验"以"富民"为目的，以"强省"为结果。近40年来，浙江的巨大变化在很大程度上归功于历届省委、省政府善于把中央的大政方针与浙江的实际相结合，始终坚持富民强省这一基本战略不动摇。

一　迅猛发展的民营经济成为推动经济发展的主发动机

民营经济是浙江经济的显著特征和突出优势，是浙江居民收入快速增长的主要源泉。改革开放以来，浙江省民营经济经历了一个从开始起步到迅速发展的过程，总量和规模不断扩大，发展水平和竞争力也逐步提高，为推动浙江从一个经济小省发展成为经济大省发挥了重要作用。民营经济的快速发展成为浙江经济发展的主力军，主要得益于浙江省各级政府解放思想、实事求是，充分尊重和发挥人民群众的首创精神，敢于突破计划经济体制的束缚，坚持以公有制为主体、多种所有制经济共同发展的基本经济制度，对民营企业的发展进行各种政策鼓励。譬如，在改革开放初期，温州市委、市政府就立足本地经济社会发展的现实状况，对个体私营企业实行了不压制、不打击的宽容做法，采取了默许性的保护手段，创造性地提出"坚持多种经济一起上，多个轮子一起转，不限比例看发展，不限速度看效益，不唯成分看实践"的方针，形成了鼓励发展家庭工业、搞活流通的浓厚社会氛围。20世纪80年代中后期，当其他地区仍在举行"姓公姓私"的大争论时，温州连续出台了3个有关"个体挂户经营""私营企业"

"股份合作"地方性行政法规，对促进当地的民间投资起了很大的作用。

与此同时，浙江广大老百姓具有强烈的脱贫致富的愿望。当束缚农民搞活致富的政策放开后，浙江人发展经济、追求富裕美好生活的积极性和主动性得到了充分发挥。为了脱贫致富，浙江人从微不足道的草根经济开始，以小商品起家，凭着执着的追求，不懈的努力，在市场夹缝中闯出了自己的生存发展空间，没有"铁饭碗"，就办乡镇、个私企业，造就自己的"泥饭碗"；得不到计划分配的物资，就走南闯北到处采购；没有巨额的国家固定资产投资，就通过亲帮亲、邻帮邻的方式积极筹措民间资金。通过这种方式，浙江人开创了"千家万户办企业、千山万水闯市场"的波澜壮阔局面，迅速完成了初步工业化所需要的资本和各种要素的积累，将一个贫穷落后、资源匮乏的浙江，打造成了初步繁荣的小康家园。从1978年到2004年，全省生产总值由124亿元增加到11243亿元，增量的70%由民营经济创造；工业的增加值从47亿元增加到3580亿元，增量的75%由民营经济创造。从1993年到2003年的10年间，浙江私营企业数量增长了33倍，注册资本增长了52倍。在数量增加的同时，规模实力也大大提升。根据第一次经济普查资料，截至2004年年末，浙江民营企业达25.48万家，占全省所有企业的82.4%；民营企业年营业收入29191.62亿元，占全部企业的73.0%。到2003年，浙江60%以上的税收、70%以上的生产总值、80%以上的外贸出口、90%以上的新增就业岗位，都由民营经济创造或提供。浙江个体私营经济总产值、销售总额、社会消费品零售额、出口创汇额、全国民营企业500强企业户数五项指标均居全国第一。浙江经济总量中民营经济成为主体，并且是最活跃、最有活力的成分。民营经济是浙江老百姓依靠自己力量发展起来的经济，是民有、民管、民享的经济。民营经济将经济的增长从超经济的权力网络中解放出来，成为改革开放以来浙江城乡居民收入增长的最大来源。

二 快速崛起的块状经济造就了一大批富村、富镇、富县

改革开放以来，浙江从农村工业化起步，走出一条不同于传统工

业化模式的发展新路,块状经济的崛起是这条发展新路最为突出的一个亮点。块状经济,是指在一定的区域范围内形成的一种产业集中、专业化极强的,同时又具有明显地方特色的区域性产业群体的经济组织形式。从20世纪80年代初开始,浙江各地就注重发挥自身的资源优势和产业特色,开始培育各具特色的产业集群,形成了具有区域特点的块状经济。如温州的皮鞋、嵊州的领带、大唐的袜子、绍兴的轻纺、永康的小五金、义乌的小商品等皆举世闻名。这些块状经济主要以中小企业为主体,以"一村一品""一乡一业"的生产方式来进行某一种产品的专业化生产加工。凭借灵活的机制,成千上万的个私企业在块状经济中通过分工协作,超常规地降低生产成本,然后通过发达的专业市场大幅度地降低交易成本,因此其产品形成了极强的市场竞争力。2001年浙江88个县(市、区)中,有85个出现了块状经济,总产值5993亿元,占当年全省工业总产值的49%。其中,工业总产值亿元以上的块状经济群共519个区块,总产值10亿—50亿元的区块有118个,50亿—100亿元的区块26个,100亿元以上的区块3个。这些块状经济主要以小企业和生产日常生活品为主,专业化分工与协作水平非常高。如浙江嵊州市的领带产业群,它有1100多家领带企业,每年生产3亿条的领带,占领了国内90%、国际40%的领带市场。一条领带的生产需经过22道环节,每个环节均有数百个单位参加,这些企业聚集在领带嵊州工业园内,相互合作又互相竞争,形成独特的块状经济。

广泛分布的"块状经济"造就了浙江发达的县域经济、镇域经济和村域经济。到2003年,浙江县域工业企业单位数和工业增加值均占全省的60%以上。国家统计局公布的全国百强县(市)中,浙江有30个县(市)入围,所占比重在各省(市、区)中遥遥领先。在全国千强镇中,浙江占据268席,也居全国首位。无论是义乌的小商品、绍兴的轻纺、海宁的皮革等这些县域性的块状经济,还是织里的童装、大唐的袜子、濮院的羊毛衫这些镇域性的块状经济,都极大地促进了当地经济社会的快速发展。块状经济不仅拉动浙江经济实现了一个又一个跨越,而且由于其资金和技术门槛都较低,因此直接拉动了浙江大众化创业群体的形成和壮大,进而促进了居民收入持续快速增长。浙江许多的块状经济如塘栖的蜜饯、磐安的药材、安吉的转椅、庆元的香菇等，是由当地的农业特产加工业转而发展起来的，是对当地原有产品、产业深入开发的结果，更是直接提高了当地居民尤其是广大农民的生活水平。正是因为块状经济的"内生性"和"人本性"，使得浙江农民人均收入、人均储蓄等"富民指标"连续多年位于全国前茅。块状经济造就的以富民强县（强镇、强村）为特征的区域经济发展格局，夯实了"富民强省"的微观基础。

三　兴旺发达的专业市场开创了民众脱贫致富的新路径

改革开放以来，在浙江温州、金华、绍兴、台州等地区，为了弥补计划经济体制下商品流通渠道的不足，满足众多民营企业快速成长的需要，在地方政府的扶持下，专业市场得到了迅速的发展。专业市场的主要经济功能是通过可共享的规模巨大的交易平台和销售网络，节约中小企业和批发商的交易费用，从而形成具有强大竞争力的批发价格。从1978年温州永嘉桥头纽扣市场的萌芽开始，浙江专业市场的建设和发展一直走在全国前列，形成一种独特的"浙江现象"。浙江专业市场不仅数量多、规模大，而且综合竞争力强、辐射范围广。全省市场成交额、超亿元市场数、单个市场成交额3项指标连续多年在全国保持首位，是名副其实的"市场大省"。截至2002年，全省共有商品交易市场4193个。全年商品市场成交额4997亿元，年成交额超百亿元市场6个，超十亿元市场77个，超亿元市场达457个。其中最引人注目的是全球最大的小商品市场——义乌中国小商品城和全球最大的纺织品专业市场——绍兴柯桥中国轻纺城。前者经过20余年的快速发展，使义乌成为了全国性的小商品流通中心、展示中心、信息中心和配送中心。义乌中国小商品城拥有34个行业、1502个大类、32万种商品，囊括了工艺品、饰品、小五金、日用百货、电子电器、玩具、化妆品、袜业、纺织品、服装等大部分日用工业品。其中，饰品、袜子、玩具产销量占全国市场1/3强。物美价廉的义乌小商品在国际上具有极强的竞争力，出口商品辐射180多个国家和地区，行销东南亚、中东、欧美等地。2002年，义乌中国小商品城营业面积82万平方米，商位近3万个，从业人员7万余人，市场总成交额达 265 亿元（其中出口额 105 亿元），连续 11 年居全国专业市场第一位。经过 20 余年发展，后者已成为亚洲最大的纺织品集散中心和全球最大的轻纺专业市场。2002 年，绍兴柯桥中国轻纺城总建筑面积达 208 万平方米，经营者 10000 多户，经营面料 3 万余种，服装上千个品牌，日客流量 10 万人次，产品销往全球 173 个国家和地区，市场总成交额达 226 亿元，连续多年居全国专业市场第二位。

星罗棋布的专业市场，不但为广大中小企业提供了低成本共享型的销售平台和原材料采购平台，成为集聚物流、资金流、信息流的重要载体，而且大大促进了浙江省农村工业化、商品化、城镇化进程，推动了浙江省广大农村从自给半自给经济向商品经济和市场经济转变，增加了地方财政收入，富裕了当地群众，起到了"办一处市场，兴一批产业，活一片经济，富一方群众"的功效，最终形成了浙江在全国省域经济中较高质量的经济社会发展水平。到 21 世纪初，在信息技术和互连网的普及，尤其是电子商务的冲击下，浙江专业市场逐渐改变传统的交易形态，向电子商务、洽谈订单、物流配送等现代交易方式转变，实现了电子商务与传统专业市场的有效结合。专业市场的功能也由单一的商品交易向商品展示、信息汇集、价格形成、产品研发等方向拓展。

总之，从改革开放之初到 21 世纪伊始的这 20 多年，是"浙江模式"逐渐形成与不断发展的过程，富民强省是贯穿整个过程的一条主线。"浙江模式"以个人产权为基础，鼓励个体户、工商户、家庭企业等民营经济组织发展，以区域内部民间资本作为经济社会发展的主要驱动力，从而造就了民间资本丰裕、人民生活水平较高的格局。富民强省是"浙江经验"的核心和本质特征，并使之明显区别于苏南和珠江。

第二节 "八八战略"与基于共享发展的经济转型升级

从改革开放伊始到 21 世纪初，浙江实现了连续 20 多年的高速发展，年均 GDP 增长率保持在 13.1%，比全国平均增幅高出 3.7 个百分点，但同时也暴露出资源消耗过快、生产要素告急、环境污染严重、资本大量外流等负面效应。如何破解发展难题、创新发展模式，成为浙江省委、省政府高度重视的一个问题。2003年7月，时任浙江省委书记的习近平同志通过深入调研、深邃思考，在省委十一届四次全会上全面系统总结了历届省委实施"富民强省"发展战略的基本经验，作出了发挥"八个方面优势"、推进"八个方面举措"的重大决策部署（以下简称"八八战略"）。"八八战略"从多重角度阐述了"富民"和"强省"的目标及要求，为浙江进一步推进富民强省战略指明了方向。

一 先成长，先烦恼

在世纪之交之时，经过改革开放20多年的实践，浙江经济社会发展走在了前列，成为全国经济发展速度最快、最活跃的地区之一，但体制机制的先发优势不断弱化，矛盾问题也早发多发。以浙江经济飞速增长背后的粗放式发展方式所带来的惊人的资源能源消耗为例，2003年，省统计部门给出了一份《浙江GDP增长过程中的代价分析》报告：2002年浙江每亿美元GDP的能源消费量为7.11万吨标准煤当量，相当于2000年世界平均水平的1.59倍，高收入国家的2.45倍。2003年，浙江省每生产1亿元GDP排放28.8万吨废水，生产1亿元工业增加值排放2.38亿标立方米工业废气，分别比1990年增长84.8%和3倍。由此造成浙江的水污染、大气污染和农业面源污染问题较为突出，土地、水、能源等重要资源要素全线告急，环境承载力的瓶颈制约日益凸显，走在前列的浙江率先遭遇了严峻的"成长的烦恼"，不仅仅传统的发展方式需要转型，而且产业结构以及现代化布局都亟待转型和完善。

21世纪初，浙江广大的民营企业仍然以传统的"小作坊"模式为主体，多数企业的厂房都非常简陋，设备十分陈旧，技术和管理都较为落后。在这样的环境中，无论是产品的质量问题，还是流程的标准化问题，都没有相应的保证。众多中小企业和私营企业的质量水平偏低，甚至还存在大量无照经营的家庭作坊。从产业结构看，民营经济主要集中在低成本、低附加值、高排放的产业领域，其技术含量普遍较低，投资生产比较容易，一个适销对路产品的出现，势必引起各个企业不顾一切地追逐仿制。成百上千家企业均投入同一产品的竞争，同质化产品产量如井喷式上升。最终，这种恶性竞争导致"劣币驱逐良币"的效应，假冒伪劣产品充斥市场，优质产品反而被排挤出局。从专业市场看，经过多年的发展，浙江的专业市场日趋成熟，但其自身固有的一些局限性也逐渐暴露，如场地建设和维护费用太高，交易时间受到一定制约，信息集散不够流畅且容易产生失真问题等，导致其发展面临诸多困境。

率先遇到的"成长的烦恼"大大制约了浙江进一步迈向富裕的步伐。浙江多数民营企业从事传统产业和劳动密集型产业，长期处于产业链、价值链的低端，主要靠"拼资源、拼环境、拼价格"。资源要素约束加大和成本快速上升给这些民营企业带来了巨大挑战，用地难、用电难、用工难、融资难以及原材料价格居高不下等问题成为民营企业面临的普遍现象。在块状经济发展上，由于市场中处于低水平的同一层次的小企业特别多，专业分工无法按照市场规律来进行，造成区域整体资源利用的低效率和浪费。一些企业为了求得生存，只能通过偷工减料、以次充好、仿冒、偷税漏税等方式来赢利。此外，由于生产条件简陋，设备落后，环境污染问题比较突出，而且还存在着严重安全隐患。在专业市场的发展上，由于市场定位缺少差异性，市场又都是采用摊位出租的方式，对摊位经营者的进货方式、进货渠道较少规范，因此大量商品来源十分混乱，商品质量难以保证，消费信任程度越来越差。此外，以电子商务为代表的新经济对专业市场产生了强烈的冲击。上述诸多问题的存在，严重影响和制约着浙江继续推进富民强省的步伐。

二 "八八战略"：浙江经济发展全面转型升级

如上所述，21世纪初，浙江发展正处在一个关键期——增长方式的转变、产业结构的转型、生态环境的改善等。怎样科学谋划浙江发展新战略，是2002年刚到浙江工作的习近平同志面对的重大课题。面对浙江发展走在前列遭遇的诸多"成长的烦恼"，习近平同志以强烈的政治责任感，坚持先行先试，为中国改革和现代化建设探路，作出了"八八战略"及与之相配套的一系列战略部署,有力地推动了浙江经济社会发展的全面转型。①

2003年7月,在科学判断国际国内形势和全面把握浙江省情的基础上,习近平同志在省委十一届四次全会上,提出了引领浙江新发展的"八八战略"这一重大战略部署,即进一步发挥八个方面的优势、推进八个方面的举措,具体内容包括:第一,进一步发挥浙江的体制机制优势,大力推动以公有制为主体的多种所有制经济共同发展,不断完善社会主义市场经济体制;第二,进一步发挥浙江的区位优势,主动接轨上海,积极参与长江三角洲地区交流与合作,不断提高对内对外开放水平;第三,进一步发挥浙江的块状特色产业优势,加快先进制造业基地建设,走新型工业化道路;第四,进一步发挥浙江的城乡协调发展优势,统筹城乡经济社会发展,加快推进城乡一体化;第五,进一步发挥浙江的生态优势,创建生态省,打造"绿色浙江";第六,进一步发挥浙江的山海资源优势,大力发展海洋经济,推动欠发达地区跨越式发展,努力使海洋经济和欠发达地区的发展成为浙江省经济新的增长点;第七,进一步发挥浙江的环境优势,积极推进基础设施建设,切实加强法治建设、信用建设和机关效能建设;第八,进一步发挥浙江的人文优势,积极推进科教兴省、人才强省,加快建设文化大省。"八八战略"的出发点和落脚点是人民。其中,前三条分别着眼于激发市场活力、扩大开放和发展先进制造业,将强省与富民紧紧联系在一起。第四条从加快推进城乡一体化入手,重在让城乡居民共享美好生活。第五条从创建"生态省"、打造"绿色浙江"入手,确保百姓享有宜居的生态环境。第六条从努力使海洋经济和欠发达地区的发展成为浙江经济的新增长点入手,着力改善欠发达地区群众的生产生活水平。第七条从推进重点建设,加强法治建设、信用建设和机关效能建设入手,切实保障人民群众合法权益。第八条从积极推进科教兴省、人才强省,加快建设文化大省入手,努力提升公共服务能力。习近平同志

---

① 何显明:《"八八战略"与"四个全面"的精神契合》,《浙江日报》2017年6月17日。

以"八八战略"为总抓手,开启了进一步改善民生、实现省域内共享发展的顶层设计和系统谋划。

2003年12月,在省委十一届五次全会上,习近平同志又对"八八战略"作了进一步深入和细化的论述,这成为推动浙江经济社会发展全面转型和建设全面小康社会的行动纲领和指导方针。"八八战略"的核心和精髓就是调动一切积极因素,保持和发扬浙江的各种优势,进一步推进"富民"和"强省"目标的实现。习近平同志在部署和推进"八八战略"中,讲得最多的就是坚持以人为本,充分发挥人民群众的主动性和创造性,让人民群众理解"八八战略",实践"八八战略",共享实施"八八战略"所带来的成果。2005年12月,在全省经济工作会议上,习近平同志进一步指出,始终坚持把不断提高城乡居民生活水平作为实施"八八战略"的出发点和落脚点。我们坚持强省与富民相结合,千方百计促民富,支持和鼓励群众创新创业,不断提高城乡居民收入,让广大人民群众充分享受改革发展的成果。坚持群众利益无小事,尽心尽职解民忧,把为民办实事纳入规范化、制度化轨道,着力做好就业、社会保障等关系人民群众切身利益的工作,切实解决困难群众的生产生活问题。坚持把维护社会稳定作为第一责任,竭尽全力保民安,尊重和维护人民的民主权利,妥善处理人民内部矛盾,搞好社会治安综合治理,促进社会和谐发展。

上述分析表明,"八八战略"阐述最充分的执政理念就是坚持以人为本,坚持相信群众、依靠群众、带领群众,充分发挥人民群众的主体作用,强调浙江"起步于民、兴盛靠民、潜力在民",努力让改革开放的发展成果惠及全体人民,让人民群众有更多的获得感,充分体现了以人民为中心的发展思想。党的十八大以来,习近平总书记反复强调,我们的一切发展都是为了人民,人民对美好生活的向往就是我们的奋斗目标。自觉践行以人民为中心的发展思想,发展为了人民,发展依靠人民,发展成果由人民共享。要让人民群众有更多的获得感。"八八战略"与"五位一体"总体布局、"四个全面"战略布局、新发展理念等习近平新时代中国特色社会主义思想,在精神要旨上是契合的,内在逻辑上是相通的,具体要求上是一贯的,价值指向上也是高度统一的。

"八八战略"也蕴含着强省发展战略。发挥八个优势、实施八项举措，涵盖经济、政治、文化、社会、生态文明等"五位一体"重点领域，涉及小康社会、深化改革、法治建设和从严治党"四个全面"关键内容。它在经济发展方式的转变上提出了"腾笼换鸟、凤凰涅槃"的"两鸟论"，在生态文明建设上提出了"绿水青山就是金山银山"的"两山论"，在推进城乡统筹发展上提出了"两种人"思想，在处理政府与市场关系上阐述了"两只手"理论等。"八八战略"不仅为浙江开出了破解"成长的烦恼"的良方，而且为浙江建设成为强省提供了有效的路径。"八八战略"萌生出了平安浙江、法治浙江、文化大省、生态省建设和加强党的执政能力建设等决策部署，不仅构建了中国特色社会主义在浙江实践的"五位一体"总体布局，而且比较早地在省域层面对推进治理体系和治理能力现代化进行了战略谋划和具体实践。

三　以协调发展补齐"富民"短板

围绕"八八战略"的实施，为了实现"富民"目标，省委、省政府先后作出了建设"平安浙江""文化大省""法治浙江"等战略部署，重点加强以民生为主的社会建设，力促经济社会、城乡协调和区域协调发展，使"富民"与"强省"有机结合、互促共进。

（一）加强社会建设，促进经济社会协调发展

实施"八八战略"的根本目的就是为浙江人民造福。浙江省委一直把民生摆在突出位置，采取各种措施造福民众。2003年，浙江颁布实施《关于建立新型农村合作医疗制度的实施意见（试行）》，在全国率先建立起以县为单位的大病统筹农村新型合作医疗制度，全省建起了大社保体系，居民社保建设和发展水平位居全国前列。新增财力2/3以上用于民生，社会福利不断改善，公共卫生发展成果显著，各种指标走在全国前列。小有所学、成有所为、病有所医、老有所养、公民和谐相处、城乡协调均衡发展，已成为浙江经济社会生活的日常写照。居民收入增长与经济发展同步、劳动报酬增长与劳动生产率提高同步的机制逐步形成。居民人均消费支出稳步增长，生活质量

进一步提升。全省城乡居民年人均收入已分别连续16年和32年位居全国各省区第一。浙江省委高度关注人民的安全感。2004年5月，浙江省委作出了《关于建设"平安浙江"促进社会和谐稳定的决定》，此后"平安浙江"建设成效显著，人民群众安全感满意率连续多年位居全国前列，浙江被公认为全国最安全、社会公平指数最高的省份之一。

完善保障和改善民生的制度安排，健全覆盖城乡居民的社会保障体系，坚持广覆盖、保基本、多层次、可持续的方针。实现新型农村社会养老保险制度全覆盖，完善实施城镇职工和居民养老保险制度，逐步提高保障标准。逐步完善基本公共服务体系，使人民群众不再有上学难、看病贵之虞，老者有所养，居者有其屋。这些举措推动了城乡居民生活质量明显改善。2007年，浙江省城镇居民人均可支配收入超过20000元，农村居民人均纯收入接近7000元。居住条件和生活环境明显改善，物质消费水平不断提高，精神文化生活更为充实，社会保障体系进一步健全，社会就业比较充分。

（二）大力推进城乡一体化，促进城乡协调发展

2002年，习近平同志到浙江工作后，始终强调要把城乡发展作为一个整体，科学筹划、协调推进，力促"富民"目标在城乡两个层面上均得以实现。在浙江工作期间，习近平同志在多个场合反复强调，小康不小康，关键看老乡。推进城乡一体化，薄弱点和工作的难点在农业、农村和农民。习近平同志把每年调研的首站都放在农村，每年省委下发的一号文件也是加大统筹城乡力度、促进"三农"发展的政策文件。无论是在全省召开的农村工作会议上，还是在深入基层调研时，他都深刻把握工农关系、城乡关系变迁的"两个趋向"，要求浙江坚持统筹城乡发展的方略，以工业反哺农业，以城市带动农村，最终实现城乡居民共同富裕、共享现代文明。

首先，制定城乡一体化纲要，提出统筹城乡发展思路。2004年，习近平同志主持制定了《浙江省统筹城乡发展、推进城乡一体化纲要》，把它作为指导全省统筹城乡发展的纲领性文件。2005年1月13日，浙江省委、省政府正式发布了《浙江省统筹城乡发展推进城乡一体化纲要》。该文件的重点是扩大公共财政、社会保障、社会事业和

公共服务向农村的覆盖。《纲要》明确了从产业发展、社会事业发展、基础设施建设、劳动就业和社会保障、生态环境建设和区域经济社会发展六个方面来推进城乡统筹发展，并提出了深化城乡配套改革等战略举措。浙江也成为全国第一个颁布并实施城乡一体化纲要的省份。

其次，调整财政支出结构，加大对现代农业的支持力度。2003年以来，浙江认真落实《农业法》关于"中央和县级以上地方财政每年对农业总投入的增长幅度应当高于其财政经常性收入的增长幅度"的规定，积极调整财政支出结构，加大各级财政对现代农业建设的投入，着力推动以城带乡、以工促农的新发展。按照以工补农和全面提升农业综合生产能力的思路，把发展高效农业作为主攻目标，通过进一步完善农业发展基金制度，增加对种粮农民补贴，开通农产品运输"绿色通道"，加大对农业基础设施建设的投入，全面提升与增强农业的发展能力。2004年，全省财政支农资金达75.4亿元，增长25.4%。2004年1月，浙江在全国率先免除农业税，这是一项重要的"富民"举措。2001年至2005年，全省财政性支农支出累计超过1115.8亿元，年均增长22.4%。

再次，实行"千村示范、万村整治"工程，切实改善农村生活环境。世纪之交的浙江农村，"村村点火、户户冒烟"的现象非常普遍。很多农村虽然经济得到了快速发展，但村庄面貌却不尽如人意。一些地方的村庄布局缺乏规划指导和约束，农民建房缺乏科学设计，存在有新房无新村、环境脏乱差等现象，老百姓对此意见很大。2003年6月5日，在习近平同志的谋划和推动下，浙江省委作出了实施"千村示范、万村整治"工程的重大决策，由此揭开了浙江美丽乡村建设的宏伟篇章。习近平同志在全省"千村示范、万村整治"工作会议上指出，实施"千村示范、万村整治"工程必须坚持以民为本，整体推进，走生产发展、生活富裕、生态良好的文明发展路子。要让广大农民喝上干净的水、呼吸清洁的空气、吃上放心的食物，在良好的环境中生产生活。该工程把农民反映最强烈的环境脏乱差问题作为突破口，以中心村建设为重点，按照统筹城乡经济社会发展的要求，推动城市基础设施向农村延伸，推动城市公共服务事业向农村覆盖，推动城市文明向农村辐射,花5年时间整治和改造1万个村庄、培育1000个示范村,使农村面貌有一个明显改变。经过5年的努力,到2007年,"千村示范、万村整治"工程完成了对全省1万余个建制村进行初步整治,并把其中的1181个建制村建设成"全面小康建设示范村",浙江省农村环境脏乱差状况得到了显著改善,整体面貌发生了巨大变化。

(三) 实施山海协作,促进区域协调发展

区域协调发展关系到城乡各地居民能否共享改革发展成果、能否共同实现全面小康,关系到现代化建设全局和社会稳定以及国家长治久安。习近平同志到浙江工作后,多次到偏远山区和海岛进行调研,指出目前浙江省人民生活总体上已达到小康水平,但现在达到的小康还是低水平、不全面、不平衡的小康。他提醒全省干部群众,没有欠发达地区的小康,就没有全省的全面小康;没有欠发达地区的现代化,就没有全省的现代化。在浙江工作的5年间,习近平同志带领全省人民,秉承"一个也不能少"的理念,统筹推进各区域协调发展,既促进发达地区加快发展,同时也促进欠发达地区跨越式发展,力促"富民"目标在全省每个区域均得以实现,使浙江成为全国发展最为均衡的省份之一。

一方面,为推动欠发达山区实现跨越式发展,习近平同志创造性地整合提出实施山海协作、"欠发达乡镇奔小康""百亿帮扶致富"三大工程,坚持"输血"和"造血"双措并举,坚持发达地区与欠发达地区联动发展,积极探索欠发达地区立足自身区位条件、资源禀赋、产业基础的现代化之路,充分展现了统筹区域经济社会发展的战略谋局和生动实践。通过全面实施上述三大工程,开展全方位、多领域的对口帮扶工作,全省有106个欠发达乡镇与沿海发达地区106个发达乡镇"结对"共谋发展,杭州、宁波等发达地区的产业加速向欠发达地区梯度转移,欠发达地区实现了跨越式发展,百姓收入有了明显提高。2007年,丽水市实现地区生产总值425.26亿元,人均GDP达到2452美元,城镇居民人均可支配收入达15910元,农村居民人均纯收入4373元。衢州市实现地区生产总值468.18亿元,人均GDP达到2475美元,城镇居民人均可支配收入和农民人均收入分别达到16388元和6071元。① 两个地区的主要经济指标比5年前翻了近一番。

另一方面，为促进海岛舟山经济社会的跨越式发展，习近平同志浙江工作期间13次到舟山调研。每次调研他总是说，做好海洋经济这篇大文章，是浙江的长远战略任务，舟山一定要在建设海洋经济强省中打头阵、唱主角。在习近平同志的关心和推动下，舟山开始重点发展临港重化工、船舶修造业、港口物流业、海洋旅游业等海洋产业，不断把港口资源优势转化为经济优势，推动海洋经济的大发展、港口城市的大变化、基础设施的大完善，带动舟山经济社会的跨越式发展。2006年，舟山市海洋经济总产出达650亿元，海洋经济增加值210亿元，占全市GDP比重达63.1%，成为全国海洋经济比重最高的城市之一。临港工业实现产值336亿元，总量比2001年翻了两番多。

四　以转变发展方式夯实"强省"建设基础

围绕"八八战略"的实施，浙江坚持以经济建设为中心，加快转变经济增长方式。为了推进"强省"建设，根据浙江是资源小省的实际，浙江省委、省政府决定全面实施产业转型，提出要以"凤凰涅槃"的精神，促使中小企业和传统产业在结构调整中浴火重生；与此同时，制定产业准入标准，提出单位面积投资密度和污染排放等定量要求，以实现"腾笼换鸟"。所谓"凤凰涅槃"，就是要拿出壮士断腕的勇气，摆脱对粗放式增长的依赖，大力提高自主创新能力，建设科技大省和品牌大省，以信息化带动工业化，打造先进制造业基础，发展现代服务业，变制造为创造，变贴牌为创牌，实现产业和企业的浴火重生、脱胎换骨。所谓"腾笼换鸟"，就是要拿出浙江人勇闯天下的气概，跳出浙江发展浙江，按照统筹区域发展的要求，积极参与全国的区域合作和交流，把"走出去"和"引进来"结合起来，培育和引进吃得少、产蛋多、飞得高的"俊鸟"②。

---

① 数据来源于2007年衢州和丽水两市的统计公报，作者整理而得。
② 习近平：《干在实处　走在前列——推进浙江新发展的思考与实践》，中共中央党校出版社2006年版，第128—129页。

加快科技进步和自主创新，是转变发展方式，破解浙江资源环境约束的根本之计。浙江改革开放前期20多年的高速增长，主要是依靠劳动力、土地、资本、资源等要素的大量投入和消耗实现的。如果仍然沿袭这种粗放式的发展方式，不仅资源和环境无法承受，而且全面建设小康社会和提前实现基本现代化的目标也难以实现。为此，习近平同志提出加快创新型省份建设，让自主创新成为接近资源要素环境制约的根本突进。2006年3月，习近平同志主持召开全省自主创新大会，强调指出，浙江加快创新型省份建设，在工作指导上必须把握好以下几个方面：一是坚持培育和弘扬与时俱进的浙江精神，进一步激发全社会的创新创造；二是坚持有所为有所不为，努力实现重点突破和跨越发展；三是坚持以强化企业主体地位为重点，加快推进区域创新体系建设；四是坚持把自主创新与品牌战略结合起来，推动品牌大省建设；五是坚持改革创新、开放集成，进一步增强自主创新的动力和活力；六是坚持以人才为本，建设造就一支结构合理、素质优良、实力强劲的创新人才队伍。[①]

浙江的生态建设起步较早。2002年6月，浙江省委就提出把建设"绿色浙江"作为全省在新的历史阶段的战略目标。2003年1月，在习近平同志的亲自推动下，经国家环保总计批准，浙江成为全国第5个生态省建设试点省份。同年5月，习近平同志亲自担任新成立的省生态建设工作领导小组。6月，省委出台了《关于建设生态省的决定》。8月，省政府印发了又经过多次修改和补充的《浙江生态省建设规划纲要》。《浙江生态省建设规划纲要》详细阐明了生态省建设的现实基础和条件，明确了浙江生态省建设的总体目标、重点工程、主要任务等。

此外，根据"八八战略"的总体要求，2005年7月，省委十一届八次全会通过了《关于加快建设文化大省的决定》，提出实施八大文化工程，确立了科教兴省和人才强省两大战略，以及建设"四个强省"即教育强省、科技强省、卫生强省、体育强省的目标，从而进一

---

① 习近平：《干在实处 走在前列——推进浙江新发展的思考与实践》，中共中央党校出版社2006年版，第133—137页。

步深化了"强省"的内涵。通过四个强省的建设，来不断满足人民群众的文化、科技、教育、卫生、体育等方面的公共需求。"十一五"期间，全省文化产业增加值年均增长19.0%，比同期GDP增长高出3.4个百分点，文化产业增加值占GDP比重超4%。文化体制改革取得突破性进展，文化事业单位活力不断增强，文化强省建设的"三大体系""八项工程""十大计划"不断向纵深推进。2006年4月，浙江省委十一届十次全体（扩大）会议审议通过了《关于建设"法治浙江"的决定》，积极探索加强党的领导，充分发扬民主和严格依法办事的关系，努力形成科学立法、公正司法、严格执法、公民守法的大格局。以上这些发展战略和措施的实施，有效改变了以往经济发展腿长、社会发展腿短的尴尬态势，社会发展水平得到了较快提升。

总之，浙江通过实施经济强省、创新型省份、文化强省等一系列"强省"战略，到2007年，GDP总量、人均GDP、财政收入等指标在全国的位次分别由第12、第16、第14位上升至第4、第4、第4位。2007年，全省人均GDP约为全国平均水平的两倍。在全国百强县和全国千强镇中，浙江所占的数量均位居全国首位。浙江的区域创新能力不断增强，可持续发展能力日益提高，全省单位GDP能耗和主要污染物排放逐年下降，成为全国6个生态环境状况评价优良的省份之一。

第三节　从"两创""两富"到"两美""两高"

"八八战略"是引领浙江发展的总纲领、推进浙江各项工作的总方略。"八八战略"确立以来，历届省委在"八八战略"的指引下，一张蓝图绘到底、一任接着一任干。2007年，十二届省委提出和实施"创业富民、创新强省"总战略和"全面小康六大行动计划"的工作部署，全面建设惠及全省人民的小康社会；2012年，十三届省委对建设"物质富裕精神富有的社会主义现代化浙江"进行全面部署，加快建设美丽浙江、创造美好生活；2017年，十四届省委提出"高水平建成全面小康社会，高水平推进社会主义现代化建设"这一更高的发展目标。这些重大战略部署,推动浙江进入了实施"富民强省"发展战略的新阶段。在这一阶段,浙江在做大经济总量的同时,更加注重经济发展的质量和效益,更加注重统筹城乡和区域发展,更加注重增加城乡居民收入,着力推进经济转型升级、标本兼治、保稳促调,努力实现稳中求进、转中求好、科学发,不断提升小康社会建设的水平,真正走在全国前列。

一 全面推进创业富民、创新强省

2007年6月,在省第十二次党代会上,省委从全面建设惠及全省人民小康社会的总目标的高度,提出深入实施"八八战略","坚定不移地走创业富民、创新强省之路"的要求。同年11月,省委第十二届二次全会作出《关于认真贯彻党的十七大精神扎实推进创业富民创新强省的决定》,系统阐述了"创业富民、创新强省"总战略的基本内涵和总体部署,要求"全面推进个人、企业和其他各类组织的创业再创业,全面推进理论创新、制度创新、科技创新、文化创新、社会管理创新、党建工作创新和其他各方面的创新","加快建设全民创业型社会,努力打造全面创新型省份",并明确"两创"是今后一个时期推动浙江发展的总战略。"两创"总战略的提出,是基于浙江改革开放近30年来的实践经验的总结。从温州成立全国最早的股份合作制企业,到龙港镇建立中国第一座农民城,再到义乌小货郎办成全球最大的小商品市场……改革开放以来,浙江人民善于创业、勇于创新,造就了"浙江奇迹"。浙江要在建设全面小康社会的征程中继续走在前列,还得依靠全省人民的创新创业。"两创"总战略的提出,表明了省委、省政府真正在为民谋利、为民谋事、为民谋发展,使建设惠及全省人民的小康社会真正落到实处。

"创业富民、创新强省"总战略是对"八八战略"的继承与发展,也是省委、省政府从实际出发,为建设惠及全省人民的小康社会,继续走在全国前列而作出的战略选择。它凸显了人民群众在浙江发展中的主体地位,把富民强省目标和创业创新路径统一到一起,把奋斗目标与群众根本利益紧紧联系在一起。在推进"八八战略"和"创业富民、创新强省"总战略的过程中,浙江在富民强省上取得了丰硕的成果。在强省上，2007—2011 年，浙江 GDP 总量从 18638 亿元增长到 32000 亿元，年均增长 10.9%，成为全国第四个突破 3 万亿元的省（区、市）。人均生产总值从 4884 美元增长到 9083 美元，年均增长 9.1%。地方财政收入从 1649.5 亿元增长到 3151 亿元，年均增长 19.4%。[①] 全省进出口总额和出口总额分别突破 3000 亿美元和 2000 亿美元，城市化水平提高到 62.3%。在富民上，浙江大力完善创业扶持政策和实施更加积极的就业政策，不断激发社会活力，持续增加社会财富，让人民群众更多地共享改革发展成果。在支持民营经济发展上，认真贯彻国务院关于鼓励和引导民间投资健康发展的"新 36 条"精神，积极推动民间投资进入基础产业和战略性新兴产业，加快推进民营经济转型升级。民营经济发展呈现出实力稳步提升、结构逐渐优化、活力不断增强、开放持续扩大、贡献进一步提高的良好居民。创业作为实现"富民"目标的途径，反映其成效的一个重要标志就是城乡居民的经营收入和财产性收入不断增加。2010 年，全省城镇居民人均经营净收入 3641 元、财产性收入 1470 元，农村居民人均经营收入 4190 元、财产性收入 561 元，均居全国前列，分别较"十一五"之初的 2005 年增长 89%、166% 和 51%、87%[②]。"十一五"期间，浙江个体私营企业增加了近 30 万家，个体工商户增加了近 40 万户。全省居民储蓄超过了 2.1 万亿元，每个浙江人平均有近 4 万元存款。在民营经济最具代表性的温州，780 万人口中有 40 万个市场主体，还有 175 万人在全国各地创业，60 万人在海外创业。每 3 个温州人中就有一个在自主创业。从 2006 年到 2011 年，全省城镇居民人均可支配收入增长 70%，农村居民人均纯收入增长 78%，前者仅次于北京、上海，稳居全国第 3 位，后者连续 27 年列全国省区第 1 位。城乡收入差距由 2006 年的 1∶2.49 缩小为 2011 年的 1∶2.37。2008 年起，浙江大力实施低收入群众增收行动计划和基本公共服务均等行动计划。前者以提高低收入群众致富能力和收入水平为中心，

[①] 中共浙江省委党史研究室：《创业富民　创新强省——中共浙江省第十二次代表大会以来》，浙江人民出版社 2012 年版，第 15 页。

[②] 陆立军：《浙江富民强省发展战略的历史回顾》，《浙江日报》2012 年 7 月 4 日。

分为"低收入农户奔小康工程"和"城镇低收入家庭增收工程",至2011年年底,全省111万户低收入农户人均纯收入达到5298元,比上年增长25%,增幅明显高于全省平均水平。[①]后者主要包括就业促进、社会保障、教育公平、全民健康、文体普及、社会福利、社区服务、惠民安居、公用设施、民工关爱10大工程,主要目的在于逐步缩小城乡之间、欠发达地区与发达地区之间的基本公共服务差距。2010年1月起,浙江正式为所有符合条件的、年满60周岁的城乡居民提供每月不低于60元的基础养老金。这项政策直接受益老人达590万人,加上他们的家庭成员,受益面超过2000万人。整个"十一五"期间,浙江用于民生的财政投入达7595亿,年均增长21.2%,主要用于改善公共服务基础设施和提高低收入群体的生活水平,这充分体现了"富民"是"强省"的基石,"强省"是为了"富民"。

二 努力实现全省人民物质富裕、精神富有

2012年6月,在省第十三次党代会上,浙江省委根据中央"三步走"战略部署和东部地区率先发展的要求,适应浙江发展阶段的新变化,顺应浙江人民过上更美好生活的新期盼,确立了建设物质富裕精神富有的社会主义现代化浙江的奋斗目标。这次党代会报告还提出了"三个强省"——即经济强省、文化强省、科教人才强省和"三个浙江"——即法治浙江、平安浙江、生态浙江的建设任务,并明确要求始终坚持把富民放在首位,始终坚持促进人的全面发展,核心是实现全省人民物质富裕精神富有,从而使得"富民强省"战略的内涵、目标、举措等更为清晰。这标志着浙江对"富民强省"战略的实施,进入了继续推进"两创"、实现"两富"目标的新阶段。

"两富"是对"两创"战略内涵的丰富和发展。"两创"战略以"富民"为先,强调鼓励、扶持全民创业,通过千家万户老百姓的诚实劳动和正当经营,达到共同富裕。"两富"现代化浙江的目标将

---

① 中共浙江省委党史研究室:《创业富民 创新强省——中共浙江省第十二次代表大会以来》,浙江人民出版社2012年版,第216页。

"富民"的内涵进一步拓展至经济、政治、文化、社会建设以及生态文明建设和人的精神生活等各个领域,体现在人民群众物质文化生活的各个方面,更加强调共建共享,更加突出物的现代化与人的现代化的有机统一。这是以"富民"为根本、以"强省"为特征的"富民强省"战略的继续和发展,是中国特色社会主义在浙江的新实践。"两富"现代化浙江的目标充分体现了浙江改革开放以来的发展特征和本质,丰富和发展了"两创"总战略的内涵,突出了物的现代化与人的现代化的有机统一。[①]

富民靠发展,强省也靠发展。围绕着建设物质富裕精神富有的社会主义现代化浙江这一目标,浙江省委、省政府明确要进一步推进创业创新,大力发展信息经济,推进大数据、云计算、智能制造和文化创意产业等,并实施农业现代化,积极发展开放型经济,切实推动产业结构升级和发展方式转变,推动浙江经济发展走上"增长中高速、质量中高端"的健康轨道。经过5年的努力,浙江在经济社会发展上取得了显著的成绩。从2012年到2016年,全省生产总值从34606亿元到46485亿元,增长了约12000亿元;人均生产总值从63266元到83157元,地方财政收入从3441亿元到5302亿元,三次产业之间的比重,从4.8∶50.0∶45.2优化到4.2∶44.2∶51.6。传统产业加快转型升级,信息经济等战略性新兴产业展现旺盛生命力。浙江海洋经济发展示范区、义乌国际贸易综合改革试点、舟山群岛新区、温州金融综合改革试验区等成为国家战略,创新省建设取得显著突破,城乡一体化发展不断加快,对内对外开放进一步扩大。浙江的经济结构更趋合理,经济优势更加凸显,发展更具生机与活力,在"强省"的道路上不断取得新突破,呈现了一个更加富强的浙江。

与此同时,浙江省委、省政府把富民摆在更加突出的位置,通过全面深化改革和一系列政策制度安排,实实在在地释放出改革红利,在更广范围内激发和调动千万群众的创业创新积极性,开启了新一轮更为广阔的"互联网+"创业热潮。根据互联网条件下创业创新的

---

① 陆立军:《"两创"到"两富":浙江"富民强省"发展战略进入新阶段》,《中共浙江省委党校学报》2012年第4期。

特点，浙江积极谋划发展创客空间、创业咖啡、创新工场、小微创业园等新型孵化模式，为大众创业、万众创新创造条件。2016年年底，浙江市场主体超过500万户，上市公司411家，居全国第二位。浙江企业创新能力也居全国各省（区、市）第二位。[1] 大力拆除民营企业发展的天花板，破解中小企业贷款难，鼓励浙商回乡创业创新。2012年至2016年，全省浙江回归累计到位资金达11844.3亿元，[2] 为浙江经济发展注入了持续不断的活力源泉。着力推进"全面小康六大行动计划""富民惠民十大工程"，进一步提高居民收入，特别是提高中低收入群体收入，缩小贫富差距，让发展普惠人民。进一步扩大社保覆盖面，提升社保水平，使全体人民尤其是弱势群体基本生存发展权利得到保障。从2012年到2016年，浙江省城镇居民人均可支配收入从34550元增加到47237元，农村居民人均可支配收入从14552元增加到22866元，[3] 年均增长分别为8.1%和8.0%。

三 建设美丽浙江，创新美好生活

2014年5月，为积极推进建设美丽中国在浙江的实践，努力走向社会主义生态文明新时代，中共浙江省委作出了关于建设美丽浙江、创造美好生活的决定，全面拓展了富民和强省的内涵。在经济发展新常态下，针对制约浙江发展的一系列突出问题，浙江省委打出了一套以治水为突破口，以"三改一拆""五水共治"、"浙商回归"、创新驱动、"四换三名"、市场主体升级、小微企业成长、八大万亿产业、特色小镇等为主要内容的"拆治归"转型升级系列组合拳。

"三改一拆"是浙江省委、省政府推进"八八战略"的重大决策，也是实现"两富""两美"浙江，高水平全面建成小康社会的客观要求。"三改一拆"，拆是手段，改和用是真正目的。"三改一拆"工作启动以来，全省各地坚持把保障和改善民生贯穿"三改一拆"专项行动各项具体工作之中，切实解决群众反映强烈的民生问题，改

---

[1] 中共浙江省委党史研究室：《建设"两富"、"两美"浙江——中共浙江省第十三次代表大会以来》，浙江人民出版社2017年版，第20页。
[2] 同上书，第15页。
[3] 数据来源于历年统计公报，经作者整理而得。

善人民群众的生活环境，提高人民群众的幸福指数。通过老旧住宅和旧厂区的修缮，城中村的改造，违法建筑的拆除，脏乱差的城市死角一个个清除，城乡面貌美化了，城市形象和功能提升了，广大群众真正得到了实惠。"三改一拆"不仅为浙江改善城乡面貌、优化人居环境积累了经验，也为全国各地促进节约集约用地、推进新型城市化提供了示范。

"五水共治"是建设"两美"浙江的战略重点和突破口，是从根本上实现浙江经济社会转型升级的必然选择和必由之路。"五水共治"一方面使广大干部群众树立了良好生态环境是生产力的观念。治污不是为了牺牲发展，恰恰相反，治污是为了谋得更好的发展。"五水共治"就是把绿水青山转化成能产生财富的现实生产力，把生态优势转化为生产力，进一步加强浙江的"强省"建设。譬如，莫干山脚下的德清县筏头乡，通过治水摆脱了破坏环境、污染水源的粗放式发展，依靠优美的环境不少人开办了农家乐，"卖风景"成了大家的致富新选择。优质的水环境还吸引外国人效仿开起了"洋家乐"，并已成为长三角休闲产业的著名品牌。另一方面，"五水共治"融入了尊重自然、顺应自然、保护自然的生态文明理念，是实现水生态系统自身良性循环进而实现人水和谐的保障。通过"五水共治"，改善河道水质，治理洪水之患，提供安全可靠的供水保障，让广大群众安居乐业、与自然和谐相处，是"富民"举措的新体现。

实施"浙商回归"工程，是省委、省政府在准确把握浙江省情、深刻分析发展形势的基础上作出的一项战略性、全局性的重要决策。受制于土地、劳动力等因素，浙商20世纪90年代开始大规模外迁，造成浙江有效投资特别是实体经济投资增长乏力。为了推动浙商回到家乡创业创新，省委省政府在组织推动、政策配套、项目招引、服务保障等方面做了大量富有成效的工作，浙商回归工程取得显著成效，一个个投资大、质量高的回归项目加速落户。2012年全省"浙商回归"到位资金为1297.9亿元，2016年增长到3492.6亿元。五年来，全省累计到位资金达11844亿元。这些回归项目和资金，主要集中于高新技术产业和现代服务业等领域，有效推动了浙江产业转型升级的步伐。可见，作为组合拳"拆治归"中的重要一环，"浙商回归"正为浙江经济发展源源不断输入新的动力。

四 迈向更高水平的"富民"和"强省"

2017年6月，根据习近平总书记对浙江提出的"在提高全面建成小康社会水平上更进一步，在推进改革开放和社会主义现代化建设中更快一步，继续发挥先行和示范作用"的要求，浙江省第十四次党代会确定了坚定不移沿着"八八战略"指引的路子走下去的主题和主线，提出了"高水平全面建成小康社会，高水平推进社会主义现代化建设"的总目标，具体分解为"六个浙江"即富强浙江、法治浙江、文化浙江、平安浙江、美丽浙江、清廉浙江的目标，以及"四个强省"即改革强省、创新强省、开放强省、人才强省的工作导向。在新的起点上明确继续实施"八八战略"和提出"两个高水平"建设，是新一届省委顺应浙江经济社会发展的阶段和规律，以及人民群众过上更加美好生活的新期盼，肩负起时代重任的庄严承诺，也意味着浙江将继续沿着富民强省的道路不断前行，在继续做好"富"的文章的同时，突出做好"强"的文章。党的十九大召开后，中国进入中国特色社会主义新时代，浙江人民对美好生活的向往更加全面、更加强烈，不仅对物质文化生活提出了更高要求，而且在民主、法治、公平、正义、安全、环境等方面的要求日益增长。这就要求全省在转型升级、发展民主、文化建设、保障民生、生态文明建设以及党的建设方面，继续攻坚克难，干在实处，走在前列。因此，在推进"两个高水平"建设中，浙江需要经济综合实力持续增强，人民生活品质持续提升，社会文明程度持续提高，生态环境质量持续改善，党的建设科学化水平持续提高。在富民强省的主要经济指标上，省十四次党代会报告提出了明确的目标：到2022年，全省生产总值超过7万亿元，人均生产总值达到12万元；居民、企业、财政三大收入持续较快增长，城镇居民人均可支配收入超过7万元，农村居民人均可支配收入超过3.5万元。科技创新能力、产业国际竞争力、民营经济发展水平和城乡区域协调性全面增强。

2017年11月，省委十四届二次全会进一步提出了全面实施"富民强省十大行动计划"：一是加快培育发展新动能行动计划，包括超前谋划布局一批重量级未来产业，推进先进制造业与现代服务业双轮驱动、融合发展等；二是全面改造提升传统制造业行动计划，包括大力推进以企业上市和并购重组为核心的"凤凰行动"，滚动实施小微企业三年成长计划等；三是贯彻落实乡村振兴战略、加快农业农村现代化建设行动计划，包括深化农业供给侧结构性改革，深化美丽乡村建设等；四是大湾区、大花园、大通道建设行动计划；五是深化"最多跑一次"改革行动计划；六是打造"一带一路"枢纽行动计划；七是政府自身建设行动计划，包括深化法治政府建设，不断提高行政质量、效率和政府能力、公信力等；八是传承发展浙江优秀传统文化行动计划；九是富民、惠民、安民行动计划，包括优先发展教育，高水平建设健康浙江，着力提高就业质量和社会保障水平，提升社会治理现代化水平等；十是优美环境行动计划，包括积极推进绿色发展，坚决打好污染防治攻坚战，更大力度推进生态建设和保护等。这十大行动计划涉及"五位一体"建设的各个领域，是落实"四个强省"的重大举措。其中，尤其是要持续推进"最多跑一次"改革。推进"两个高水平"建设，需要以"最多跑一次"改革为中心撬动各领域改革，着力形成体制机制新优势。"最多跑一次"改革，是对习近平同志在浙江工作时大力倡导的机关效能建设的深化推进，是在浙江省先前"四张清单一张网"改革取得成果的基础上优化发展环境的重大举措，是以人民为中心的发展思想在浙江的生动实践。2016年年底以来，浙江省大力推进以"一窗受理、集成服务"为主抓手的"最多跑一次"改革，打通部门壁垒、数据壁垒和信息壁垒，最大程度地实现便民利企，让广大群众实实在在地增加获得感、提高满意度。这场改革是以人民为中心发展思想的生动实践，群众关心什么、期盼什么，改革就抓住什么、推进什么，以实际行动增强人民群众实实在在的获得感。2018年1月23日，中央全面深化改革领导小组第二次会议审议了《浙江省"最多跑一次"改革调研报告》。这说明中央对浙江此项改革的肯定和高度评价，提供了政府深化自身改革的一个成功经验。

总之，富民强省是改革开放以来浙江始终坚持的发展战略。它把中国共产党人的宏伟理想、奋斗目标、服务宗旨、主要任务在新形势下用最简短的语言进行了概括和表述。改革开放40年来，历届省委、省政府正确地处理继承与创新的关系，不断丰富和完善"富民强省"的发展战略。尽管各个发展阶段的工作重心有所不同，但始终贯彻了一条主线——富民强省，把发展放在突出位置上，坚定不移抓发展，千方百计解决发展中的各种问题，切实解决广大人民群众最关心、最直接、最现实的利益问题，努力实现好维护好发展好全省人民的根本利益。40年来不断推进富民强省的历程，也正是浙江共享发展的探索历程。40年的生动实践也证明，这一战略最能唤起人民群众创业创新的激情，最大限度地调动人民群众为自己的根本利益去奋斗。

第二章　大众创业：夯实共享发展的社会基础

浙江共享发展的社会基础在于创业主体规模的庞大，较早形成大众创业的"老百姓经济"格局。回顾改革开放以来的发展历程，浙江在缺少陆域自然资源、缺少国家资金投入和缺少特殊优惠政策的条件下，适应市场取向改革的总发展趋势，充分尊重人民群众的首创精神，充分调动和发挥人民群众的创业积极性、创造性，鼓励人人创业，坚持不等不靠不要，通过发展民营经济来创造社会就业，开辟了一条"能人创业带动民众就业"，即"以创业带就业"的富有浙江特色的大众创业之路。从资源小省到经济大省，从解决温饱到总体小康，再到全面小康，始终贯穿着"大众创业"这一鲜明特色。经过近40年的经济社会快速发展，浙江赢得一次次改革和发展的先机，不仅经济总量步入了全国各省区的前列，而且成为城乡居民收入水平最高的省份之一。浙江民有、民营、民享的"老百姓经济"，使全省经济活跃发达、生活富裕安康、人民安居乐业，人民群众更加充分地分享到了改革发展的成果，形成了"科学发展、协调发展、统筹兼顾、民生为本"的富有浙江特色的科学发展新路子。

第一节　大众创业与浙江"老百姓经济"现象

改革开放以来，浙江大胆探索与社会主义初级阶段基本经济制度相适应的体制机制，克服了国家投入少、资源匮乏等不利条件，实现了经济社会的持续快速发展，创造了令人瞩目的浙江模式。浙江模式的实质,就是充分尊重和发挥广大民众敢为天下先的创新精神和坚韧不拔的创业精神,在全国率先发展个体私营经济、乡镇企业,率先创造出股份合作制、混合所有制等经济组织形式,从而造就了民间资本丰裕、人民生活水平较高的局面。正如习近平同志所说的,浙江经济是"老百姓"经济,广大民众有强烈的自我创业欲望和浓厚的商品经济意识。① 浙江共富的关键就在于百姓不等不靠,自主创业,形成"老百姓"经济格局。

一 改革开放初期的浙江自主创业大潮

改革开放之前,浙江是一个落后的农业省份,工业基础薄弱、矿产资源等要素禀赋供给不足,广大人民群众生存空间狭小,生活压力很大。党的十一届三中全会召开之后,浙江走上了一条全民创业、共同富裕的发展道路。当有的地方还在观望和等待的时候,浙江就率先实行市场化改革,放宽对农民从事非农经营的限制,允许和鼓励小商品交易和个体私营经济以挂靠集体经济的形式发展,放手让农民自主创业。经商务工的悠久历史传统和人多地少的自然禀赋使得广大农民的创业积极性得到充分发挥,具有较强应变能力的农民开始从单纯的农业生产部门转移出来,从事农产品的加工及制造业和服务业等非农生产活动,投身到社会主义市场经济的大潮中。我国第一家私营企业、第一个专业市场、第一个股份合作社、第一个农村合作社、第一座农民城,都诞生在浙江。温州的理发师、修鞋匠;永康的五金匠;上虞、东阳等地的建筑工等,几十万浙江个体户和手工业者,不畏艰辛,走向全国各地艰苦营生,实现了创业资本的原始积累,通过诚实劳动改变了自身命运。

1978 年到 1990 年,浙江集体经济占 GDP 的比重基本保持不变,个体私营经济的比重上升 10 个百分点;在工业中,集体经济上升了 29.1 个百分点,个体私营经济上升了 5.5 个百分点。② 到 1991 年年

---

① 习近平:《干在实处 走在前列——推进浙江新发展的思考与实践》,中共中央党校出版社 2006 年版,第 82 页。

② 同上书,第 91 页。

底，浙江全省经工商登记注册的个体工商户发展到153.2万户，从业人员155.8万人，注册资金40亿元；私营企业从无到有，发展到9.2万多家，从业人员为16.9万人，注册资金7.3亿元。这一阶段的特点是，个体私营经济从无到有、从小到大，快速发展。浙江个私经济的快速发展，缘于浙江人"白天当老板，晚上睡地板"的创业精神，用他们自己的话来说，"只有想不到的事，没有干不成的事"。为了创业，他们敢冒风险，不惧歧视，勇闯天下，干人们不愿干的事，赚人们不愿赚的钱。在他们的头脑里，没有职业高低贵贱之分，只有追求成功的拼搏精神。所以，无论他们走到哪里，都能够生根和发芽，全国很多大中城市出现的"浙江村""温州村""义乌商贸城"等就是最好的证明。在很大程度上，浙江个体劳动者创业创新的路线就是广大浙商成长的路线图，个私经济的发展历程就是改革开放以来整个浙江经济发展的缩影。浙江广大农民的自主创业大大丰富了浙江市场主体的数量和质量，增加了市场的动力、活力和竞争力。他们不仅创造了大量的财富，而且解决了就业、温饱等一系列问题，并成为浙江经济发展的内在源动力。

二 民营经济和专业市场的迅猛发展

1992年邓小平同志南方谈话和党的十四大召开之后，发展非公有经济的意识形态障碍逐渐消除。通过大规模的乡镇企业转制和"红帽子"企业的"正名"，浙江的个体私营经济得以迅速扩张，民营企业规模得到进一步升级，乡镇集体企业比重明显下降。从1996年的全国第一次单位普查到2002年的全国第二次单位普查，浙江法人单位所有制结构发生了显著变化，私营企业取代集体企业，成为浙江法人单位的主要组成部分。1996年到2001年，国有经济单位从1.8万家下降到1.3万家，比重由8.9%下降到5.0%；集体经济单位从12.0万家下降到7.1万家，比重由60.6%下降到27.1%；私营企业从9.3万家上升到13.8万家，比重由22.9%上升到52.8%[①]。与此同时，更多的浙江人外出经商办厂，他们在全国各地开店办厂摆地

[①] 卓良勇：《大众创业时代与政府转型》，《浙江社会科学》2003年第3期。

摊，创办各类专业市场，带动浙江产品走向全国。专业市场发挥着"共享式"销售网络的作用，使得大量的浙江中小企业如雨后春笋般地涌现出来。全省各地相继兴起了数百个驰名中外的"袜都"、"鞋都"、"童装之乡"、"领带之乡"等块状经济。一个个家庭变成了企业，一座座村庄变成了城镇。块状经济既具有企业相互竞争的活力，又具有产业集群发展的效应，在小区域内形成了具有很强竞争力的大产业，成为全国乃至全球同类产品的重要加工制造基地。民营企业、专业市场和块状经济成为了浙江响当当的"品牌"和推动浙江经济社会发展的主要动力。到 2000 年年底，全省私营企业达 17.88 万户，个体工商户总数达 158.86 万户，实际从业人员达到 900 多万人。2000 年，全省私营企业总产值、销售额和个体工商户总产值、销售额 4 项指标均名列全国第一。

到了 21 世纪初，浙江人又掀起了外出投资创业的第三次高潮，民营经济经济的发展水平进一步提高。这一阶段的主要特点是在个体私营经济保持快速发展的同时，块状经济的规模效益、集群优势进一步显现，集聚化趋势不断加强；国际化发展趋势不断加强，一大批民营企业在竞争中发展壮大，规模化和国际化趋势不断加强。[①] 不少民营企业在省外乃至国外建立销售基地、生产基地乃至研发基地，不断拓展浙江的发展空间。在这一过程中，浙江人率先对集体经济和国有经济进行市场化改革进行了探索，着手发展私营经济、股份制、股份合作制、混合所有制等各种所有制经济形式，各种所有制经济不断融合，为我国社会主义市场经济的建立和完善提供了先行探索和有益经验。

从改革开放之初到 20 世纪初期，浙江走出了一条充分发挥广大人民群众创业创新精神，以民间力量为主、以农村工业化和城镇化为主要特征的内源发展道路。浙江发展的资本来自民间，发展所带来的商业利润主也要掌握在浙江企业、个体商人乃至老百姓手中，造就了民间资金丰裕和藏富于民的发展格局，形成了民办、民营、民有、民

[①] 习近平：《干在实处　走在前列——推进浙江新发展的思考与实践》，中共中央党校出版社 2006 年版，第 91 页。

享的经济发展特点。在全省大多数县市，民营经济已经成为县域经济的主要支柱。2003年，全省进入全国百强县的30个县（市、区）中，绝大多数县（市、区）民营经济占生产总值的比重超过80%。浙江全省99.8%的企业是中小民营企业，劳动力充分就业，遍地都是"小老板"，大批普通民众成为了股东、老板、法人，"老百姓经济"特色非常鲜明。浙江各地普遍推崇的一个理念是——打工只能解决温饱问题，要想致富还是要靠创业。5000万浙江人里面，扣除老人小孩等非劳动人口，大约4个人中就有一个是"小老板"，或者市场经济主体。一个人带动一个家庭，这样，进入中等收入群体、生活在较富裕状态的浙江民众至少2000万人。正如习近平同志所指出的，改革开放以来，民营经济在浙江经济社会发展中居功至伟。从经济意义上说，民营经济已经成为浙江经济的重要支柱，1978—2004年，全省GDP增量的71.4%来自于民营经济，其中55.7%是个体私营经济创造的。从社会意义上说，民营经济的快速发展使浙江形成了一个庞大的创业群体，这为构建一个以中等收入群体为主体的和谐社会的结构提供了有利的条件。[①]

三 "八八战略"开启浙江转型升级的新征程

2003年7月，浙江省委召开第十一届四次全会，习近平同志总结了浙江经济多年来的发展经验，在此基础上提出了引领浙江未来发展的"八八战略"。"八八战略"涵盖经济、政治、文化、社会和生态文明建设各领域，蕴义丰富、涵盖全面，强调既要实现经济不断发展和社会全面进步，又要大力发展教育、科学、文化、卫生、体育等各项事业，不断提高全省人民群众的精神文化生活水平和质量。"八八战略"的提出，表明省委、省政府在浙江经济与社会发展的战略上，更加注重统筹兼顾，更加注重实现和维护广大人民群众的切身利益，既体现了全面协调可持续发展的要求，更体现了以人民为中心的发展，即发展为了人民，发展依靠人民，发展成果由人民共享。此后，

[①] 习近平：《干在实处　走在前列——推进浙江新发展的思考与实践》，中共中央党校出版社2006年版，第85页。

"八八战略"成为推动浙江新一轮改革和发展、全面建设小康社会、提前基本实现现代化的行动纲领和指导方针。

在"八八战略"的指引下，2007年6月，省第十二次党代会从全面建设惠及全省小康社会的总目标的高度，提出"坚定不移地走创业富民、创新强省之路"的要求。同年11月，省委十二届二次全会作出《关于认真贯彻党的十七大精神扎实推进创业富民创新强省的决定》，明确提出实施"创业富民、创新强省"战略（简称"两创"战略）。创业富民是指鼓励和支持人民群众通过创业实现富裕；创新强省是指通过体制机制和科技创新特别是自主创新来建设经济强省。这两者是一个相互联系的有机整体。"两创"战略强调浙江在新阶段要全面推进个人、企业和其他各类组织的创业创新，形成全民创业和全面创新的生动局面，使全省人民收入水平持续提高，家庭财产普遍增加，生活品质明显改善，走共同富裕道路；使全省综合实力、国际竞争力、可持续发展能力不断增强，加快建设富强民主文明和谐的新浙江。"两创"战略体现了"八八战略"的内核与精华，它既以"富民强省"为战略目标，又以创业创新为路径选择，达到了目的性与科学性的有机统一。"两创"战略大力提倡广大群众自主创业，充分肯定他们的劳动和劳动收入在生产、分配、交换、消费中的主体性、基础性地位，与此同时努力增加他们的财产性、经营性收入，让他们尽可能多地分享发展、改革的资源和成果。"两创"战略明确提出，民营经济是浙江省经济发展的主力军。民营经济的发展质量和水平，在很大程度上决定了浙江省经济的整体素质。要继续加快提升民营经济发展水平。实施"创业富民、创新强省"战略，就是要极培育富有创业精神的各类市场主体，最大限度地调动人民群众的创业积极性和主动性，支持和推动全民创业，走出一条符合省情的全民创业、全面创新之路。这一时期的浙江，更加关注为每个人提供创业发展机会，让每个人具备创业发展能力，营造出全民创业发展的新局面。鼓励下岗人员灵活就业，帮助现代农民创业致富，帮扶就业困难人员实现再就业，倡导大学生自主创业等。全省越来越多的人加入创业大军，演绎出精彩的创业人生。

四　经济新常态下的互联网创业新浪潮

2015年，在全面建设小康社会的关键时期，中央将大众创业、万众创新作为新常态下经济增长的"双引擎"之一，并提出制订"互联网+"行动计划。"互联网+"是信息技术在经济社会各领域的渗透、扩散和应用的过程。以移动互联网、云计算、大数据等为代表的新一代信息技术，使今天劳动者、生产资料和劳动对象的结合方式与过去相比有了极大变化。互联网有效拓展了创业创新与市场资源、社会需求的对接通道，搭建了多方参与的高效协同机制，丰富了创业创新组织形态，优化了劳动、信息、知识、技术、资本等资源的配置方式，为社会大众广泛平等参与创业创新、共同分享改革红利和发展成果提供了更多元的途径和更广阔的空间。互联网的广泛应用和低门槛使得人人都可能成为创业主体和创新单元。创业者只要有创新性的项目就可以通过互联网去寻找人才、资金等，通过组建专业化团队大幅降低创业成本。

随着互联网向各领域的融合渗透，浙江迎来了新一轮创业创新浪潮，其主要标志是创业企业迅猛增长，创业平台日益增多，创业创新在全社会蔚然成风。改革开放初期，浙江创业者的主体是农民，现在则越来越多的人加入创业者的队伍，主要包括大学生、科技人员、海归、农村青年和下岗工人等。新生代创业者传承老一代浙商的创业创新精神，凭借自己掌握的知识和技术，不断开辟新经济、新业态和新模式。在互联网平台上，集聚起大批创业青年，诞生出大批具有很强竞争力和发展后劲的互联网公司，阿里巴巴、网易杭州、海康威视、大华科技、中控集团等一批国内外知名的互联网企业快速成长。在浙江的创新创业版图上，活跃着一大批为创业者提供栖息之地的特色小镇：梦想小镇、云栖小镇、基金小镇、财富小镇等。这些快速发展的特色小镇，为来自五湖四海的创业者提供了一个个温暖的家。全省200多个众创空间，专门为处于初创期的创业者提供低成本的工作空间、网络空间、社交空间和资源共享空间，为创业企业发展提供全方位的创业服务。目前，位于杭州城西创业氛围浓厚的未来科技城已成为全国互联网创业的新高地。"浙大系""阿里系""海归系"和

"浙商系"迅速崛起，成为当前四大创业创新主体。基于互联网的创业创新不仅直接增加了大量就业机会，而且还间接带动了相关行业的就业。有关统计资料显示，近年来浙江新登记市场主体大部分都是服务业企业，这些新设企业主要集中于文化创意、物流快递、信息技术服务等领域，创造了大量新的就业岗位。目前在浙江，依托于"互联网+"的创业和创新无处不在，每天有200多家私营企业诞生，每天有1000多人成为小老板，一个个新的创富故事不断上演。

尤其引人瞩目的是，浙江的电子商务一直走在全国前列，其快速发展给广大民众带来了创业的新机遇。随着电子商务快速发展，"淘宝网"等平台凭借进入门槛低、技术难度小、初始资金需求量少等优势，帮助千百万普通民众实现创业梦想，在浙江各地形成了极强的示范和带动效应。以浙江农村电商为例，目前已经涌现出了以青年、中年、妇女、老年为主体的农村电商"新四军"。第一类是青年创业大军，主要包括了返乡创业青年、大学生村官和大学毕业后回乡的大学生，他们掌握了更多的先进文化，具有较强的学习能力，而且敢闯敢干、眼界开阔、创业意愿浓厚，已经成为浙江农村电子商务产业的带头人。第二类是中年务农创业大军。这一类人原来就把农业作为产业来经营，因此具有一定的知识、技能、胆识和创新意识，而且他们长期扎根于农村，具有丰富的实践经验。他们一边种田种地，一边为涉农电商提供货源，免除了农村电商发展后无人种地的尴尬。第三类是妇女创业大军。浙江的广大农村妇女依托电子商务在家门口创业，成为农村电商的重要组成部分。这不仅是创富建功工程，也是农村留守妇女发家致富之路。第四类是老年后勤大军。老年人时间充裕，可以在电商中从事打包、发货及其他后勤服务等工作，成为浙江农村电商不可或缺的一部分。在阿里巴巴发布的《2016年中国淘宝村名单》中，浙江共有506个"淘宝村"和51个"淘宝镇"入围，分别占全国总数的38.6%和37.8%，大于第二名、第三名的总和，继续以绝对优势领跑全国。被誉为"淘宝第一村"的义乌市青岩刘村，凭借着义乌全球小商品集散中心的货源优势，电子商务如雨后春笋般快速崛起。短短三四年时间，这个原本仅有1486名村民的小村庄，现在却容纳了8000多人，淘宝网店超过2000家，年成交额达数十亿元，成为中国名副其实的第一淘宝村。据统计，2016年浙江全省"淘宝村"销售总额超过310亿元，直接带动就业20万人，占电商村人口总数的25%，务工人员平均年龄约27岁。全省活跃网店总数突破5万家，以企业身份注册的网店超2500家。这意味着农村电商正成为广大浙江民众创业创新的新平台。农村电商作为一种新的创业形态，极大改变了现代技术发展与普通民众的疏离，影响的不仅仅是农村、农业和农民，它还给浙江整个农村产业体系和生活方式带来了巨大变化。

回顾改革开放以来的历程，从改革初期的千军万马闯市场，到"八八战略"和"两创"战略，再到最新一轮的互联网创业创新，浙江不断扩展创业创新领域，始终以全民创业推进全面创新，以全面创新推进发展方式转变，推动着浙江经济社会快速向前发展。浙江经济的发展主要是依靠民众自我创业自主创新，真正体现了广大人民群众既是财富的创造主体，又是财富的享用主体。这是"浙江实践"最核心的内容。"八八战略"和"两创"战略既突破了"浙江实践"路径依赖带来的负面影响，又继承"浙江实践"路径依赖的所具有的积极作用。浙江所走的民本经济发展道路摆脱了一些地方片面追求GDP、财政收入、大项目导致地区经济"强"而"民不富"的弊病，更好地体现了共同富裕。

第二节　大力营造大众创业的浓厚氛围

党政科学领导和高效服务是大众创业不可或缺的条件。改革开放以来，浙江各级党委、政府开明务实，坚持一切从实际出发，创造性地贯彻落实中央的大政方针和决策部署，逐步形成了一整套切合浙江实际的具体措施办法，在不同时期始终想方设法为大众创业营造相对宽松条件，保护创业热情，为人民群众创业营造了良好的社会环境。

一　着力营造宽松的民营经济发展环境

作为一个国有经济力量弱小、集体经济基础相对薄弱的省份，浙江各级党委政府在改革伊始，就本着以民为本，体恤民情，尊重人民群众的自主选择的开明政治态度，对老百姓在体制外的自主创业活动采取了默许、宽容和积极引导的政策，给农民充分的生产经营自主权，放手让农民闯市场，为民营经济的发展营造了最为宽松的政治环境。在20世纪80年代，浙江省委、省政府就审时度势，明确地提出不同地区、不同产业不简单"死抠"公有经济的比例，凡是适宜家庭分散经营的行业和产品，都要允许和鼓励个体私营企业经营。譬如，温州在80年代初就提出了"看不准的事，不表态""允许试、允许看、允许改"等支持个体私营经济发展的务实方针，义乌则率先发文件，提出"四个允许"："允许农民经商、允许长途贩运、允许开放城乡市场、允许多渠道竞争"的新政策。所有这些政策措施都是为了培育农民、个体工商户和民营企业的市场主体地位，使它们成为富有活力的市场竞争主体。20世纪80年代计划经济体制依然强大，民营经济很难在计划经济体制内获得生产要素。为了解决这一障碍，浙江允许民营经济戴"红帽子"，即在工商注册时登记的是集体经济产权形式的企业，而实际上是民营经济产权形式的企业。这种制度安排极大地促进了浙江民营经济的发展。随着民营经济发展取得显著的增长绩效，各级党委政府更是自觉地致力于为老百姓争取自主创业、自主经营的权利，千方百计地保护群众的创业热情。

1992年，在邓小平同志南方谈话和党的十四大精神鼓舞下，浙江各级党委、政府不断解放思想、转变职能、强化服务，坚定不移地支持、鼓励和引导广大民众自我创业、自主创新。省委、省政府出台了一系列政策，更加坚定地大力推进市场化取向的各项改革，通过不断地转型、改革和摘"红帽子"，使民营企业逐渐建立了产权清晰、责权明确的现代企业制度，能面向市场自主经营、自负盈亏、自我发展，成为独立或相对独立的经济实体和市场竞争主体。1998年，省委、省政府发出了《关于大力发展个体私营等非公有制经济的通知》。1999年，时任省委书记张德江提出了对个私经济要做到不限发展比例、不限发展速度、不限经营方式、不限经营规模和加大政策扶持力度、加大依法保护力度、加大环境整治力度的发展方针。习近平同志到浙江工作后，继续大力发展个体私营经济，尊重和发挥群众的首创精神，使千百万农民成为市场经济的主体，不搞"成分论"，坚持和鼓励广大群众在实践中大胆地做，大胆地闯，把他们的积极性、创造热情引导好、把握好，在实际工作中做到"四个不限、四个有"，就是不限个体私营经济的发展比例、发展速度、经营方法、经营规模，使个体私营经济在政治上有荣誉，社会上有地位，经济上有实惠，事业上有作为。① 与此同时，积极为民营经济创造平等竞争的创业环境，鼓励民间资金投向基础设施建设、文教事业和公用事业，依法引导它们有序健康发展。着力培育生产要素市场，理顺市场、政府与企业的关系，率先探索公有制企业产权制度改革，促使国有资产集中，国有企业做大做强，形成了多种类型的市场主体。所有这些都对浙江个私经济发展起到了强大的推动作用。

  进入21世纪后，浙江基本形成了市场配置资源的体制机制，开始实现更高层次和更加全面的发展。政府的积极引导和保护，极大地激发了广大民众的自主创业热情，使浙江得以充分发挥工商文化发达、民间企业家资源丰富的优势，迅速形成了民营经济发展的先发优势，催生出了全国罕见的"大众化创业"现象，造就了浙江独特的"老百姓经济"。但也出现了一些民营企业为了追求短期经济利益，大量生产假冒伪劣产品的现象。1987年8月8日，5000多双温州产劣质皮鞋在武林广场付之一炬。这把火烧掉的不仅仅是皮鞋，更是温州的信用。经历了信用缺失的痛苦，温州人痛定思痛，重理发展思路，开始竖起"质量立市"的大旗。2002年，浙江提出大力建设"信用浙江"，其目的就是在全社会营造出良好的信用环境，使"诚实守信"成为民营企业和所有浙江人共同的价值取向和行为规范。在民营经济发达的浙江，如何对众多企业的信用进行有效管理？浙江的做法是，在庞大的浙商中构建一个"诚信圈"。2002年6月，浙江在全国率先开通省级法人公共信用基础数据库，截至2016年已汇集了46个省级部门报送的涵盖全省的281.3万家企事业单位的法人信用记录。在此基础上，2006年浙江全面启动"法治浙江"建设，主要目的之一是维护市场秩序、为民营经济发展提供强大的法制保障。市

---

  ① 习近平：《干在实处　走在前列——推进浙江新发展的思考与实践》，中共中央党校出版社2006年版，第92页。

场经济就是法治经济,要更多地运用法律手段来调节经济、实施监管,确保政府"经济调节、市场监管、社会管理、公共服务"职能的有效履行,维护正常的市场经济秩序。① 通过"信用浙江"和"法治浙江"的建设,浙江为民营经济发展创造了一个良好的发展环境。2015年7月,温州入选首批创建全国社会信用体系建设示范城市。在信用建设上"摔过跟头"的温州人,开始"尝到甜头"。2016年,温州荣获全国城市信用建设创新奖,综合信用指数名列全国地级市第三位。如今的温州已成了名副其实的"中国鞋都""中国服装名城"和"中国低压电器城"。作为全球最大的小商品市场,义乌一直坚持诚信立市,将"信用市场"建设列为重中之重,建立了一整套行之有效的信用激励和管理机制。经过多年建设,义乌小商品市场合同纠纷投诉量连年下降。

综上所述,没有改革开放以来各级党委政府开明务实的政治取向,没有各级党委政府对老百姓自主创业精神的精心呵护,对基层干部群众自发进行的各种体制创新实践的扶持,浙江就不可能形成"大众化创业"的局面,形成市场化、民营化的体制创新优势,实现经济的超常规发展。

二 着力完善创业创新的政策导向

改革开放40年来,历届省委、省政府始终坚持发展为了人民、发展依靠人民、发展成果由人民共享的发展理念,制定了大力鼓励和支持广大群众创业创新的区域发展战略,为浙江经济社会发展提供了源源不断的动力。2002年10月,习近平同志到浙江工作时,浙江经济社会发展正处在一个关键期,怎样科学谋划浙江发展新战略,是习近平同志当时面对的重大课题。在深入调研和全面梳理浙江经济社会发展状况的基础上,2003年7月,习近平同志在省委十一届四次全体(扩大)会议上,提出了影响深远的"八八战略"。"八八战略"前三条分别着眼于推动多种所有制经济共同发展、扩大对外开放和产业升级,将强省与富民紧密联系在一起。第四条从推进城乡一体化入

---

① 同上书,第354页。

手,注重让城乡居民共享美好生活。第五条从打造"绿色浙江"入手,让广大百姓享有优美的生态环境。第六条从发挥山海优势入手,着力改善欠发达地区群众的生产生活水平。最后两条则重在切实保障人民群众合法权益和努力提升政府公共服务水平。习近平同志在部署和推进"八八战略"中,讲得最多的就是坚持以人为本,充分发挥人民群众的主动性和创造性。2005年11月,在省委十一届九次全会第二次大会上,习近平同志指出,今后浙江省经济要再上新台阶,要让广大群众更好地分享发展成果,还是要坚持内源发展,充分发挥浙江人创业热情高、创新能力强的优势。要进一步完善创业机制,大力营造鼓励人们干事业、支持人们干成事业的社会氛围,放手让一切劳动、知识、技术、管理和资本的活力竞相迸发,让一切创造社会财富的源泉充分涌流,充分激活本地创业热情。① 2005年12月,全省经济工作会议召开,习近平同志进一步指出,要始终坚持把不断提高城乡居民生活水平作为实施"八八战略"的出发点和落脚点,支持和鼓励群众创新创业,不断提高城乡居民收入,让广大人民群众充分享受改革发展的成果。

此后,2007年6月,省十二次党代会提出了"创业富民、创新强省"战略,强调"坚持把支持人民群众干事业、干成事业作为创业富民、创新强省的根本之举,大力推进全民创业和全面创新"。2012年6月,省第十三次党代会进一步提出了建设"物质富裕精神富有的社会主义现代化浙江"的目标。"两富"目标将"富民"的内涵拓展至经济、政治、文化、社会建设以及生态文明建设和人的精神生活等各个领域,体现在人民群众物质文化生活的各个方面,更加强调共建共享,更加突出物的现代化与人的现代化的有机统一。2017年6月,省第十四次党代会明确提出浙江要确保到2020年高水平全面建成小康社会,并在此基础上,高水平推进社会主义现代化建设。要建设"六个浙江",使人民群众普遍拥有更稳定的工作、更满意的收入、更舒适的居住条件、更安全的生活环境。无论是"两个高水

---

① 习近平:《干在实处 走在前列——推进浙江新发展的思考与实践》,中共中央党校出版社2006年版,第102页。

平"还是"六个浙江",都贯彻了以人民为中心的发展思想,一以贯之坚持富民强省,落脚点都是使全省人民更加富裕、社会更加安定。可见,多年来浙江通过一系列政策制度安排,在更广范围内、更深程度上激发和调动了广大人民群众的创业创新积极性。

三 着力培育新型创业创新主体

浙江通过全面深化改革和一系列政策制度安排,实实在在地释放出改革红利,在更广范围内激发和调动千万群众的创业创新积极性。

一是积极推进高校创新创业改革,大力支持鼓励大学生创新创业。改革开放以来,根植民间的创业创新精神在浙江大学生身上得到传承,大学生创业创新动力强劲。为了进一步鼓励和支持大学生创新创业,近年来浙江省积极推进高校创新创业教育改革,建立和完善促进大学生自主创业的政策体系和体制机制,取得了显著成绩。浙江相继出台《关于加强普通高校毕业生就业工作的意见》《关于促进普通高等学校毕业生就业创业的实施意见》《关于推进高等学校创新创业教育的实施意见》《浙江省高校毕业生网络创业认定暂行办法》《浙江省大学生创业引领计划实施方案(2014—2017年)》等,从拓宽高校毕业生就业渠道、支持高校毕业生自主创业等方面,明确了新的政策措施。这些政策措施包括,要求各高校大力加强对大学生创新创业的指导服务,包括强化创新创业教育与指导队伍建设、完善教师激励约束和发展机制、改进创新创业指导服务等;完善创新创业资金支持和政策保障体系,如完善大学生创业政策扶持体系、强化对大学生创新创业训练项目和创业竞赛的支持等。譬如,在校大学生和毕业5年以内的高校毕业生等重要群体初次创业的,经认定可给予一次性创业补贴。有条件的地区则通过财政出资、产业基金投入等方式,设立大学生创业引导基金,引导社会资本共同设立创业投资子基金,为大学生创业提供支持。

作为电子商务大省,浙江网络零售业发展水平居全国前列。因此,浙江将网络创业高校毕业生列为小额担保贷款、贴息和社保补贴政策扶持对象,规定毕业两年以内的高校毕业生从事电子商务经营并通过网上交易平台实名注册认证的,经人力社保、财政部门认定,可按规定享受小额担保贷款和贴息政策。对按规定缴纳社会保险费满一年的，可给予一次性自主创业社会保险补贴。浙江各高校也都成立了创业工作领导小组，并通过建设创业园、建立创业导师制度和给予创业政策扶持等举措来推进大学生创业。目前，浙江省已初步形成了省委省政府统筹、高校和地方政府共建平台、大学生积极实践，高科技创业、网络创业、文化创意产业、现代农业领域创业和其他各类创业齐头并进的大学生自主创业新局面。

二是深化科技体制改革，支持科技人员创业创新。近年来，浙江不断深化科技体制改革，营造出大众创业的良好生态环境。2013年，省科技厅出台了"实施创新驱动发展战略十八条"，明确提出进一步形成有利于创新创业的体制机制。2014年，又先后出台《关于鼓励科技创业加快培育科技型中小微企业的实施意见》《公众创业创新服务行动方案》《推广应用创新券推动"大众创业万众创新"的若干意见》等，大力推动科技人员和团队、民间资本、创业资本和科技成果相结合，促进科技资源开放共享，并用创新券给予创业者财政补贴。2015年年初，省政府出台"加快培育发展科技型小微企业"的文件，明确规定在职科技人员额外领办或参与创办科技型小微企业，创业收入可归个人；收购国外研发机构的企业最高可获奖励500万元。此外，浙江还不断完善收入分配制度，促进技术要素参与收益分配，鼓励企业采取期股、期权等方式激励科技人员。鼓励科技人员以自主科技成果入股创办企业，以商标、专利和非专利技术等非货币财产出资最高可占注册资本的70%。允许科技人员以智力支出作为技术开发费投入，通过合约明确投智者和投资者各自享有的专利发明权益，充分调动了投智者和投资者两方面的创新积极性。

三是不断优化环境，鼓励和支持广大浙商回乡创业创新。浙商是一个敢为天下先、勇于闯天下、充满创业创新活力的大群体。据统计，目前在海外省外投资经商的浙江籍商人有800多万人，省外投资总额超过4.5万亿元。受土地、人才等要素的制约，20世纪90年代浙商开始大规模外迁，造成浙江有效投资特别是实体经济投资增长乏力。在外的浙商有资金、项目、人才等优势，对浙江经济社会发展充满感情。为了鼓励和推动广大浙商回浙江创业创新，2011年年底省委省政府就出台了《关于支持浙商创业创新促进浙江发展的若干意见》，之后又陆续出台了一系列的配套政策，从组织机构、优惠政策、项目招引、服务保障、奖励考核等方面做了大量富有成效的工作，像"店小二"一样热情为广大浙商服务。并且，浙江还积极利用"世界浙商大会""浙洽会"以及杭商发展论坛、"宁波帮"大会、温商大会等重要交流活动平台，加强沟通联系，支持在外浙商带资金、带技术回乡创业创新。浙商回归工程启动以来，广大浙商纷纷回乡创业创新。2012—2017年3月，浙商回归累计到位资金12888亿元，其中，浙商资本回归到位资金1811亿元，浙商总部回归项目637个，包括综合性总部95个、地区性总部133个、功能性机构409个。这些回归项目和资金，主要集中于高端装备业、医药及健康服务业、新能源及节能环保产业等领域，完全符合浙江产业转型升级的需要。从最初的产业回归，到资本、总部、人才科技等多种回归方式并举，浙商也给浙江带来了他们在"走出去"中所积累的新观念、新技术、新资源。除了以自身的优质资源回归浙江外，广大浙商还以自己的人脉资源带动了众多全球500强、央企、外企等优质企业来浙江投资创业，既补齐和完善了浙江的产业链，优化提升了浙江整个产业布局，也给众多的浙江中小企业带来了新思维和新理念。

四是顺应"互联网＋"趋势，积极打造互联网创业高地。近年来，随着互联网经济的迅速发展，作为全国唯一的信息化和工业化深度融合国家示范区和全国唯一的国家信息经济示范区，浙江开启了更为广阔的"互联网＋"创业。2014年11月19日，由国家互联网信息办公室和浙江省政府共同主办第一届全球互联网大会在浙江乌镇召开，来自近100个国家和地区的政要、国际组织代表、企业巨头、专家学者等1000多人参加了这一全球互联网峰会。此后，乌镇每年都准时召开全球互联网大会，规模越办越大，参会代表越来越广泛。2015年10月14日，在杭州云栖小镇召开了云栖大会，大会以"互联网、创新、创业"为主题，展现"互联网＋"时代下无处不在的云计算与各行各业的交错连接，介绍云计算为产业升级和改革创新提供的源源动力，挖掘云计算助力下生生不息的创业激情和机遇。大会吸引了全球超过20个国家的21500名开发者，成为全球最大规模的云计算峰会之一。此后，云栖小镇每年举办云栖大会，在全球的影响力日益增强。互联网大会和云栖大会的召开，吸引了全球一大批互联网创业人才来到浙江，为这块创业创新的热土注入了新动力。

此外，浙江省委政府还重点打造了一批功能各异、布局合理的创业创新平台。比如，目前全省已经构建了200多个各具特色的众创空间，政府鼓励企业把老厂房、旧仓库、存量商务楼宇等资源改造成为新型众创空间，推行创客空间、创业咖啡、创新工场等孵化模式。人才创业、年轻人创业、新经济创业，已成为浙江创业创新的新景象。位于杭州城西未来科技城的梦想小镇，主要培育以互联网产业为特色的新一代信息技术产业和以科技金融为重点的现代科技服务业，启用仅半年就入驻了380多个创业项目、吸引了4100名创业人才。总体而言，通过全省上下的共同努力，浙江已经成为互联网创新创业的高地，形成了具有独特优势的信息经济产业生态。不管是政府政策扶持力度、互联网企业发展态势，还是创业创新的热情和氛围，浙江都在国内甚至全世界处于前列。与此同时，浙江也加快完善相关监管制度，促进"互联网+创业创新"深入发展。市场准入限制较多，行政审批时间长，传统审批和监管方式难以适应互联网创业创新引发的新技术、新业态、新模式发展要求。为此，浙江按照"放宽准入、加强管理、优化服务"的思路，加快完善现有监管制度，制定出台了一系列与"互联网+创业创新"发展相适应的政策与文件，进一步促进"互联网+创业创新"。此外，互联网的迅速普及应用，在大幅降低交易成本、给人们带来便捷的同时，也带来个人隐私保护、网络安全等问题，成为制约"互联网+创业创新"发展的重要因素。浙江在全国率先推进网络信息安全、个人隐私信息保护等方面的立法，加强基础信息资源和个人隐私信息保护，强化互联网信息安全管控，为创业创新营造良好的市场秩序和法治环境。

四　着力优化政府制度供给与服务方式

2008年国际金融危机之后，发达国家推动"再工业化"和"制造业"回归，发展中国家加快工业化进程，作为全球第一制造大国的中国，面临着发达国家先进技术和发展中国家低成本竞争的"双向挤压"。为了应对"双向挤压"，浙江各级政府争当"店小二"，优化制度供给与服务方式，让产业链、资金链、创新链"无缝对接"，让创业创新的门槛更低、成本最小、环境更优。

2013年，为适应新形势下农民创业就业需求，浙江深入实施"千万农民素质提升工程"，开始构建规范化、体系化的农民培训体系，在全国率先建立起省级农民大学、市级农民学院、县级农民学校的三级联动培训体系。与许多省份以就业为培训目的不同，浙江将农民创业作为重要组成部分，并更重视农业领域的创业培训。2014年，浙江按照"法无授权不可为""法无禁止皆可为""法定职责必须为"的原则，在全国率先构建"四张清单一张网"，坚持用政府权力的"减法"来换取全民创业创新的"乘法"。浙江通过打造更有效率的政务生态系统、更有活力的产业生态系统、更有激情的创业生态系统和更有魅力的自然生态系统，为创业创新者营造更加适宜的创业"气候"和"土壤"，最终形成大众创业、万众创新的壮丽风景。2014年起，省财政设立了3亿元的科技型中小企业扶持发展专项，通过对市、县设立种子基金、专利权质押融资等进行配套支持和绩效奖励，积极引导全省各地重视创业企业孵化、优化小微企业创新和创业融资环境。

2015年，浙江省发放了1亿元科技创新券，对通过省科技创新云服务平台获得服务的科技企业孵化器、大学科技园、众创空间的在孵企业和创业者进行财政补贴，仅杭州梦想小镇创客基地，就为入驻项目提供最长3年的免租办公场地、最高100万元的风险池贷款、30万元商业贷款贴息等多项优惠政策。这一年，浙江推动全省500家以上省级创新载体5万台（套）科研仪器设备向社会提供开放共享，服务企业50万家次，带动50万人创新创业。2015年3月，浙江科技创新云服务平台正式上线，创新创业者可以通过云服务平台找信息、找资源、找资金、交流创业经验，享受"一站式"的服务。与此同时，创投机构也可以通过云平台，寻找合适的创业者，从而在云平台上形成范围广泛的网上众创空间。此外，省内各地涌现的创业创新服务中心，也为各类创业活动提供了良好的服务平台，以杭州市梦想小镇创业服务中心为例，首批 48 家企业、800 多名创业者可以在"云"上办理在线工商注册、项目申报，还可以寻找天使投资、股权众筹等市场化运作的金融服务。

2015 年 6 月底，浙江在全省率先实施工商等"五证合一"（工商营业执照、组织机构代码证、税务登记证、社会保险登记证、统计证）登记制度改革。这大大简化创业程序，降低创业门槛，仅推行的第一个月，就有 2000 多家企业办理了"五证合一"营业执照，平均为每个企业节省办证时间 20 个工作日，大大方便了创业者们的创业需要。为大力促进小型微型企业持续健康发展，充分发挥小微企业在深化改革、搞活经济、保障民生、扩大就业等方面的重要作用，2015 年 6 月，浙江出台了《浙江省"小微企业三年成长计划"（2015—2017 年）》，把它作为经济转型升级"组合拳"的重要一招，力争用 3 年的时间构建起有利于小微企业成长、升级的有效工作机制和平台，有效破解制约小微企业发展的瓶颈和难题，显著优化小微企业整体发展环境，持续提升全省小微企业的科技创新活力与核心竞争力。

为推进"四张清单一张网"改革的再深化再提升，进一步简化办事流程、提升行政效率，2016 年年底，浙江提出以"最多跑一次"的理念和目标深化政府自身改革。"最多跑一次"旨在实现群众和企业到政府办事，在申请材料齐全、符合法定要求时，能够少跑、跑一次甚至不跑，实现一次性办成事。它将倒逼行政审批和投资审批、商事制度、公共服务等一系列政府自身改革，进一步打破"玻璃门""旋转门"，为企业和群众松绑减负，促进浙江的创新创业。"最多跑一次"改革的提出，表达了浙江"打造审批事项最少、办事效率最高、政务环境最优、群众获得感最强省份"的决心，也将再创浙江发展体制机制新优势，促进全省创业创新活动的迸发。

总之，从改革行政审批制度和商事制度到优化金融服务，从科技管理体制改革到创新人才培养，从财税政策优惠到资本市场支持，浙江各级党委政府更多着眼于创造一个比较好的基础设施环境和公平公正的市场环境，不断降低创业门槛和各类交易成本，让创业者容易创业，共同营造大众创业的氛围，使创业创新成为全社会共同的价值追求和行为习惯。

第三节 大众创业的共享发展效应

回顾改革开放40年的历程，浙江从一个资源贫乏的经济小省发展成为走在全国前列的经济强省，从一个温饱都难以解决的穷省发展成多数老百姓比较富裕的富裕省份，一条重要的成功经验就在于鼓励大众创业。大众创业是浙江经济发展和财富创造的决定性力量，是浙江始终走在前列的关键一招。浙江改革开放以来的发展史，就是在党委政府的带领下，人民群众创业创新的奋斗史。没有广大民众的创业创新，就没有浙江繁荣发展的今天。

一 大众创业铸就了浙江经济快速发展的强劲动力

改革开放以来，浙江按照人民创造财富、政府创造环境的分工协作机制，尊重基层首创，充分发挥人民的主体作用，鼓励和支持广大人民群众创业创新，推动着浙江从一个资源匮乏的经济小省发展成为稳居全国前列的经济强省。无论是城市乡村还是山区海岛，无论是老中青，还是工农学，浙江大地上创业创新的激情和活力无处无时不在。截至2015年9月底，全省市场主体突破456万个，每12个浙江人当中就有一个"老板"。工商部门的数据显示，从企业的平均拥有量来看，浙江每万人拥有企业数为245家，也就是说，平均41个浙江人里就有一家企业；从私营企业占企业总量的比重看，浙江占88.9%，为全国最高。相关研究表明，创业对就业水平具有直接带动效应，创业还整体改善资源要素的市场化配置效率，重要资源要素通过创业活动，在市场机制作用下，不断向持续稳定快速成长的经济领域和关键环节集中，因此创业活动对该区域的经济发展规模、质量水平密切关系。

正是无数草根创业创新者的勇敢尝试和百折不挠，才汇聚成浙江经济社会持续进步的不竭力量源泉。从20世纪80年代广大农民洗脚上田纷纷创业，到如今创业"新四军"的崛起，浙江以广大民众创业为特征，走上了一条经济社会持续快速发展的道路。从1978年到

2017年，浙江经济总量从124亿元增加到51768亿元，由全国的第12位跃居第4位，成为名副其实的经济大省；人均GDP从331元增长到92057元，由全国的第16位上升到稳居全国第5位，约为全国的1.5倍，已达到世界银行最新收入分组标准上中等收入经济体（4126—12735美元）的上限水平；三次产业结构由38.1∶43.3∶18.6转变为3.9∶43.4∶52.7，形成了制造业与服务业双轮驱动，经济发展质量效益大幅提升，数百种工业制成品市场占有率居全国前列的局面。外贸进出口总额由0.7亿美元发展到3340亿美元（2016年数据）。目前，浙江在全国各地和海外经商的有640多万人，形成了实力强大的"浙江人经济"。在全球经济缓慢复苏，国内经济增长从高速转为中高速增长的新常态下，新一轮的互联网创业创新成为引领浙江经济社会发展的第一动力。

在浙江这片互联网创业创新的热土上，滋养培育了以阿里巴巴为代表的一大批互联网企业。以省会杭州为例，2015年，杭州成功获批国家自主创新示范区、全国首个跨境电子商务综合试验区，入选中国十大创新生态城市。2017年，杭州GDP总量达到12556亿元，稳居全国第10位。目前，杭州已集聚了100多家上市公司，诞生了阿里巴巴、海康威视等一批著名科技企业。《中国互联网创业投资报告》数据显示，2013年以来，杭州互联网创业公司融资数量、新增公司数量均位居全国城市前列。以电子商务、云计算、大数据、移动互联网为代表的新一代信息技术，正在成为杭州的优势产业。利用这些产业所具有国际国内领先优势和建设国家自主创新示范区的契机，杭州正积极在互联网创业创新、信息化与工业化融合、跨境电子商务、人才集聚等方面先行先试，以跨界融合的应用模式创新为引领，以促进传统产业和互联网融合创新为突破口，不断发展壮大"互联网＋"新产业新业态，努力建设互联网大众创业集聚区、科技体制改革先行区、全球电子商务引领区和信息经济国际竞争先导区，一个具有全球影响力的"互联网＋"创新创业中心正在崛起之中。

不仅仅是杭州，浙江全省各地都把创新驱动作为经济社会发展的核心战略，牢牢坚持市场化导向，充分发挥市场对配置科技创新资源的决定性作用，用市场机制将人才、企业、资本、科研院所等创新资源连接起来，打造产学研创业创新利益共同体，让创新要素跟着市场走、跟着企业走，大刀阔斧地推行以"四张清单一张网"和"最多跑一次"为重点的政府自身改革，进一步降低市场准入门槛和创业门槛，有效激发更多人投身创新创业，最终形成创新源泉充分涌流、创新活力竞相迸发的良好局面。根据省工商局的统计，2017年，浙江省小微企业数量迈上新台阶，全省新设注册资本在500万元以下的小微企业30.7万家，比上年增长24.4%。全省在册小微企业数量达到168.3万家，比2016年净增25.4万家。小微企业从业人数达到1184.4万人，比上年增长6.3%。[①] 一支以创新为主要特征的企业家队伍正在浙江形成，新创企业老板平均年龄36岁，80后逐步成为创新创业主力军。他们创业的领域主要集中于电子商务和大数据产业、新一代信息产业、智能装备制造、新能源、新材料、生物医药产业等，新的商业模式不断涌现，为浙江加快转型升级注入了新生动力。

二 大众创业推动了浙江民众生活水平的整体提升

全面建成小康社会，不但要保障经济持续健康较快发展，还要保证经济增长的实惠让百姓分享。大众创业是富民之本，大众创业不仅使浙江的综合经济实力不断跃上新台阶，而且使改革开放和现代化建设的成果最大限度地惠及全省人民，做到经济增长与人民收入增长相统一，初步实现了共同富裕。改革开放以来，浙江城乡居民恩格尔系数逐年降低，1978年分别为55.6%、59.1%，到2016年分别下降到28.2%、31.8%。[②] 按照国家统计局制定的《全面建成小康社会统计监测指标体系》测算，2014年浙江省全面小康社会实现程度为97.2%，居全国各省市区第一。从居民收入水平看，1978年到2017年，全省城镇居民人均可支配收入由332元增加到42046元，由全国第9位上升到第2位；农村居民人均纯收入由165元增加到24956元，年均实际增长8.3%。城乡居民收入比继续缩小为2.05∶1，明显低于全国平均水平。2017年，全省城乡最低生活保障标准平均分

---

① 数据来源于浙江省工商局。
② 2017年，浙江城乡居民收入比已经缩小到2.05∶1。

别达到每月739元和730元，全省低收入农户收入增长10%以上。同时，全省共消除5053个集体经济年收入低于10万元的薄弱村。从收入结构看，农村常住居民人均工资性收入15457元，人均经营净收入6112元，人均财产净收入718元，人均转移净收入6043元。国家统计局数据显示，2017年浙江省城镇居民人均可支配收入是全国的1.41倍，连续17年居全国第3位，省区第1位；农村居民人均可支配收入是全国的1.86倍，连续33年居全国省区第1位（列上海之后居全国第2位）。

首先，创业意识强、创业能力高是浙江省农民收入水平长期位居全国省（区）首位的最重要因素。能人广泛创业，并带动农民充分就业是浙江农民增收的最重要特色。浙江农民收入80%以上来自二三产业，浙江企业99.8%是中小民营企业。浙江民富的根本因素就是在农村工业化进程中培育和壮大了民营经济——"老百姓经济"。民营经济是"老百姓经济"，因为它在产权明晰基础上调动了全面参与经济建设和发展的主动性，避免了因产权虚置和不能按劳分配产生的劳动者被动参与经济建设的问题。浙江人靠创业实现生活理想和自我价值，以积极进取的精神状态发展社会主义市场经济，形成了"千家万户办企业、千辛万苦搞经营、千山万水闯市场、千方百计创新业"的创业局面。全民创业使劳动、知识、技术、管理和资本的活力竞相迸发，促进了生产力的大发展和社会财富的快速积累，最终实现了富民强省。浙江农村曾诞生了以李书福、鲁冠球为代表的数以万计的成功创业者，而如今这里仍然是企业家创业的天堂。企业家是一个国家或社会在经济发展中创业和创新的代名词和带头者。正是他们的不断创业和创新，不但创造了大量就业岗位，同时也带动了更多人的创业和创新，由此也就推动了浙江经济社会的蓬勃发展。

其次，"助农增收行动""低收入农户收入倍增计划"等强农惠农政策连续出台，省里规定的扶贫标准不断提高，带动了农民转移性收入的增长。进入21世纪以来，浙江在全国率先取消"三提五统"、停缴农业税，率先实行粮食购销市场化改革，并对扶贫瞄准及扶贫标准进行了4次调整。2000年以乡镇为单位，确定农民人均收入1500

元以下的乡为扶贫对象，扶贫标准远高于全国当年贫困标准（625元）和全国的低收入标准（865元）；2003年，这一标准提升到2366元；2008年以后，扶贫对象直接瞄准低收入农户，将扶贫标准提高到2500元；2013年再次提高到5500元。2013年至2017年，浙江省又实施了"低收入农户收入倍增计划"，通过实施产业开发帮扶、就业创业促进、农民易地搬迁、社会救助保障、公共服务提升五大工程，对全省农村人口在2万人以上的县（市、区）并且2010年家庭人均收入低于4600元的低收入农户进行帮扶，并重点对全省26个欠发达县和黄岩区、婺城区、兰溪市部分乡镇进行扶持。为了更好地实现共同富裕，浙江还率先建立了基本养老、基本医疗、工伤、失业和生育等社会保险制度，新型合作医疗制度基本覆盖农村，最低生活保障制度覆盖城乡，被征地农民全部享受基本生活保障，农村"五保"人员和城镇"三无"人员全部实现了集中供养。1998年，浙江一举摘掉了8个县的"贫困帽"，成为全国第一个消除"贫困县"的省份。在实现这一历史性跨越后，浙江坚持"扶贫与扶智""输血与造血"并举，通过大力推进特色产业发展、加快推进农民异地搬迁、提高社会保障力度等手段构成一系列精准扶贫的组合拳，到2015年年底，浙江全面消除家庭人均年收入低于4600元的贫困现象，成为全国率先完成脱贫攻坚任务的省份。

最后，互联网背景下的大众创业以其草根性成为普通大众富裕的重要途径。近年来科学技术的革命性变化带来创新组织模式发生重大变化。大数据、云计算和移动互联网的快速发展，使创新呈现出明显的个人化、小规模、分散式、渐进性特征。在传统商业模式下，创业者经常面临资金、人力、市场开拓等因素的制约，特别是当前人力资本、房租、融资等成本的上升，越来越成为创业发展的制约因素。但互联网突破了传统的时空限制，使行业进入的壁垒显著降低，创业者不必投入过高的成本就有机会直接面向全国乃至全球的消费者，因此为广大民众搭建了创业的新平台。在互联网不断向各行各业渗透的背景下，创业创新活动变成了社会大众人人可及的事情，众创、众包、众扶、众筹等一批创意、创业活动如雨后春笋般应运而生，使得那些有梦想、有能力的人，无论是海归、科技工作者、大学毕业生，还是普通农民、家庭妇女、退役军人、下岗工人甚至有的残障人士等都可以参与进来，实现自己的人生价值。浙江的经验表明，只要让广大人民群众能够自我创业、自主发展，真正成为发展的基本主体和基本动力，就一定能依靠自己的力量脱贫致富，实现共同富裕。党和政府在经济社会发展中要搞好服务，最好的途径和方法就是坚持以人为本，坚持相信和依靠广大人民群众。

三　大众创业推动浙江更好地实现了社会公平正义

大众创业既是浙江发展的动力之源、富民之道，也是实现社会公平正义的重要途径。长期以来，在中国社会中创业和创新只是少数人从事的"高大上"的事情，因此在很多地方，创业活动一般被看作是社会精英的专利。但在浙江，创业早就成为一种全民性的经济行为。民间创业活动的高度活跃，小老板多，是浙江经济社会的一个重要特征。20世纪80年代，洗脚上岸、走南闯北的创业农民就具有"新四千精神"，即千方百计提升全球价值链位置、千方百计扩大全球市场、千方百计首创和自主创新、千方百计提升质量和改善管理。他们的创业具有启动快、门槛低、成本低等特征，这部分人通过各类创业活动，诚实劳动、艰苦努力，改变了自身的命运，成为市场竞争的优胜者。他们创造了一个又一个新奇迹，为改革开放后浙江经济社会快速发展和企业基业长青奠定了良好的草根基础。

当前新形势下浙江创业创新活动同样具备"草根创业"的特征，从淘宝店主到网约车司机，从刚毕业的大学生到下岗员工、农村青年，从个体、家庭，到社区和特色小镇，再到整个区域，全省各地无不涌现出欣欣向荣的创业新局面。以互联网为核心的新技术，使当前的创业创新活动更加开放共享，个人化创造和社会化生产高度统一。众创使得大家一起进行研发设计成为可能，众筹则把大家的小钱汇成干大事的资本，众包可以让大家自由组合、协同工作，从而开发产品项目。在"三众"等模式下，任何一个人都可以参与创业创新，享受过程、分享成果、从中受益。浙江很多新一代创业者就是通过这些创业活动发家致富并且受到社会的尊重。可见，大众创业以其草根性成为普通大众收获改革开放红利的最直接与现实的实现方式，也让更多年轻人，尤其是贫困家庭的孩子有更多的上升通道，让有能力的人通过自身的努力获得上升平台，让更多的人富裕起来。这些都有助于调整收入分配结构，促进社会纵向流动和公平正义。

大众创业创造的财富，使政府的财政实力和宏观调控能力明显增强。2017年，浙江财政总收入达10300亿元，一般公共预算收入5803亿元，这为浙江推进各项社会事业的发展创造了有利的物质条件。近年来，省委省政府积极回应群众关切，通过调节二次分配加快发展民生社会事业，推进社会体制创新，夯实社会保障基础，推进公共服务均等化，让改革发展成果普惠全省人民。譬如，"十一五"期间，浙江省财政用于民生的支出累计达7595亿元，年均增长21.1%，连续五年财政支出增量的2/3以上用于民生。"十二五"期间，浙江基本养老保险参保人数超过3500万人，医疗保险、失业保险和工伤保险参保人数也分别达到5190万人、1255万人和1919万人，其中工伤保险覆盖所有职业人群。五年间，浙江高校毕业生初次就业率均超过95%，全省累计新增城镇就业人口505万人，医疗保险基本实现全覆盖。2015年，全省企业退休人员每月基本养老金人均达2750元，城乡居民基础养老金最低标准每月提升至120元，分别比2010年增长72%和100%。2016年起，浙江实施全民参保计划，并大力推进城乡居民同类保障制度的并轨整合。实行同类保障制度整合，其目的就是要逐步消除参保人员在地域、身份上的歧视，实现制度上的公平公正，让参保居民享受更好的社会保障。为适应"互联网+"趋势，实现更加充分更高质量的就业，浙江省正推进创业带动就业，重点抓好科研人才创业、高校毕业生创业和农村电商创业等，健全覆盖城乡劳动者的职业培训体系，推行终身职业培训制度，对贫困家庭子女、农民工、失业人员等实行免费培训。

总之，改革开放40年来，尤其是深入实施"八八战略"以来，浙江经济社会发展之所以能走在前列，在很大程度上就在于浙江充分尊重人民群众的首创精神，鼓励人人创业，坚持不等不靠不要，通过大力发展"老百姓经济"来创造社会就业，开辟了一条"以创业带就业"的富有浙江特色的大众创业之路；就在于历届浙江省委始终坚持"以民为本、富民为先"，围绕经济发展是为了"富民"这一目标，正确处理富民与强省的关系，充分尊重人民群众在建设中国特色社会主义实践中的主体地位，充分调动广大人民群众的积极性与创造性，不仅使人民群众成为财富的创造者，而且使人民群众成为财富的拥有者和创造财富的投资者。

第三章　民生为本：逐步健全省域公共服务体系

"治国有常，而利民为本"。改革开放40年来浙江波澜壮阔的发展历程，既是浙江全省各级党员干部坚持以人民为中心不断谋求发展的过程，也是民生不断改善与社会共享发展的过程。尤其是21世纪以来，浙江在"八八战略"指引下，不断提高民生保障兜底水平，推进统筹城乡的公共服务体系建设，坚持在发展中创新服务机制，在创新中完善公共服务体系建设，积极满足人民日益增长的公共服务需求，实现了经济发展与社会公平的有机平衡。很多民生改革探索开创了先河，使浙江的民生发展之路始终走在前列。2003年，浙江在全国率先推行覆盖城乡的新型社会救助体系建设；2004年，浙江实施《关于建立健全为民办实事长效机制的若干意见》，在全国率先开启了在省级层面解决民生实事的制度化路径；2004年，浙江又开全国之先提出平安浙江建设；2008年，浙江在全国发布了首个《基本公共服务均等化行动计划》；2016年，浙江提出114项基本公共服务清单，成为全国公共服务清单数目最多的省份。浙江的民生之路，不但一次次续写着民生保障的创新历史，提供了一个共建共享的地方发展经验，而且对全国的社会主义现代化建设和全面小康社会建设提供了宝贵的经验。

改革开放40年的民生之路，实际上也是浙江的发展探索之路，是浙江在发展中不断解决民生问题之路。

浙江40年的民生之路，是依靠不断发展解决民生问题的历程。在改革开放之初，在经济非常落后的时候，民生问题首要的是发展问题，尤其是经济发展问题，只有经济发展了，才可能解决大部分人的民生保障和生活需要。浙江在改革开放初期通过一次次的改革与大胆实践，通过不断激发各要素资源，不断激发农村和城市的生产活力，不断激发每个个体的发展致富动力，从而使浙江快速摆脱经济落后的局面，有效解决了人民生活温饱问题，推动浙江城乡向小康社会迈进。

浙江40年的民生之路，是与经济发展不断协调互进的历程。民生问题需要一定的经济基础作为保障。如果说在改革开放初期浙江更多体现的是以经济发展来弥补民生问题短板的话，那么在经济发展到一定阶段后政府则适时调整战略，将经济发展的成果迅速反哺落后地区和弱势群体，而在进入经济基础更加扎实的21世纪以后，浙江再一次在民生和社会保障方面走在前列，为全社会构建一个更加均等和全面的公共服务体系。

浙江40年的民生之路，是不断扩大和深化公共服务内涵的过程。从致力于解决广大人民群众的温饱问题，到为社会弱势群体提供兜底保障，到构建城乡均等的公共服务体系，再到打造服务型政府、效能政府。浙江40年的公共服务的供给呈现出不断增长和扩展的趋势，民生之路的服务内涵不断丰富，在新的"十三五"时期，浙江又进一步深化公共服务体系建设，不断致力于优化公共服务供给的质量和群众满意度。可以说，浙江的40年民生之路，是不断优化经济与社会关系的过程，是公共服务范围不断扩大的过程，也是公共服务内涵不断深化的过程。

保障和改善民生没有终点，只有连续不断的新起点。多年来，浙江民生服务之所以能得到群众拥护和认可，最根本的在于浙江广大党员干部始终坚持以人民为中心，锐意进取，在发展中不断改革创新，形成了经济与社会良性互动、城乡共享发展、公共服务内涵不断深化的浙江民生服务体系建设之路。

第一节 以发展促民生：在不断发展中解决民生问题

解决民生问题的基础是发展，只有当经济不断发展了，民生问题的解决才有坚实的保障。尤其对改革开放之初的浙江而言，发展问题就是民生问题。改革开放以来在浙江大地的一个个实践案例，无一不展现了浙江以发展促民生的创新和担当。

在改革开放初期，正是广大基层干部以人民为中心，与广大群众良性互动，从而有效推动了家庭联产承包，推动了个体工商户和乡镇企业的发展，从而使浙江从一个落后的农业省份快速发展起来。在充满争论的改革实践中，正是地方各级政府和广大干部以人民为中心，不唯上、只唯实，紧紧立足浙江发展实践执行政策和创新发展，才最大程度激发了社会的活力，最大程度保护了广大人民群众的发展权益，真正实现了以民为本的发展。面对落后地区的发展难题，正是全省上下凝心聚力，政府与广大人民齐心协力，才最快速度解决了落后地区的贫困问题。

一 发展是最大的民生：改革初期发展促民生的政策选择

各项统计数据都表明，在改革开放之初，浙江是一个工业基础薄弱的农业省份。据统计，在1978年，三次产业在GDP中的比重为38.1∶43.3∶18.6。第一产业在GDP中的比重高于全国平均水平9.4个百分点，第二产业的比重低于全国平均水平5.3个百分点。从业人口在三次产业中的比重为74.82∶17.1∶8.08。第一产业从业人口比重高于全国平均水平4.13个百分点；第三产业从业人口低于全国4.06个百分点。改革开放之初，全省的GDP总值为123.72亿元，列全国各省市区第12位，人均GDP为331元，低于全国平均水平12.7个百分点，列全国第16位。

对改革开放之初的浙江来说，发展问题是首要的民生问题。为了解决落后的生产力与人民生活需要的矛盾，浙江省委省政府在中央精神指引下，开启了从农村到城市的一系列改革创新征程。在农村地区，家庭联产承包责任制首先在贫困山区起步，在中间地带铺开，最终扩展到其他地区。1980年年初，浙江贫困山区搞包产到户、包干到户的生产队约为4300多个，占全省生产总队的1.6%；到8月底，搞包产到户、包干到户的生产队迅速增加到6600多个，占全省生产队总数的2.5%。浙江农村以推行家庭联产承包责任制为中心内容的改革由此拉开序幕。1981年7、8、9月，浙江农村形成了推行家庭联产承包责任制的第一个高潮，全省实行双包责任制的生产队在三个月中增加了近一倍，占到全省生产队总数的40.1%。到1983年春，全省实行双包责任制的生产队迅速发展到94.7%，到1984年春，占到全省生产队总数的99.2%。家庭联产承包责任制的推行，极大地调动了广大农民的生产积极性，最大程度地促进了农村地区的发展，为改革开放初期解决浙江农村民生问题提供坚实的保障。据统计，1984年与改革前的1978年比，全省农业总产值从85.84亿元增加到125.22亿元，增长45.9%，粮食总产量从1467.20万吨增加到1817.15万吨，增长23.9%，创历史最高水平。其他各种农作物也都实现了历史性的跨越式增长。生产的发展使农民生活得到显著改善，农民收入得到大幅提升。据统计，农民家庭人均收入从1978年的165元提高到1984年的446.37元，增长了1.71倍。[1]

　　除了家庭联产承包，改革开放也开启了浙江乡镇企业的发展新阶段。1978年7月，浙江省社队企业管理局成立，各地市县的社队企业管理局也相继成立。9月，省革委会发出《关于发展社队企业的几项规定》，肯定"社队企业是社会主义集体所有制经济单位"，调整和修正了一些限制、阻碍社队企业发展的规定，并要求各级政府通过各种政策支持社队办企业。到1978年年底，全省社队企业发展到7.4万多家，从业人员190.1万人，工业总产值达到21.7亿元，在1977年、1978年两年中，每年增加3.6亿元。1984年，中共中央、国务院批转农牧渔业部《关于开创社队企业新局面的报告》，决定根据全国政社分开、撤社建乡的实际，将社队企业改为乡镇企业，同时提出了促进乡镇企业发展的新举措。浙江乡镇企业开始进入多成分、多形式、多层次全面发展阶段。到1984年年底，全省乡镇企业发展到9.73万家，职工达343.08万人，拥有固定资产70.77亿元，总产值为392.81亿元，总收入达122.87亿元，纯利润达9.82亿元。乡镇企业的发展，拓宽了农民致富的门路，增加了农民的收入，改善了农

---

[1] 浙江改革开放史课题组：《浙江改革开放史》，中共党史出版社2006年版，第34页。

民的生活水平，使广大农村在较短时间内摆脱了贫困，成为浙江迈向小康社会的重要发展阶段。

家庭联产承包和乡镇企业发展极大改变了浙江经济的落后局面。为了更好推动浙江发展，改变大量落后地区的发展面貌，2003年1月浙江省十届人大一次会议上提出五大"百亿工程"。新一届省政府把它确定为此后5年浙江"基本建设的重中之重"。五大"百亿工程"具体包括"百亿基础设施建设"工程、"百亿信息化建设"工程、"百亿科教文卫体建设"工程、"百亿生态环境建设"工程、"百亿帮扶致富建设"工程。全省疾病预防控制系统完善及建设、千万农民饮用水工程、"五保三无"集中供养设施，甚至垃圾处理、人均公共绿地面积等，都被列入五大"百亿"。涉及经济发展、社会事业、可持续发展、人民生活等方方面面。用当时浙江省委书记习近平的话来说，"五大'百亿工程'充分考虑了经济发展和人民生活的需要，从根本上说也是造福百姓的工程"。

从改革开放之初的效率优先激活农村生产要素和生产活力，到21世纪的五大"百亿工程"，浙江政府立足地方实际，坚持在发展中不断改善民生，为浙江的共享发展奠定了坚实的社会基础，提供了有效的政策保障。

二 民生为本的发展：紧紧立足地方实践的发展智慧

改革开放之初，浙江大地涌现出了大量的改革创新实践人物和干部，正是一个个生动鲜活的基层创新实践，推动浙江从相对比较落后的省份中脱颖而出，不断开创改革发展创新的新局面。

1982年，义乌摊贩冯爱倩和刚刚到任的义乌县委书记谢高华之间的互动及由此引发的地方政府行为取向，成为浙江改革开放历史上的重要标志性案例。摊贩冯爱倩因为家里太穷，在卖掉了10担谷子获得了80元本钱，又从信用社贷款300元后，开始了艰辛的创业历程。当时个体商贩在社会上还被当作"投机倒把"分子，往往是"抓了罚，罚了抓"。1982年，冯爱倩遇见了县委书记谢高华，谢高华把冯爱倩请进了办公室。冯爱倩把委屈全部倒了出来："我们做点小买卖养家糊口，政府为什么要赶我们？""我没工作，又没田种，不摆摊贩叫我怎么活？""你们当官的要体察民情，老百姓生活这么苦，总要给我们一口饭吃。"对话持续了一个多小时后，谢高华承诺："一是政府理解你，同意你们继续摆摊；二是会转告有关部门，不会再来赶你们。"此后县委书记扎进义乌乡间，连续调研了4个月。在调研基础上，1982年8月25日，由县政府、稠城镇、城阳区工商行政管理所三级部门成立的"稠城镇整顿市场领导小组"下发了"一号通告"，宣布将于当年9月5日起，正式开放"小商品市场"，这是全中国第一份明确认同农民商贩和专业市场合法化的政府文件。但是，市场开业没有一个县级领导露面，也没有任何新闻报道。因为根据以前的官方条文，搞小商品市场至少违反了三项禁令：农民不能弃农经商；集市贸易不能经销工业品；个体不能批发销售。搞小商品市场说明政府对义乌小商品交易的既成事实表示认可，这种认可在当时是需要很大勇气的，为义乌乃至浙江市场经济的发展做出了重要贡献。[①]

在浙江的改革发展历程中，每到一个改革关键节点，总充满各种争论，而地方政府总是站在人民的立场，发展的角度，为一个个改革事件保驾护航。1983年，海盐衬衫总厂的改革将当时厂长步鑫生推向风口浪尖。《工人日报》驻浙江记者向全国总工会发了题为"我们需要什么样的独创精神"的内参，批判步鑫生无视工人阶级权益的14条罪状。该内参引起了胡耀邦同志的高度重视，他批示要求新华社会同浙江省委对步鑫生再做调查。1984年春节期间，联合调查组在深入调研之后，向浙江省委提交了调研报告，报告认为，改革需要具备大胆创新精神的人去推动。这些人敢作敢为，但也存在这样或那样的毛病，对他们不应苛求，要善于引导。步鑫生最终得到了充分肯定，成为当时改革中各地学习的榜样。

1984年，温州龙港开始了小城镇建设，但当时只有一纸上级的建镇批文和3000元开办费，而且1984年中央"一号文件"规定，农民可以"离土"却不能"离乡"。不过这个"一号文件"同时规定，

[①] 浙江改革开放史课题组：《浙江改革开放史》，中共党史出版社2006年版，第97—98页。

"允许农民自理口粮进程务工经商"。龙港镇政府看到了政策变通的可能性,依据这个规定,龙港在《温州日报》发布《对外开放的决定》,提出"地不分东西,人不分南北,谁投资谁受益,谁出钱谁盖房,鼓励进城,共同开发",由此龙港一发不可收拾。到1987年,龙港的进城农民已达6300户,拥有"市民"3万人,集资投入2亿多元,建成区面积102万平方米,建起了5所学校、7所幼儿园、3座电影院。此后,龙港崛起为名副其实的"中国第一农民城"。

从对义乌小商品交易的打击到建成全国最大的小商品市场,从步鑫生成为讨伐对象到成为全国学习的模范,从一穷二白的小农村到中国第一农民城,改革开放以来的浙江民生实践表明,在迂回曲折的发展历程中,在不同的发展环境和历史时期,浙江各级政府始终站在人民的立场,与广大人民群众一道克服重重艰难险阻,创新发展相关政策,以推动地方发展为第一要务,创造出一个个改革发展的奇迹,一次又一次推动了浙江的改革发展,使浙江一次又一次实现跨越式发展,为浙江民生事业发展奠定了坚实的基础。实现了浙江经济发展与社会发展的动态平衡,推动浙江城乡迈向高水平全面小康社会。

三 以发展推动扶贫:"生产扶持"为着力点的扶贫工作

改革开放之初由于经济非常落后,因此推动生产自救和经济发展,成为经济相对落后的情况下扶贫工作的重要着力点。1979年8月,浙江省民政局发出《关于搞好规划扶贫试点工作的通知》,要求各地在扶贫试点工作中充分发挥集体经济的优越性,依靠群众、依靠集体力量和有关部门的支持,制定帮助常年困难户改变贫困面貌的规划和措施。试点单位对严重困难户给予重点扶持,一般困难户作适当照顾。扶贫主要措施有:发放扶贫贷款;安排生产,扶持养牛、养猪、养羊,开展家庭副业;帮助修建住房;治疗疾病;集体经济公益金补助口粮、工分;减免贫困户在社队的超支款项;国家发给救济款等。至年末,有39个县、市的72个公社先后开展扶贫工作试点。通过扶持,当年脱贫2374户、8561人。1981年,全省扶贫工作在总结推广试点经验的基础上,扩展到54个县、市的693个公社,各有关部门大力支持。农业银行、信用社优先给予扶贫对象贷款;粮食部门优先供应返销粮、饲料粮；商业、供销部门帮助贫困户开辟家庭副业、传授生产技术、收购产品；卫生部门帮助贫困户治疗疾病；教育部门为贫困户子女入学减免学杂费用；计划、物资、建材部门为贫困户提供修建房屋物资。

1982年12月，国家经委、民政部等9个部委联合发出《关于认真做好扶助农村困难户工作的通知》，指出关心群众疾苦，扶贫助难是政府各部门和各级干部义不容辞的责任，要从各地的实际情况出发，采取多种方法的措施，着重"扶志"和"扶本"。当年，全省有58个县的1126个公社开展扶贫工作，扶持贫困户46937户、20.18万人，12130户、5.2万余人脱贫。

1985年4月，国务院批转民政部、国家经委、财政部、中国农业银行、农牧渔业部、商业部、国家物资局、劳动人事部、教育部《关于扶持农村贫困户发展生产治穷致富的请示》，动员和组织社会各方面的力量，帮助贫困户发展生产，增强其自身的活力，并对贫困户的优惠照顾作出明确规定。同年4月，省政府发出《关于扶持磐安、泰顺、永嘉、文成、景宁5个贫困县发展生产的有关经济政策的通知》，从扶持发展生产，减免农业税和工商所得税，修建道路和水利工程，广辟农副产品销路，代培计划外大、中专学生，安排好群众生活6个方面作出规定。是年，全省采取国家力量与社会力量相结合，经济手段与行政手段相结合的方法，对贫困户的扶持逐步由单户、联户向经济实体、联合体发展；由扶持种植业、养殖业向第二产业、第三产业发展；由扶持农村贫困户向城镇街道贫困户发展。

1988年2月8日，省政府发出《关于加快贫困县经济发展有关政策的通知》，对发展横向经济联合、支持和鼓励专业技术人员向贫困地区流动、继续减免税收、有计划地组织劳务输出、实行对口支援等作出规定。省委、省政府决定选派懂技术、会管理，并有一定政策水平和组织能力的科技人员到贫困县担任县级领导。

1989年8月，省政府批准建立省级救灾扶贫周转基金。省民政厅、省财政厅制定《浙江省省级救灾扶贫周转基金使用管理暂行规定》，对省级救灾扶贫周转基金的来源、救灾扶贫周转金的使用范围作出规定。当年，全省有救灾扶贫基金会1785个，有周转基金

5173.3 万元，其中省级 600 万元。全年新增扶贫户 35013 户，脱贫 35866 户。

可以说，从改革开放到 20 世纪 90 年代，浙江的扶贫工作呈现出典型的以生产发展来促民生的特征，通过生产帮扶，解决大量贫困地区和贫困人口的生产及发展问题，为浙江迈向更加公平的发展提供了新的路径，有力促进了全省的共享发展。2003 年后，随着新型社会救助体系开始形成，扶贫济困等各项社会救济救助开始纳入新型社会救助体系，浙江的民生政策由此又迈入了新阶段。

第二节 以兜底保民生：逐渐补齐民生短板

改革开放以来，尤其是近 15 年来，浙江始终坚持以人民为中心，牢牢守住民生保障底线，不折不扣执行中央和省委省政府相关政策，不断创新完善各项制度，让最困难群众真正享受改革开放的发展成果。

众所周知，尽管改革开放以来的浙江经济取得了快速发展，但在很长时间内，广大农村边远地区依然存在大量的低收入和弱势群体。为弱势群体和低收入群体提供兜底服务，成为改革开放以来浙江民生服务的首要内容。1978 年后，全省各地都开展了对社会贫困户的扶持工作。1995 年，全省开始着手建立最低生活保障制度，1997 年覆盖全省。

进入 21 世纪，浙江进一步加大兜底保障力度。在到浙江任职不久的一次调研中，习近平同志就提出，浙江主要经济指标均居全国省区市前列。在这种情况下，我们更要关注困难群众，高度重视人均数较高情况下掩盖着的不平衡问题，要研究制订切实有效的措施，建立长效的帮扶机制，使困难群众能够同步享受改革开放和经济发展的成果。并提出要按照走在前列的要求，进一步推动欠发达地区加快发展，因此需要深化社会救助体系在内的一系列改革创新。

浙江省政府于 2003 年 9 月 11 日发出《关于加快建立覆盖城乡的新型社会救助体系的通知》（浙政发〔2003〕30 号），又于 2005 年 12 月 21 日召开深化新型社会救助体系建设工作会议，将社会救助体系建设推向纵深发展。全省各地通过改革创新救助工作模式，完善救助政策，整合救助资源，规范救助行为，协调救助行动，形成以最低生活保障制度为基础，以养老、医疗、教育、住房、司法等专项救助为辅，以社会互助为补充，政府责任意识明确，城乡一体化、组织网络化、管理社会化、保障法制化及与社会经济社会发展水平相适应的社会救助制度。它将原先各自分散的救助政策全部整合起来，形成完整的体系。在这个体系下，城乡一体化的低保制度和医疗救助制度得到全面推行，力度不断加大，旨在帮助困难家庭摆脱暂时生活困境的临时救助逐步制度化、长效化，其他像教育、就业、住房、司法等方面的各种救助也得到较快发展。

一　社会救济工作的恢复与发展

浙江的社会救济在改革开放初期就已经展开。在"文化大革命"期间一度受到干扰甚至基本停顿的社会救济工作开始重新运转起来。

社会救济工作首先向退职老职工展开。1979年2月，省革命委员会批转省民政局、省劳动局、省财政局《关于精减职工遗留问题和处理意见的报告》，决定由地方财政拨款100万元，对生活困难的部分精减退职老职工进行一次性救济，救济重点主要是年老体弱、长期患病或旧伤复发不能参加劳动、家庭生活无依无靠的精减退职老职工。1981年后，对全省精减退职老职工进行普查补批，并多次调整救济标准。1985年9月，省民政厅、省财政厅、省劳动人事厅发出《关于提高精减退职老职工生活困难补助费标准的通知》，当年，全省发放精减退职老职工救济费356.6万元。1990年，全省各地对贫困户的救济做了大量工作。全省发放救济和社会统筹补助金额达4040万元，临时救济贫困户85.3万人次。是年年底，全省仍有社会困难户42.9万户，167.8万人，约占全省总人口的4%。

为了解决农村困难户的生活问题，浙江在改革开放之初便对农村地区困难户进行救济。自1979年至1991年，全省共发放农村困难户救济费13297.66万元，得到救济的困难户1171.96万人次；发放城镇社会救济费3368.59万元，其中定期救济1735.26万元，得到救济的城镇困难户104万余人。

1992年，全省发放救济和社会统筹补助金6291万元，城乡各种救济对象得到国家临时救济35.7万人次。1994年，全省各地对贫困户的救济工作继续得到加强。全省共发放救济和社会统筹补助金12721万元。1999年，全年全省共发放国家救济和集体补助资金2.33亿元，城乡各种救济对象得到国家临时救济29万人次。从1992年到1999年，社会救济金增长了270%。但补助对象数减少了近6万人次，这也说明随着经济的发展贫困人口数量在下降。

在医疗救助方面，1974年后，贫病医疗补助取消，对农村困难户的医疗费用，原则上个人（或合作医疗费）解决，个人解决不了的经群众评议，领导批准，由社、队给予补助；社、队解决不了的，除有专门规定者外，根据国家社会救济政策给予医疗救济。1981年，全省支出贫病医疗救济费156.44万元。此后，贫病医疗救济均作为社会救济费列支，不再单独列支。

二　城乡新型社会救助体系建设

社会救助是在政府的主导下，动员社会力量参与，对困难群众实施救济和帮助的重要组成部分。进入21世纪以来，浙江在全国率先推行覆盖城乡的新型社会救助体系建设。这是浙江省一项极具开创意义的民生举措，浙江的新型社会救助体系是有别于传统的社会救助制度。它通过改革创新计划下形成的救助工作模式，将原先各自分散的救助政策全部整合起来，形成以最低生活生活保障制度为基础，以养老、医疗、教育、住房、司法等专项救助为辅，以社会互助为补充，政府责任意识明确，城乡一体化、组织网络化、管理社会化、保障法制化以及与社会经济社会发展水平相适应的社会救助制度。

（一）构建新型社会救助体系

2003年9月11日，省政府发出《关于加快建立覆盖城乡的新型社会救助体系的通知》，将原先各自分散的救助政策全部整合起来，形成完整的体系。上统筹、下整合的社会救助工作体制开始形成，对困难群众的救助力度不断加大。省政府成立省长任组长的社会困难群众救助工作领导小组，领导小组办公室设在民政厅，建立工作制度，明确各成员单位的职责。杭州、嘉兴、湖州等地开展在乡镇（街道）

建社会困难群众救助管理所、社区建立救助站的改革试点工作，永康市在村委会设立社会福利救助工作委员会。全省有 524 个乡镇（街道）建立救助站（所），成为社会救助工作的新平台。各地针对困难群众的医疗、教育、住房、就业等方面的救助有序开展。由此拉开全省乃至全国建设新型社会体系的序幕。

2004 年，全省各地县级以上政府均成立由主要领导任组长的社会困难群众救助工作领导小组及其办公室，全省有 1460 个乡镇（街道）建立劳动保障和社会救助综合管理服务机构，占总数的 93%，有工作人员 3629 人。低保、灾民救助、五保、医疗、住房、教育、司法援助等各项救助政策得到有效落实，困难群众的吃、穿、住、医、教、养老等基本生活得到保障。是年，全省共发放各项救济资金 2.25 亿元，救济 63572 人。

2005 年 12 月 21 日，省政府召开深化新型社会救助体系建设工作会议，社会救助体系建设向纵深发展。各地完善救助政策，整合救助资源，规范救助行为，协调救助行动，形成以最低生活生活保障制度为基础，以养老、医疗、教育、住房、司法等专项救助为辅，以社会互助为补充，城乡一体化、组织网络化、管理社会化、保障法制化、与社会经济社会发展水平相适应的社会救助制度。

2008 年，全省共向 68.74 万城乡低保对象发放低保金 9.5 亿元；向 68.39 万困难群众发放物价补贴 1.95 亿元；共有 31.3 万人次困难群众得到 4.19 亿元资金的医疗救助；全省 95% 的五保对象得到集中供养；其他在住房、教育、就业等方面有特殊困难的群众，也获得相应的专项救助。新型社会救助体系已基本覆盖困难群众的所有困难，较好保障了他们的基本生活。

至 2010 年年底，围绕省委、省政府社会救助工作整体部署，先后出台低保、医疗、教育、住房、司法、养老等相关政策，基本实现困难群众及困难问题全覆盖，社会救助法制化建设水平明显提高。浙江的新型城乡救助体系建设在多个方面走在了全国前列。率先在全国制定省一级最低生活保障家庭收入核定办法，有力促进社会救助工作公平、透明。率先全国建立并不断完善困难群众物价补贴机制，有力保证困难群众基本生活不因物价上涨而发生较大影响。全面取消乡镇低保配套资金，为确保城乡低保对象"应保尽保"提供更有力的财力保障。积极推行分类医疗救助模式，扩大救助覆盖面，增加救助、资助项目，实现医疗救助即时结报。巩固深化集中供养成果，先后出台《浙江省实施〈农村五保供养工作条例〉办法》《浙江省农村敬老院管理和建设暂行规定》等法规、制度，集中供养法制化、规范化水平显著提高。

2014年，省十二届人大常委会审议通过了《浙江省社会救助条例》，并于11月1日起正式实施，成为全国首部社会救助综合性地方法规。建立了省市县三级社会救助联席会议制度，形成"政府主导、民政牵头、部门协同、社会参与"的工作格局。

(二) 建立最低生活保障制度

最低生活保障制度是新型社会救助体系的基础。浙江省1995年开始探索建立城乡统筹的最低生活保障制度。

1996年，省政府下发《关于在全省逐步建立最低生活保障制度的通知》（浙政发〔1996〕92号），对建立最低生活保障制度工作提出具体指导意见。

1997年，省政府发出《关于加快建立最低生活保障制度的通知》（浙政发〔1997〕224号），提出"统筹考虑城镇居民和农村居民基本生活的需要，实行城乡联动、整体推进，抓紧建立面向城乡居民的最低生活保障制度"的总体要求。是年，在总结经验的基础上，在全省范围内开展农村低保制度建设。年底，全省各县、市、区基本建立城乡一体、标准有别的最低生活保障制度，其中60%以上的县、市、区正式实施这项制度。1998年，全省各县、市、区全面实施城乡最低生活保障制度。

1999年，省政府下文，要求各地将城镇低保标准提高30%，农村提高15%。1999年8月，省民政厅下发《关于印发〈浙江省最低生活保障制度示范县实施方案〉的通知》，决定每个市、地选择一个县（市、区）进行最低生活保障制度示范单位建设工作，对做好城乡居（村）民最低生活保障工作的指导思想、组织、最低生活保障标准的测算、保障对象的确定、保障资金的来源与使用管理、相关配套政策和实施属地管理、动态管理的原则等作了明确规定，并逐项列举运用市场菜篮法确定保障标准的《全省每人每月基本生活支出清单》，为全省建立低保标准的动态调整机制打下基础。9月，国务院颁布《城市居民最低生活保障条例》。从1999年开始，省政府连续将低保工作列为省民政厅工作责任制考核的一类目标。年底，全省共有低保对象18.57万人，保障资金投入金额为8744.2万元，分别比上年提高11.8%和50.6%。

2000年，省民政厅、省监察厅、省财政厅、省劳动和社会保障厅按照民政部、监察部、财政部、劳动和社会保障部的要求，对国有下岗职工基本生活保障资金、失业保障基金、基本养老保障基金和最低生活保障资金管理使用情况进行专项检查工作，推动全省低保工作的深入开展。一些县（市、区）出台配套的优惠政策和措施，从工商、税收、教育、卫生、交通、水电等多方面给低保对象以优惠，为保障对象提供各种形式的帮助。杭州市对城区持《困难家庭救助证》的困难群众，给予各类优惠政策项目达6大类30项。并率先建立困难群众四级救助圈。宁波市在全市范围建立市、县、乡、村四级帮困网络。

2001年8月15日，省政府颁布全国首部省级城乡一体的最低生活保障政府规章——《浙江省最低生活保障办法》。这是首次以法规形式将农民纳入最低生活保障范围，对我国农村社会保障制度发挥了重要引领作用。

2002年，省民政厅、省财政厅制定《浙江省最低生活保障资金管理暂行办法》，对低保资金的筹措、资金的使用、资金的监督作具体规定。

2004年，省政府印发《关于对困难群众实行基本生活消费品价格上涨动态补贴的意见》，是年，全省各地建立基本生活消费品价格上涨动态补贴机制，大部分地区实现低保金的社会化发放。各地还进一步健全分类救助制度。2004年，省委将低保工作列入对市、县党政主要领导和领导班子的考核内容。省文明办将低保工作列入文明县城的评比指标。省发改委将城乡低保发展水平列入统筹城乡发展水平综合评价指标体系。

2005年，省政府下发《关于进一步完善新型社会救助体系的通知》，提出建立健全低保标准与经济发展和物价上涨水平相适应的正常增长机制的要求。

2008年，全省低保管理工作基本实现动态管理下的应保尽保和建立符合当地经济社会发展水平，覆盖全社会，分类管理、动态调整的最低生活保障制度的目标。

2009年，各地低保动态调标工作全面落实，全省调标完成率达100%，各县（市、区）均出台取消乡镇（街道）低保配套资金相关文件。至年底，全省共有最低生活保障对象（未含农村"五保"）65.91万人，全年实际支出保障资金12.15亿元。其中：城镇居民最低生活保障对象9.33万人，支出保障资金2.97亿元；农村最低生活保障对象56.58万人，支出保障资金9.18亿元。

2010年，省政府成立低收入家庭收入核定联席会议制度，省民政厅会同省级13个部门下发《浙江省低收入家庭收入核定办法》。对低收入家庭收入核定工作的原则、主管部门、家庭收入、家庭财产的界定标准、低收入家庭收入核定工作程序等作出规定。至年底，全省共有最低生活保障对象（未含农村五保）66.35万人，全年实际支出保障资金14.71亿元。其中：城镇居民最低生活保障对象8.98万人，支出保障资金3.44亿元；农村最低生活保障对象57.37万人，支出保障资金11.27亿元。

近年来，浙江进一步依法完善社会救助体系，通过加快低保与扶贫政策的衔接，率先出台低收入农户认定标准和认定流程，推进全省低收入农户"4600"巩固对象的救助工作。截至2016年年底，全省共有最低生活保障对象82.26万人（不含特困供养人员），城乡平均月低保标准分别达到678元和631元（列全国第4位），农村低保标准达到城市标准的93%。

（三）建立新型医疗救助体系

新型医疗救助是传统贫病医疗救济的发展，是新型社会救助体系的重要一环。2003年9月，省政府下发《关于加快建立覆盖城乡的新型社会救助体系的通知》，要求在全省建立健全对困难群众的长效帮扶机制，完善医疗保障制度，以解决困难群众的医疗问题。

2004年9月3日，省政府下发《关于加快建立和完善医疗救助制度的通知》，在全国率先建立城乡统筹的医疗救助制度。

2005年3月28日，省财政厅、省民政厅制定《浙江省医疗救助资金暂行办法》，对医疗救助资金管理提出具体要求。至此，全省城乡医疗救助制度全面建立。各县、市、区全部建立医疗救助制度。

2007年，全省医疗救助力度进一步加大。全年共筹集医疗救助资金3.26亿元，发放3.22亿元，资助106.6万人次。其中，资助困难群众参加新型农村合作医疗78.57万人次，资助门诊住院病人28.08万人次。同年8月，绍兴市区出台政策，规定农村五保、城镇"三无"、城乡低保对象、低保边缘户、重点优抚对象5类人员可享受实时结报政策。到年底，全省所有县（市、区）对低保、五保和"三无"等特殊困难对象均实行零起点医疗救助。各地的医疗救助比例和救助封顶线也都有所提高，部分发达地区救助比例已达50%—70%，欠发达地区救助比例也提高10%—20%不等；大部分县（市、区）封顶线已达到3万元以上。

2008年7月，省民政厅和省财政厅联合下发文件，在全省推行即时救助，住院定额救助产生的费用由定点医疗机构垫付，医疗救助专项资金定期结算。

2009年，全省医疗分类救助不断健全。救助对象扩大到低保标准1.5倍内低收入家庭，门诊救助全面推行，2次救助逐步推开，即时救助和实时报结程序不断完善。全年各级财政预算安排农村医疗救助实际支出32185万元。

2010年，全省医疗救助工作覆盖面不断扩大。全省实施医疗分类救助模式，全面推开医疗救助即时结报，医疗救助成效显著提升。全省有81个县（市、区）实现即时救助。

近年来，浙江不断完善医疗救助制度，推进重特大疾病医疗救助工作，在全国较早全面实施按费用救助。全面开展了"救急难"工作，推进罕见病专项救助，临时救助和医疗救助工作有了新的提升。成立省低收入家庭核对指导中心，建立社会救助家庭经济状况核对机制，实施"阳光救助"工程。全面建立临时救助制度，积极开展"救急难"试点，建立健全儿童福利工作机制。率先开展适度普惠型儿童福利制度试点工作，大部分地区建立了适度普惠型儿童福利制度，将事实无人抚养和贫困家庭重残、重病等困境儿童优先纳入儿童福利保障范围，全省困境儿童分类保障制度实现全覆盖，全面建立孤儿和困境儿童基本生活养育标准自然增长机制，较好地保护孤儿和困境儿童基本生活。根据《中国儿童福利政策报告》显示：浙江儿童政策进步指数排名全国第一，2012—2014年，浙江在中国儿童政策进步指数上，连续三年蝉联全国排位第一。

第三节 以均等惠民生：全面推进基本公共服务均等化

21世纪以来，在经济社会发展到一定阶段以后，浙江各级党委政府坚持以人民为中心，不断推动着浙江民生事业全面优化和完善。"坚持执政为民，全心全意为人民服务，是人民公仆的天职。"[①] 尤其是习近平同志在浙江工作期间，走遍浙江各地，关心百姓疾苦，将深深的民生情怀融入了省委省政府的各项政策举措，为浙江今天的转型升级和经济社会协调发展指明了战略方向。从《关于建立健全为民办实事长效机制的若干意见》的实施，到领导干部下访制度的常年坚持，到率先出台一系列扶贫和民生保障政策，浙江在发展中始终"倾听群众呼声，体察群众情绪，关心群众疾苦"。

2003年以来，浙江以基本公共服务均等化为目标，积极调整财政支出结构，把更多财政资金投向公共服务领域，向农村、欠发达地区、低收入人群倾斜。自2005年起浙江对参合农民提供两年一次的免费健康体检。

随着浙江进入人均生产总值超过10000美元的新阶段，城乡区域协调发展迈上新台阶，城乡居民生活质量和水平不断提高，经济持续健康快速地发展为推进基本公共服务均等化体系建设打下了坚实的基础。在2007年6月召开的浙江省第十二届党代会上，浙江省委首次提出了经济建设、政治建设、社会建设、文化建设"四位一体"的发展思路，明确社会建设的核心就是改善民生，要求建设惠

[①] 习近平：《之江新语》，浙江人民出版社2007年版，第4页。

及全省人民的小康社会。2008年年初，浙江省委、省政府正式出台"推进全面小康六大行动计划"，部署推进自主创新能力提升、重大项目建设、资源节约与环境保护、基本公共服务均等化、低收入群众增收、公民权益依法保障行动计划。同年浙江启动了全国首个"基本公共服务均等化行动计划"，该计划提出浙江要通过5年努力，建立健全多层次、全覆盖的社会保障体系，配置公平、发展均衡的社会事业体系，布局合理、城乡共享的公用设施体系，实现基本公共服务覆盖城乡、区域均衡、全民共享，促进社会公平正义和人的全面发展。

2008年，浙江省在全国范围内实施首个《基本公共服务均等化行动计划（2008—2012）》，创新公共服务体制，优化公共服务质量，不断提高公共服务能力，使得浙江省基本公共服务均等化的程度不断提升。2012年，浙江省政府出台《浙江省基本公共服务体系"十二五"规划》，对浙江省在"十二五"期间继续健全和完善基本公共服务体系作出了明确指导。在指导思想上明确提出"三个着力"，即着力保障城乡居民生存发展的基本需求，着力增强基层服务供给能力，着力完善体制机制。通过基本公共服务供给体系的合理、高效的配置，实现城乡居民共享基本公共服务，构建符合省情的可持续的基本公共服务体系。并致力于增强完善财力保障机制、服务供给机制和监督评估机制，以保障基本公共服务体系的建立健全。在财政保障方面，根据浙江省统计局提供的数据，"十一五"时期，全省财政用于民生的支出累计达7595亿元，年均增长21.1%，连续5年财政支出增量的2/3以上用于民生，2010年达到了75%。[1] 进入"十二五"时期以来，政府财政用于公共服务的支出额度不断增加。近些年来，为加快城乡统筹公共服务体系建设，浙江省财政积极加大对海岛和欠发达等市县的转移支付力度，大大改善了边远地区、欠发达地区基本公共服务供给不足和供给不均的状况，缩小了城乡之间、区域之间以及不同收入群体之间基本公共服务水平的差距，进一步提高了浙江省

---

[1] 郁建兴、徐越倩：《服务型政府建设的浙江经验》，《中国行政管理》2012年第2期。

基本公共服务均等化程度。2016年制定实施《浙江省基本公共服务体系"十三五"规划》,提出了基本公共八大领域的114个基本公共服务清单,浙江的服务清单相比于国家基本公共服务清单,适当增加了孤儿养育保障、饮用水水质保障、环境质量等项目,比国家确定的81个基本公共服务项目多了33个,而且结合浙江实际,确定10个项目标准较国家标准有所提高,形成了基本公共服务"浙江标准"。在均等化基础上,浙江开始推动公共服务标准化工作,2017年,《浙江省基本公共服务标准体系建设方案(2017—2020年)》正式出台,该方案提出到2020年基本建成以"普惠性、保基本、均等化、可持续"为原则的浙江省基本公共服务标准体系。这一体系包括基本公共教育、基本就业创业、基本社会保障、基本健康服务等8个方面、16个重点领域,3年之内将制定至少75个相关标准。

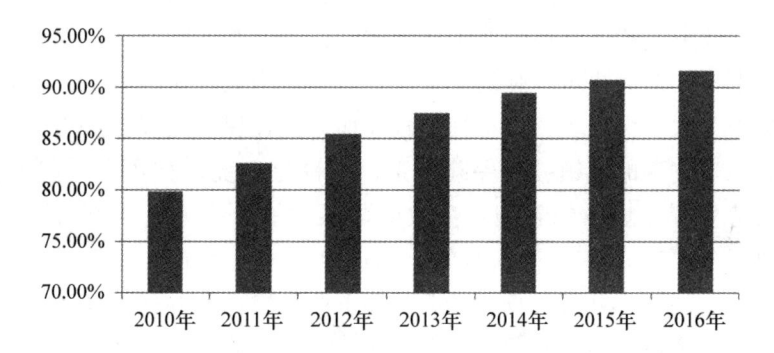

图3-1 2010—2016浙江基本公共服务均等化实现程度
资料来源:浙江省统计局。

在一系列政策推动下,浙江基本公共服务均等化实现度稳步提高。重点人群就业创业工作切实加强,社会养老服务体系基本形成,社会保障体系更加健全。县县建成国家义务教育发展基本均衡县,职教、高教事业稳步发展。"双下沉、两提升"扎实推进,国家卫生城市、卫生县城实现全覆盖。2016年,全省基本公共服务均等化实现度为91.6%,比2015年提高3.7个百分点。除基本就业创业领域与上年持平外,其他七大领域均有不同程度提升。11个市基本公共服务均等化实现度普遍提升，地区间实现度差异逐步缩小。① 2016年城乡居民收入分别达到47237元和22866元，实现年均增长9.3%和10%。

一 统筹推进城乡社会保障体系建设

改革发展成果如何惠及全体人民，"关键是农村的生活质量不差于城市，所有人都能共享现代文明"②。这也正是浙江发展"八八战略"中"进一步发挥浙江的城乡协调发展优势，统筹城乡经济社会发展，加快推进城乡一体化"的核心要义。在浙江工作期间明确强调，习近平同志指出，让人民过上幸福美好的生活，最主要还是做好就业、收入分配和社会保障三件事情。

2003年，浙江省委省政府作出了"统筹协调社会就业、社会保险、社会救助"三个层次的社会保障，使这三个层次在制度上相互衔接，在政策上相互支撑，在工作上相互促进，共同构成大社保体系的基本框架的重大决策。强调要把社会就业作为大社保的根本，把社会保险作为大社保的主体，把社会救助作为大社保的底线，提出了率先建立比较完善的城镇社会保险体系、加快建立统筹城乡的就业制度、加快建立覆盖城乡的新型社会救助体系"一个率先、两个加快"的重要任务。2007年，根据党的十六届六中全会精神，省委、省政府又把社会福利、社会优抚、社会慈善事业发展作为社保工作重点，浙江大社保体系进一步扩展为社会就业、社会保险、社会救助、社会福利、社会慈善、社会优抚"六位一体"，并发布了《浙江省"十一五"大社保体系建设规划》，明确了工作目标和任务。

为构筑一体化的城乡就业和社会保障制度，浙江深入实施城乡居民社会养老保险制度，健全养老保险待遇调整机制，完善养老保险关系跨区域转移接续制度，推进国家基本养老服务体系建设试点。完善城镇职工、城镇居民医疗保险和新型农村合作医疗等基本医保

---

① 浙江统计局：《浙江省2016年基本公共服务均等化实现度评价报告》，2017年12月27日，浙江统计信息网。
② 习近平：《干在实处　走在前列——推进浙江新发展的思考与实践》，中共中央党校出版社2006年版，第160页。

跨制度、跨地区转移接续的政策制度，实现全省医保"一卡通"。继续推进失业、工伤、生育保险制度。完善城乡住房保障制度，健全廉租住房、公共租赁住房、经济适用住房等多元化的住房保障体系。坚持创业带动就业和城乡统筹就业，健全创业型城市和充分就业社区（村）建设机制，完善有利于高校毕业生充分就业、农民工转移就业、困难群体帮扶就业的体制机制。通过落实欠发达地区农民异地脱贫和结对帮扶等措施，有效促进城乡、区域协调发展，通过建立健全以"新五保"为重点的农村社会保障制度，保障标准和水平要随着经济的发展不断提高，适时推进城乡并轨，实现城乡社会保障一体化。通过建立健全多层次、普惠性等农村社保体系，不断提高农村社保水平，逐步缩小城乡公共服务等差距。在"十三五"时期，浙江更是提出要推进城乡一体化发展，把困难群众的社会保障安全网编得更密、织得更牢，近期目标是到2020年城乡一体化程度达到80%。

从2009年开始，浙江省相继出台了城乡居民社会养老保险制度实施意见、企业职工基本养老保险省级统筹实施方案；制定了关于加快推进大学生参加城镇居民基本医疗保险，开展基本医疗保险市级统筹、门诊统筹，加强基本医疗保险基金管理等政策性文件，推动全省的"全民社保"工作进入新的历史阶段。推进城乡医疗保险制度整合，构建新型城乡社会救助体系。探索被征地农民基本生活保障与职工基本养老保险、城乡居保制度的衔接；逐步实施失业保险省级统筹，基本形成城镇住房保障体系，探索建立覆盖城乡居民的社会保险登记制度；实施全民参保登记，加快社会保险制度城乡统筹；实施机关事业单位养老保险制度改革，积极推进社会保障从制度全覆盖提升到人的全覆盖。加快养老服务体系建设，重点发展社区居家养老服务。截至2016年年底，新增基本养老保险参保人数186万人、基本医疗保险参保人数35万人，全省参加基本养老保险人数为3740.06万人。全年基本养老保险基金总收入2556.88亿元。参加基本医疗保险人数5178.11万人。其中，参加职工基本医疗保险人数2017.5万人，参加城乡居民基本医疗保险人数为3160.61万人。

二 实现城乡教育均衡发展

进入 21 世纪以来，浙江省对教育的财政投入经费不断增加，根据浙江财政统计资料显示，从 2003 年到 2013 年，浙江教育财政支出从 164.21 亿元增长到 950.06 亿元，增长了 5.8 倍。通过多措并举，加大对教育的扶持力度，促进了城乡教育的均衡发展。

一是完善义务教育经费保障机制。从 2006 年秋季开始，全面免除城乡义务教育学杂费，2007 年起正式将农村义务教育全面纳入公共财政保障范围。2010 年春季开始，对农村义务教育公办学校属于行政事业性收费项目的住宿费项目实行免除。从 2014 年，提高义务教育阶段学校年生均日常公用经费最低标准，小学和初中分别达到 610 元和 810 元。

二是提升农村教师队伍整体素质。2008 年起，实施农村中小学教师"领雁工程"，截至 2011 年全省已累计培训 3.9 万名农村骨干教师，提高了农村教师的执教能力。同时实施支教制度，每年从教育强县里选派骨干教师到海岛县和经济欠发达县进行支教，促进教师队伍的均衡发展。推动省府办出台《浙江省乡村教师支持计划（2015—2020 年）实施办法》，启动"乡村学校任教 30 年荣誉证书"发放工作，11.7 万余名教师纳入农村特岗教师津贴发放范围。扩大面向农村和紧缺学科定向培养师范生规模，培养院校增加到 7 所，招生达 343 名（其中小学全科教师 271 名），覆盖了小学、初中和高中的紧缺学科。推进中小学教师发展学校建设，已建有各级各类教师发展学校 965 所。完成中小学教师信息技术应用能力提升培训 20.5 万人。

三是实施农村中小学爱心营养餐工程。从 2005 年到 2011 年，全省共投入 6.8 亿元，为农村中小学低收入家庭子女提供每周 2—3 餐荤素搭配、营养合理的营养餐，让 259 万学生吃上了"爱心营养餐"。2012 年又提高了农村中小学低收入家庭子女爱心营养餐最低标准，从之前的每生每年 350 元提高到 750 元，并且做到每天一餐，受益学生比例达到义务教育学生总数的 7%。

四是积极改善城乡学校办学及住宿条件。2008 年起实施农村小规模学校改造工程,有效改善边远山区学校办学条件。除了办学条件的改善之外,2009年起实施农村中小学教师集体宿舍维修改造工程,农村中小学教师集体宿舍普遍达到功能配套、结构安全,基本满足教师日常需求。推进覆盖城乡的学前教育公共服务体系建设,督促各地制订完善幼儿园布局规划,研究制定"十三五"幼儿园扩容工程和薄弱幼儿园改造工程方案。出台《浙江省住宅小区配套幼儿园建设管理办法》。做好等级幼儿园评估和认定工作,开展无证幼儿园整治工作"回头看"。组织幼儿园开发建设游戏课程。开展发展学前教育第二轮三年行动计划实施情况专项督导。2016年全省幼儿园教师持证率提高到91.27%,等级幼儿园比例提高到87.59%。加快推进薄弱学校改善工程建设,完成投资18.02亿元。推动省政府召开基础教育重点县座谈会,督促11个重点县加大投入力度,加快补齐发展短板。启动实施省内第四轮教育对口支援工作。推动完善义务教育"两免一补"政策和城乡义务教育经费保障机制,自2016年秋季学期起,对城乡家庭经济困难寄宿生按小学每生每年1000元和初中每生每年1250元的标准给予生活费补助。建立省教育现代化研究与评价中心,新评估认定9个教育基本现代化县(市、区)。支持新建特殊教育卫星班10个、特教学生职业教育实训基地7个,在2所特教学校新开展医教结合实验。

三 逐步健全覆盖城乡的医疗卫生体系

近些年,浙江省积极推进医疗卫生体制改革,健全基本医疗保障制度,逐步健全了覆盖城乡的医疗卫生体系。

一是基本医疗保障制度不断健全。截至2012年全省新型农村合作医疗参合率达97.7%,人均筹资标准达482.5元,其中财政补助342.2元,均比往年有所提升。最高支付限额全部达到当地农民人均纯收入6倍以上,统筹地区政策内住院费用报销比例达72%以上,普通门诊实际补偿率达27.8%。以县为单位全面实施提高儿童白血病、先天性心脏病、尿毒症等医疗保障试点,实际补偿比例不低于限定费用的70%。78个县(市、区)实施新农合支付方式改革,建立新农合报销和医疗救助统一服务平台。2013年,浙江省提高城乡居民基本医疗保障财政最低补助标准至290元。深化完善公立医院投入和补偿机制改革，统筹2亿元资金推进城市医疗资源下沉，已有15家省级医院与24个县市区27家医院开展了托管合作办医，使当地群众能够更方便地享受优质医疗服务。

二是医药卫生体制改革实现重大突破。在省委省政府一系列政策推动下，浙江基层卫生综合改革不断深化，基本医疗卫生服务体系更加健全，基本药物制度全面建立，全民基本医保制度逐步完善，人均基本公共卫生服务经费稳步提高，公立医院药品加成全面取消，综合改革有序实施。药品采购供应机制、分级诊疗制度、社会办医等改革统筹推进。2016年浙江所有县（市）已经达到至少有一所二级甲等医疗机构的目标任务，村级医疗卫生服务实现全覆盖。率先初步建立了覆盖城乡居民的基本医疗卫生制度。比国家要求提前一年实现基层医疗卫生机构基本药物制度全覆盖。率先实现以药品零差价为核心的公立医院综合改革全覆盖。城乡基本公共卫生服务经费标准从人均25元提高到了40元，卫生总费用中，个人现金支出的比例从2010年的38.54%下降到2014年的33.84%。①

三是医疗卫生综合实力得到持续提升。卫生强省、全民健康六大工程建设全面推进，城乡医疗卫生资源总量增加、结构优化，"双下沉、两提升"工程全面实施，基层服务能力明显增强，中医药服务进一步普及。2015年，每千人口床位4.92张，每千人口执业（助理）医师2.85人、注册护士2.89人，分别较2010年的3.38张、2.1人和1.82人增长45.56%、35.71%和58.79%。

四是积极探索推进县级公立医院改革。2011年浙江省确定了29个县（市、区）率先开展县级公立医院综合改革试点，着重抓好55个县级医学龙头学科建设，并于当年年内新增30个县级医学龙头学科建设项目。18家省级医院与38家欠发达地区县级医院、73家三级医院与250家医疗机构（含乡镇卫生院）建立长期对口支援关系，提升县级医院的综合医疗服务能力。到2014年，浙江省所有县级公立医院均实施了以破除以药补医为抓手的综合改革。县级公立医院改革

---

① 资料来源：浙江省卫计委。

同步推进药品加成政策、医疗服务收费政策、医疗保险结算和支付政策及财政投入政策4项改革。将医疗服务价格调整方案制定权下放给试点县（市、区）。各试点县在落实药品零差率等改革措施的同时，着力建立医院经济运行、医院内部管理、医院人事管理激励等新机制，实现县级公立医院服务能力、管理水平、群众满意度和医务人员积极性的4个提升。

四 构建多层次养老服务体系

1987年，浙江进入老龄化社会。随着人口加速老龄化，养老问题日益成为新的民生问题。浙江顺势而为，通过改革创新不断提升养老服务能力。

2003年开始，浙江省开始实施农村五保和城镇"三无"对象集中供养制度。此后随着一系列政策落实和制度强化，农村五保和城镇"三无"对象集中供养率逐年提高，2012年分别达到了97.17%和98.8%。[1] 为构建社会养老服务体系，浙江于2006年、2008年和2011年先后出台《浙江省人民政府办公厅关于促进养老服务业发展的通知》（浙政发〔2006〕84号）、《浙江省人民政府关于加快推进养老服务体系建设的意见》（浙政发〔2008〕2号）、《浙江省人民政府关于深化完善社会养老服务体系建设的意见》（浙政发〔2011〕100号）。这些政策从构建城乡统筹的养老服务体系的高度，支持居家养老和机构养老服务发展，基本形成了以居家养老为基础、社区为依托、机构为支撑的社会养老服务体系。

从2002年到2015年年底，浙江全省养老机构床位数从7万张增加到34.8万张。目前城市社区居家养老服务照料中心3000余家，基本实现全覆盖，农村社区居家养老服务照料中心1.93万家，覆盖面达到97%。有居家养老服务专业组织、机构近万家，96%的县市区建立了居家养老服务信息平台。据统计，"十二五"期末，浙江每千名老年人拥有社会养老床位数达到48.6%，远高于全国30.3%的平均水平。各项民政工作在数据上都优于全国平均水平

---

[1] 陈加元：《迈向全民社保》（上），浙江人民出版社2013年版，第37页。

（见表3-1）。

表3-1　"十二五"时期浙江省民政事业发展主要指标

主　要　指　标	2015年值
每千名老年人拥有社会养老床位数（张）	48.6
其中：护理型床位比例（%）	38.9
福利彩票年销售量（亿元）	147
低保标准城乡一体化程度（%）	75
万人拥有社会组织数量（个）	7.9
农村社区服务中心覆盖率（%）	92
生态葬法行政村覆盖率（%）	88.1

资料来源：浙江省民政厅。

2016年年底，全省共建成城乡社区居家养老服务照料中心2.23万个，居家养老服务基本覆盖城市社区和大部分农村地区。96%的县（市、区）建立居家养老服务信息平台，为586万老年人建立了健康档案。全省3.5万城市和农村特困人员由政府提供供养服务，集中供养率达97.6%以上。

第四节　以品质强民生：公共服务供给的内涵发展与机制创新

公共服务只有进行时，没有完成时。随着经济社会的不断发展，浙江在公共服务内涵上不断深化，在公共服务外延上不断扩展，通过体制改革和机制创新，持续改善公共服务供给质量，为高水平全面建成小康社会保驾护航。

根据中国综合社会调查（CGSS）2015年度的调查数据比较分析，浙江相对于北京、上海、江苏和广东，群众对地方各项公共服务的满意度均高于比较省市，数据再一次印证了浙江改革开放40年来的民生发展之路得到了广大群众的认可（见表3-2）。

表3-2　　五省市的政府公共服务满意度比较（满分=100）

	北京	上海	江苏	广东	浙江
公共教育	70.14	65.04	69.53	61.29	72.29
医疗卫生	66.43	62.05	65.96	57.65	70.62
住房保障	55.50	60.35	60.73	49.59	64.45
社会管理	64.31	63.47	63.55	58.72	69.86
劳动就业	63.04	63.37	60.30	54.52	68.64
社会保障	66.00	64.45	64.67	57.40	70.22
低保与社会救助	64.08	64.55	64.08	54.13	69.32
公共文化与体育	68.01	64.96	63.64	54.44	69.42
城乡基础设施	66.82	65.43	66.59	55.17	71.37

资料来源：中国综合社会调查2015年数据。

一　坚持普惠共享，推进公共文化和体育服务发展

浙江省积极完善公共文化服务体系，深化公益性文化事业单位管理体制和运行机制改革，以全面改善文化民生、实现文化惠民为目标，正确把握文化事业发展的方向和着力点，实现公共文化产品的有效供给（见表3-3）。

表3-3　　近三年浙江主要文化发展指标及全国排名

主要文化发展指标	2014年 数值	2014年 排名	2015年 数值	2015年 排名	2016年 数值	2016年 排名
文化事业费（亿元）	37.92	2	48.82	2	54.45	2
人均文化事业费（元）	68.85	8	88.14	7	97.41	8
文化事业费占财政支出的比重（%）	0.73	1	0.73	1	0.78	
每万人拥有公共图书馆建筑面积（平方米）	155.9	4	171.66	2	188.99	1
人均拥有公共图书馆藏量（册）	1.02	5	1.13	2	1.25	2
人均购书费（元）	2.72	4	3.21	4	3.52	3
每万人拥有群众文化设施建筑面积（平方米）	621.98	2	677.44	2	732.16	2
人均群众文化业务活动专项经费（元）	6.62	3	12.13	4	14.45	3

续表

主要文化发展指标	2014 年 数值	排名	2015 年 数值	排名	2016 年 数值	排名
艺术表演团体个数（个）	891	2	1024	2	1245	2
艺术表演团体国内演出观众人次（千人次）	146700	1	153367	2	180405	2
艺术表演团体演出收入（千元）	1121861	1	1575001	1	4542775	1
博物馆参观总人次（千人次）	41211	5	45771	6	59565	3

资料来源：浙江省文化厅。

一是加强基层文化基础设施建设。着力改善县级图书馆、乡镇文化站等开展公共文化服务场所所需的设备条件，提升文化服务功能，加强文化基础设施的信息化、数字化建设，缩小公共文化设施的城乡差距，完善对农村文化设施的扶持政策。形成省、市、县、乡、村五级覆盖的文化设施网络。乡镇综合文化站、村级文化活动室实现全覆盖，公共图书馆虚拟网络基本全覆盖。深入实施文化信息资源共享工程、数字图书馆推广工程、公共电子阅览室建设计划，进一步完善了数字文化服务网络。全省101个市、县（市、区）全部制定出台贯彻落实现代公共文化服务体系的实施意见，已经出台各类行业标准和项目标准112个，全省初步构建起以省定标准为主体，地方标准为基础，行业标准和项目为补充的公共文化服务标准化体系；配合省政府办公厅下发《关于推进基层综合性文化服务中心建设的实施意见》；持续推进农村文化礼堂建设，农村文化礼堂建设连续4年列入省政府为民办实事项目，据初步统计，2016年新建1568个，累计建成6527个。①

二是创新文化服务形式。坚持以农村为重点，实施"新农村文化建设工程"和"文化低保工程"，鼓励全省各县（市、区）之间开展"文化走亲"活动。2013年以来，浙江省围绕打造公共文化服务体系"升级版"，按照"文化礼堂、精神家园"的定位，在全省广泛开展

---

① 《浙江省文化厅2016工作总结》，2017年3月20日，浙江省文化厅网，http://www.zjwh.gov.cn/zwxx/2017-03-20/209637.htm。

农村文化礼堂建设。自2013年至今，浙江省委、省政府始终把农村文化礼堂建设摆在重要位置，连续6年将农村文化礼堂建设纳入十件为民办实事项目。目前，全省已建成7916个文化礼堂，总建筑面积约6.34平方千米，相当于一个西湖（6.39平方千米）。在农村文化礼堂建设基础上，开展农村文化礼堂"四季行动""百名教授回乡走进百家文化礼堂"等系列活动，举办农村文化礼堂业务建设专题培训班6期，推出内含2100多项服务内容的文化礼堂服务"菜单"，不断丰富服务内容，形成礼堂文化。[1]

三是实施基层文化队伍素质提升工程。"十一五"时期，全省省、市、县三级文化部门累计培训基层文化干部、业余文艺骨干、村级文化管理员超过11万人次，[2] 2016年预计全省文化部门培训基层文艺骨干达2万人次。基本形成了一支扎根基层、专兼结合的基层公共文化服务队伍。

四是加快城乡体育公共服务均等化。通过完善基层公共体育设施建设，尤其是加大对贫困地区公共体育设施建设的经费保障和投入力度，将财政资金适当向乡镇、社区、农村倾斜。通过优化公共体育服务政策，努力提高体育设施开放率，实施全民健身计划，开展各类群众性体育活动。建立健全现代公共体育服务制度，提高公共体育服务质量。有效实施全民健身工程，积极推进全民健身项目建设。资助建设小康体育村、省级乡镇（街道）全民健身中心、中心村全民健身广场，进一步改善了群众健身的环境。大力开展群众性体育活动。成功举办了全省首届女子体育节、第五届职工运动会、第七届农民运动会、第六届老年人运动会和全省幼儿体育大会。深入开展富有地方特色的融体育、休闲、旅游、文化为一体的全省片区联动等全民健身活动，全民健身的氛围进一步浓厚。群众体育组织和骨干队伍建设不断增强。会同省民政厅开展体育社团清理整顿、换届和协会年审工作，继续组织先进体育总会、先进体育协会创评，体育社团的组织建设和

---

[1] 李月红、王井：《浙江文化礼堂也有大数据了 六年建了一个新"西湖"》，2018年3月21日，浙江省文化厅网。
[2] 《浙江省文化发展"十二五"规划》，2012年1月4日，浙江省文化厅网。

管理得到加强。同时建立相关培训基地，提升基层体育工作者的整体素质，培训社会体育指导员、各类运动项目教练员和裁判员等基层体育骨干。

二 以群众需求为导向，增强民生服务满意度

浙江省从广大人民的发展愿望和根本利益出发，畅通群众的服务需求表达渠道，提高公共服务的群众满意度和可获得感。2004年10月，浙江省制定出台《关于建立健全为民办实事长效机制的若干意见》，建立健全民情反映机制、民主决策机制、责任落实机制、投入保障机制、督查考评机制。各市、县（市、区）也结合本地实际，就为民办实事的项目选择、工作要求、责任落实等，出台了实施意见。特别是从2005年起，在每年的政府工作报告中向全省人民承诺，办好关系群众切身利益的就业、社保、就医、就学、住房、环保、农村设施等十个方面实事，并且每一件实事都有明确的量化目标，得到广大群众的一致好评。2015年浙江省政府在互联网上进行关于2016年十方面的民生实事网络投票，倡导"民生实事群众提、大家定"，并将大家投票集中的民生实事在下一年优先列入省政府工作报告。浙江省统计局2006年、2007年连续两年在11个市93个县随机调查了4000户居民，人民群众对十方面实事的满意度分别达到88.8%和91.6%。

杭州市自2009年以来每年通过征集公众意见来破解民生诸难问题，如2015年在杭州市考评办向城镇居民、企业代表、农村居民以及外来务工人员征集关于提高社会保障待遇水平的意见，在此基础上，市人力社保局实施新修订的基本养老、医疗保障办法；主城区和萧山、余杭区及其余五县市均出台当地实施细则，在全市建立了职工和城乡居民两大社保制度平台，统一了全市养老、医保制度框架。推进萧山、余杭区与主城区社保一体化工作，公布首批三地互认互通的911家医疗机构名录，完成医疗机构信息化改造任务；萧山、余杭区和主城区城乡居民社会养老保险基础养老金分别从每月120元、110元、110元统一提高到每月150元。完成2014年全市98.84万名企业退休人员养老金调整并发放到位，每月人均增加养老金250.99元。

完善大病医疗保障机制，对所有参保人员建立医疗困难救助制度。此外，杭州市每年都有在网站上实时跟进政府为民办实事的项目，如2015年度杭州市政府民办实事项目情况包括促进社会就业创业、加大水环境治理力度、持续改进交通出行、强化食品安全治理、加强养老为老服务、加大雾霾治理力度、改善城乡人民环境、丰富城乡文体生活、加快电商服务网络建设、加强法律援助和服务这10个方面，按照群众的需求做好每个方面，增强人民的获得感，为人民服务、实现人民的需求是实现公共服务均等化的落脚点。

三　以环境空间改善为目标，统筹城乡生态环保建设

近年来，浙江省出台了《浙江省生态文明体制改革总体方案》，印发了《浙江省党政领导干部生态环境损害责任追究办法实施细则（试行）》，实施党政领导干部生态环境损害责任追究。同时推行环境经济政策，探索并深入实施排污权有偿使用和交易、生态补偿、与主要污染物排放总量挂钩的财政收费制度，城乡生态环保建设取得了显著成效。

一是改善环境质量，提升环境安全。通过深入实施"清洁水源、清洁空气、清洁土壤"三大行动，深化环境污染防治。提高工业、农业、生活等工程的减排质量，有效降低污染物的排放。强化各种环境风险控制，加强重金属、危险化学品等污染物的防治力度，提高安全处理生活垃圾的水平。累计86%建制村实现生活垃圾集中收集处理。16%建制村开展垃圾减量化、资源化、无害化处理。

二是深入开展城乡环境综合整治。加强农村环境保护，着力开展"千村示范、万村整治"工程，全面实施绿色城镇、美丽乡村行动计划，提高农村地区生态环境质量。加强对重点生态区的保护和管理，组织动员广大群众参与生态保护建设。安吉、德清、浦江、江山、桐庐、象山6个县（市）被评为第一批美丽乡村示范县（市）。

三是加强环境的有效监测监控和统计体系。加强环境监测能力、环境执法和应急体系建设，尤其是增强农村环境监测能力，提升环境安全保障能力。进一步规范农村地区环境信息的统计方法、数据处理和通报等相关制度建设。印发《浙江省生态环境监测网络建设方

案》，全力推进水环境自动监测系统，建成饮用水源地水质自动监测数据发布平台。完善大气复合污染立体监测网络，加强空气质量预报预警。

四 以信息技术为载体，实现公共服务创新供给

在"互联网+"时代，如何通过"互联网+"途径提高服务绩效是公共服务改革创新的重要内容。近些年来，浙江从省到县市区政府积极运用互联网思维，创新公共服务提供方式。在省级层面，面对互联网蓬勃发展的时代，运用"互联网+政务"的信息化方式来实现管理理念的现代化，积极推进"四张清单一张网"建设，"四张清单"即政府权力清单、企业投资负面清单、政府责任清单、省级部门专项资金管理清单，这里的"一张网"即浙江政务服务网。建立健全"四张清单"动态机制，重点推进权力清单"瘦身"、责任清单"强身"、政务服务网功能提升，着力提高行政效能，推动政府治理体系和治理能力现代化。在地级市层面，宁波市政府依托政府自身的公信力，在需求和供给之间搭建起了一个诚信的公共服务平台——"81890"，把人民群众的需求与提供服务的市场主体进行成功的对接。"81890"是由求助热线和公众服务信息网站组成的公共服务平台，由政府提供运作成本，通过建立资质审查、服务监管和信用评价制度规范加盟企业，为广大群众提供有保证的、全面的居民服务。"81890"信息平台通过建立信用监督制度、加盟企业资质审查制度、服务质量保证制度、企业服务约束和评价制度等系列保障制度，实现了平台对群众承诺、加盟企业对平台承诺的纽带关系，将政府公信力和市场信用联系在一起，在运行上依托有效的制度作为保障，规范了企业经营，保证了服务质量，促进了居民服务业的专业化、标准化和规范化。

近些年来，各地方政府积极运用信息技术和大数据分析运用，在创新公共服务供给方面积累了丰富的实践。如宁波根据人社部和省人社厅的要求，依托信息技术的发展和医保大数据的应用，抓住医疗服务监管发展的新趋势，基本建成了智慧医保监管平台，推动医保监管从事后向事前、事中前移，监管触角从医疗机构向医保医师延伸，在

规范医疗服务行为，提高医保监管效率等方面取得了一定成效。桐庐县在2010年建立了96700百姓服务热线，目前其主要是为百姓提供咨询类服务。2010年，上城区城市管理行政执法局开发了"城市管理智能管控平台"，并正式上线运行，该平台致力于解决目前城管执法工作中存在的执法方式简单、信息不对称、责任厘清困难、管理粗放等突出问题，并将空间信息技术整合到平台，从而实现了公共服务的空间整合，开启了基于地理空间信息的公共服务递送与信息收集模式，有效改善了公共服务的供给绩效。

  2016年12月，省委经济工作会议提出了"最多跑一次"改革，从而开启了政府权力运行更加科学化的改革历程。2017年1月，省政府工作报告正式提出加快推进"最多跑一次"改革。之后一系列改革创新工作依次展开，在行政审批事项梳理、办事流程优化、数据共享建设等方面，浙江创造了多个全国第一，成为新时期地方政府改革的典范。"最多跑一次"改革从人民群众的需求出发，倒查政府的组织制度和运行环节的问题，从而构建了一个问题解决型的统筹改革安排，强化了政府服务能力，为治理体系和治理能力现代化提供了一个新的改革路径。

第四章　山海协作：浙江区域共享发展之路

　　区域协调发展，从根本上说就是要使各区域人民共享经济社会发展成果。它关系到城乡各地居民能否共同实现全面小康，关系到现代化建设全局和社会稳定以及国家长治久安。浙江七山二水一分田，70%左右是山地和丘陵。从改革开放到21世纪初的20多年，浙江总体上实现了从农业社会向工业社会、资源小省向经济大省、基本温饱向总体小康的三大跨越，经济总量快速扩张，综合实力不断加强，成为中国改革开放的"模范生"和经济发展的排头兵，但省域范围内的发展尚不平衡。由于空间区位、资源要素、社会基础等多方面的原因，位于浙西南山区的衢州、丽水和海岛舟山等地经济发展相对欠发达；位于北部和东部平原地区的杭州、宁波等地，经济较为发达。

　　统筹区域发展，缩小地区差距，既是欠发达地区的期盼，也是全省实现更好发展的内在要求。为加快山区、海岛等欠发达地区发展，推进省内区域之间协调发展，近十多年来浙江持续深入实施"八八战略"，不断发挥山海优势，充分利用沿海发达地区的产业、资金、人才、科技等优势，在拓展沿海地区发展空间的同时，积极挖掘山区的特色资源、要素资源、生态环境等优势，通过"造血"增强这些地区的内生发展能力，培育新的经济增长点，推动欠发达地区跨越赶超，促进全省均衡发展，走出了一条具有自身特色的区域协调发展之路。

第一节　浙江区域共享发展的主要历程和特征

改革开放以来，浙江是我国经济发展质量最高、最具活力的省份之一。近十多年来，浙江持续发挥山海优势，大力发展海洋经济，不断推动欠发达地区跨越赶超，努力使海洋经济和欠发达地区的发展成为全省经济新的增长点，走出了一条富有浙江特色的区域协调发展之路。

一　块状经济与浙江区域共享发展的基础

改革开放以来，浙江乡镇企业异军突起，农村工业化迅速推进，块状经济加速形成。块状经济是浙江人在培育市场经济过程中探索出来的一种成功发展模式。区域块状经济的形成和发展为量大面广的浙江中小企业构筑了一种有效的地域空间模式，对于提高区域工业的竞争力、产品的市场占有率，促进浙江农村工业化、城镇化发展具有十分重要的作用。在浙江，全省86个县（市、区）中有85个拥有这种富有地方特色的块状经济。根据省委政研室的调研，截至2001年，块状经济广泛分布在浙江省工商业中的175个大小行业，年产值超亿元的区块达519个，年产值超50亿元的区块达29个。

块状经济的广泛分布和农村快速工业化、城镇化带动了浙江县域经济的迅速崛起，促成全省各地齐头并进、势均力敌的发展，造就浙江区域发展在全国具有较高均衡水平。2001年，在全国综合实力百强县评比中，浙江占了30个，数量连续多年居全国各省（市、自治区）首位。同年，浙江有268个小城镇进入全国"千强镇"，亦位居全国之首。与此同时，省委、省政府也高度重视省内欠发达地区的发展。早在1997年，浙江就制定了《浙江省山区经济发展规划纲要（1996—2010年）》，此后又陆续出台了多项政策措施，譬如2001年8月，省委、省政府组织召开了全省扶贫开发暨欠发达地区工作会议，并出台了《关于加快欠发达地区经济社会发展的若干意见》，明确指出加快欠发达地区的发展，事关全省经济社会的协调和可持续发展，事关全省提前基本实现现代化的大局。2002年全省11个地区人均 GDP 最高与最低地区间的差距是 3.8 倍，不仅小于全国省际差距，也小于发达省份内部的地区差距。总之，块状经济的广泛分布和以县域经济为主导的发展格局，初步奠定了浙江区域协调发展的基础。

二 "八八战略"引领浙江率先走上区域共享发展之路

尽管与其他省（市、区）相比，浙江的区域协调发展有较好的基础，但在 21 世纪伊始，浙江省内区域发展不平衡问题依然存在。与杭州、宁波等发达地区相比，衢州、丽水、舟山等地长期处于欠发达状态，山区特别是 26 个欠发达县（市、区）经济社会发展仍然滞后。区域经济发展的不平衡，成为制约浙江省实现全面建成小康社会的一大短板。2002 年，习近平同志到浙江工作后，多次深入丽水、衢州、舟山等偏远山区和海岛调研，寻找区域发展不平衡的症结。譬如，2003 年 1 月，习近平同志第一次到舟山调研时，就指出做好海洋经济这篇大文章，是浙江长远的战略任务。舟山发展海洋经济有巨大的潜力，通过大力发展海洋经济，舟山实现跨越式发展是完全可能的。2003 年春节前夕，习近平同志到四明山革命老区考察调研时指出，各级党委、政府一定要高度重视、认真抓好老区工作；省级有关部门要抓紧研究规划、制定政策，切实把推动老区加快发展的各项工作落到实处。[①] 2004 年春节前夕，习近平同志到位于浙西南欠发达地区的遂昌、松阳和缙云等县走访慰问下岗困难职工和农村低保户等。多次到偏远山区和海岛进行调研后，习近平同志对如何加快浙江省欠发达地区发展有了清晰的思路。他把促进发达地区加快发展与欠发达地区跨越式发展有机统一起来，提出要促进发达地区的产业向欠发达地区转移，欠发达地区的劳动力向发达地区转移，推动欠发达地区加快成为全省经济的新增长点。2003 年 7 月，在中共浙江省委举行第十一届四次全体（扩大）会议上，习近平同志提出了对浙江未来发展影响深远的"八八战略"。"八八战略"中的一条就是"进一步发挥浙江的山海资源优势，大力发展海洋经济，推动欠发达地区跨越式发

---

① 习近平：《干在实处　走在前列——推进浙江新发展的思考与实践》，中共中央党校出版社 2006 年版，第 208 页。

展，努力使海洋经济和欠发达地区的发展成为全省经济新的增长点"。事实上，整个"八八战略"的核心和精髓就是全面、协调、可持续发展的理念，它不断引领着浙江经济社会的发展。

2003年，省委、省政府成立山海协作工程领导小组，并出台了《全面实施山海协作工程的若干意见》《山海协作工程"十一五"规划》等一系列政策文件，明确杭州、宁波、温州等8个发达地区与衢州、丽水、舟山3个欠发达地区的65个县（市、区）结成对口协作关系，通过产业转移、建立协作园区、资源产业整合等方式，开始双边互动，全面对接。协作主要以项目合作为中心，以产业梯度转移和要素合理配置为主线，推进发达地区产业向欠发达地区梯度转移，组织欠发达地区的人力资源向发达地区合理流动，动员发达地区支持欠发达地区新农村建设和社会事业发展，从而实现全省区域协调发展。2005年12月，浙江适应经济社会发展新形势，制定出台了《关于推进欠发达地区加快发展的若干意见》，进一步加大统筹区域发展力度。2007年6月，省第十二次党代会报告明确把推进欠发达地区加快发展作为全省现代化建设的战略重点，指出要进一步支持欠发达地区加快发展。2008年年初，省委、省政府提出实施包含"公共服务均等化行动计划"和"低收入群众增收行动计划"在内的"全面小康六大行动计划"，着力在基本公共服务和低收入群众增收两个方面加快推进欠发达地区跨越式发展。2009年，新一轮山海协作工程正式启动。2009年5月，省委十二届五次全会强调要依靠改革动力推进欠发达地区发展，形成区域间分工合理、要素互补、合作共赢的协调发展机制，努力缩小地区差距。2011年年初，省委、省政府出台《关于推进欠发达地区加快发展的若干意见》，提出要推进欠发达地区加快绿色发展、生态富民、科学跨越。2012年8月，省委、省政府出台《关于推进山海协作产业园建设的意见》，省级山海协作产业园建设正式拉开帷幕，遂昌—诸暨、开化—桐乡等10对县（市、区）结对共建山海协作产业园（详见表4-1）。共建"山海协作产业示范园区"强调互惠互利、合作共赢，发达地区充分发挥理念、资金、人才等优势，通过产业转移、资金保障、干部交流等为产业园建设提供有力支持。与此同时，欠发达地区则利用自身资源优势，积极为发达地区代保占补平衡指标，为发达地区转型升级提供了空间保障。以上这些政策与措施有力推动了浙江省欠发达地区经济社会发展，全省从东到西、从南到北，各个区域呈现出齐头并进、区域统筹协调发展的良好态势。

表4-1　浙江省级山海协作产业园（示范区）　2017年6月

序号	协作产业园	概况
1	遂昌—诸暨	2012年11月正式签约，累计已开发土地面积4.01平方千米，引进企业54个，其中亿元以上项目15个，初步形成了以金属制品、新材料为主导的产业
2	龙游—镇海	2013年1月正式签订共建合作协议，规划用地6.5平方千米，明确发展高端装备制造、特种纸及深加工、绿色食品饮料三大主导产业，通过精准招商，谋求跨越发展
3	衢江—鄞州	2013年7月正式签订协议，已引进项目26个，到位资金48.63亿元，实现工业产值10.45亿元，大力推进新材料、先进装备、绿色食品等产业发展，集聚效应明显
4	江山—柯桥	产业园总规划面积5.95平方千米，以先进装备制造、绿色食品为主导产业。2013年至2017年第一季度引进项目60个，到位资金84.29亿元，累计实现工业产值37.87亿元、税收1.68亿元
5	柯城—余杭	产业园规划面积6.42平方千米，探索建立"企业总部、研发、销售在余杭，生产加工、仓储物流在柯城"的合作新模式
6	常山—慈溪	2013年8月正式签订协议，双方各出资金1亿元。产业园规划面积6.1平方千米，布局"高新精"产业，即高端装备制造园、新材料新能源园、绿色食品深加工园
7	龙泉—萧山	产业园规划面积5.1平方千米，重点发展装备制造业、现代物流业、农林产品精深加工产业等产业，截至目前累计引进61个项目，实际到位资金34.4亿元，累计实现工业总产值48.2亿元
8	松阳—余姚	产业园规划面积5.10平方千米，截至2017年一季度，产业园共有入园企业25个，其中已投产项目7个，从业人员近300人
9	莲都—义乌	2013年9月签订协议，总规划面积5.1平方千米，目前已引进24家企业，其中10家已经投产
10	开化—桐乡	2015年12月，省经合办正式发文命名开化—桐乡山海协作生态旅游文化产业示范区为省级山海协作产业园，旨在通过山海协作工程，对开化进行多方位对口结对，将生态优势转化为经济优势

资料来源：作者根据相关资料整理而得。

三 在更高层面推进区域共享发展

党的十八大以来，浙江继续坚定不移地走协调发展之路，区域协调发展的标杆不断提升拉高。随着经济全球化的深入推进，区域之间的竞争已不再是单个城市之间的竞争，而是以都市圈和城市群为基础的区域之间的整体较量和竞争，区域城市化、城市区域化成为一种普遍现象。大都市区的形成及其分工、竞争与合作，将形成一个个辐射带动能力强大的区域增长极，主导该区域甚至整个国家的发展格局。回顾以往，浙江是强县经济的"模范生"，但随着区域经济发展到新的阶段，县域经济资源整合能力有限、行政分割造成资源浪费严重等局限性也愈发凸显。都市区经济是空间发展的更高级形态，是对浙江县域经济的升级。大都市区经济大布局，突破了原有的县域经济小格局，让产业分工合作空间更大，产业链拉得更长，有助于提升整个区域的综合竞争力。因此，在浙江区域协调发展的道路上，大都市区建设成为重要的载体和抓手。"十二五"时期，浙江提出了由县域经济向都市区经济转型的战略目标，并制定实施了杭州、宁波、温州和金华—义乌都市区规划纲要，积极推进都市区在区域协调发展中的龙头带动作用。

"十三五"时期，浙江提出构建都市经济交通走廊，强化杭州、宁波、温州、金华—义乌四大都市区和其他中心城市的互联互通，突出四大都市区的主体地位，重点提高集聚高端要素、发展高端产业的能力。2017年6月，车俊书记在省第十四次党代会上提出，深入实施主体功能区战略，进一步优化以四大都市区为主体、海洋经济区和生态功能区为两翼的区域发展总体格局，切实推动浙江区域协调发展继续走在全国前列。十四次党代会报告还提出了谋划实施"大湾区"建设行动纲要，支持山区发展生态经济，探索"飞地"发展模式，增强山区经济活力。完善沿海对山区的转移支付、生态补偿等机制，有序引导山区人口向沿海集聚，不断提高山区发展水平。2018年1月，省政府工作报告提出了加快建设大湾区大花园大通道大都市区，打造现代化先行区，并将其列入富民强省十大行动计划。新的四"大"建设，是引领浙江优化发展、高质量发展的重大战略，也是进一步提升浙江区域协调发展的重大举措。除此之外，浙江还不断提升与上海、江苏合作交流的深度和广度，主动接轨上海，积极引进上海高端制造业及人才等高端资源，努力打造承接大都市先进制造业的前沿阵地、生产性服务业延伸基地和休闲度假基地，大力促进长三角区域一体化。这些举措，从更高的层面——本省与外围的空间尺度——构建了浙江区域协调发展新格局。总之，近年来浙江省沿海发达地区与内陆相对欠发达地区间的互动、互促的格局已经显现，呈现出发达地区加快发展，欠发达地区跨越发展的良好局面。

第二节　山海协作：优化区域协调发展的战略布局

　　加快欠发达地区发展，缩小地区差距，推进区域经济协调发展，是浙江全面建设小康社会和率先基本实现现代化的一项艰巨的战略任务。在21世纪伊始，浙江省域范围内的发展不平衡仍然较大。位于浙西南的衢州、丽水和位于浙东北的舟山，人口接近全省的25%，但生产总值不到全省的10%，全面小康实现程度明显滞后于全省平均水平。习近平同志到浙江工作后，高度重视区域协调发展问题。在多次到偏远山区和海岛进行调研后，他反复指出目前浙江省人民生活总体上已达到小康水平，但现在达到的小康还是低水平、不全面、不平衡的小康。他提醒全省干部群众，没有欠发达地区的小康，就没有全省的全面小康；没有欠发达地区的现代化，就没有全省的现代化。[①]为此，习近平同志结合浙江实际，提出要发挥山海资源优势、统筹区域发展的新思路，把促进发达地区加快发展与欠发达地区跨越式发展有机统一起来。2003年7月，习近平同志把发挥山海资源优势，加快欠发达地区发展作为"八八战略"的一项重要内容，从事关全省发展大局的战略高度来推动欠发达地区的发展，使之成为全省经济的新增长点。此后，推进山海协作成为浙江省促进区域协调发展的战略

[①] 习近平：《干在实处　走在前列——推进浙江新发展的思考与实践》，中共中央党校出版社2006年版，第212页。

重点，浙江逐步走出了一条富有自身特色的区域协调发展之路。

一　全面实施山海协作工程

为促进欠发达地区加快发展，浙江省持续深入实施山海协作工程，坚持"输血"和"造血"双措并举，坚持发达地区与欠发达地区联动发展，积极探索欠发达地区立足自身区位条件、资源禀赋、产业基础的现代化之路，充分展现了统筹区域经济社会发展的战略谋局和生动实践。

深入实施山海协作工程，是省委、省政府为推进区域协调发展所作出的一项重要战略举措。山海协作工程最初是在2001年全省扶贫暨欠发达地区工作会议上提出的。杭州、宁波、绍兴等沿海经济发达地区称为"海"，有资金、技术、人才等优势；衢州、丽水等经济欠发达地区称为"山"，有资源、劳动力、生态等优势。为缩小沿海与山区发展的差距，2002年浙江省委、省政府正式启动山海协作工程。在发达地区和欠发达地区之间搭建山海协作平台，是为了合理利用地区间资源优势互补，促进产业和要素跨区域合理流动。也就是说，山海协作不是一般意义上的"输血"或"富帮穷"，而是充分发挥市场机制的作用，将衢州、丽水的生态、劳动力、资源等优势与杭州、宁波等地的人才、技术、资金等优势有机结合，不断优化全省产业空间布局。既增强浙西南山区、海岛等欠发达地区的内生发展动力，促进这些地区加快发展，又促使沿海发达地区"腾笼换鸟"、产业转型升级，从而形成区域之间合作共赢、统筹协调发展的格局。

2002年11月，刚到浙江不久，习近平同志以代省长的身份主持了浙江山海协作工程情况汇报会。在汇报会上，省内部分发达县与所有欠发达县开展结对帮扶。2002年11月，习近平同志担任省委书记后第一次到市县调研就选择了浙江的生态屏障——丽水。2003年1月13日，在全省农村工作会议上，习近平同志代表省委省政府作出"现代化建设不能留盲区死角，实现全面小康一个乡镇也不能掉队"[①]

[①] 习近平：《干在实处　走在前列——推进浙江新发展的思考与实践》，中共中央党校出版社2006年版，第207页。

的庄严承诺。2004年11月，习近平同志在丽水召开的"山海协作工程"情况汇报会上指出，浙江完全有条件在推进区域协调发展方面走在全国前列，走出一条具有浙江特点的统筹区域发展路子。2004年12月，习近平同志在《之江新语》专栏发表的《推动我省经济布局不断优化》文章中明确指出，推进山海协作工程，必须着眼于全省经济布局，服从于这一区域发展战略，坚持有所为有所不为。要根据欠发达地区现有的基础条件和发展要求，综合运用"加减乘除法"——加法，即加快经济发展，扩大经济总量；减法，即减少资源消耗、生态破坏和污染排放；乘法，即推动技术进步和提高劳动力素质；除法，即促进人口向城市集聚和对外转移。[①] 在习近平同志的直接策划和推动下，浙江各地、各部门以一种前所未有的开放进取的姿态，积极推进山海协作，在合作中谋求共赢。山海协作工程的推进，主要经历了以下三个阶段。

山海协作的第一个阶段，以"两个转移"为主要形式。即沿海发达地区的产业转移到浙西南山区、偏远海岛等欠发达地区，欠发达地区的剩余劳动力则转移到发达地区。"两个转移"有利于双方实现优势互补，各取所需，达到合作共赢的目的。据统计，从2002年到2007年，全省累计签订山海协作项目4006个，到位资金约700亿元，欠发达地区有组织输出劳务32.12万人。山海协作工程的不断推进，特别是一批大项目的实施和各方面合作的深入，大大拉动了欠发达地区的经济社会发展，促进了全省的区域统筹协调发展。

第二个阶段是以"资源与产业合作"为主要形式。经过几年的实践后，浙江省各地不断探索和丰富活动内容，使得山海协作工程在深度与广度上不断得到发展。协作的领域从经济领域逐渐扩大到科技、信息、人才、教育、文化、卫生等各个方面，实现了经济社会各领域的双向全面对接。协作的方式也从以项目为主向项目合作、来料加工等多种形式转变。杭州不断加大与结对地区衢州在环保、健康、旅游、现代服务业、农林产品深加工方面的合作，帮扶资金由最初的几十万元增加到2016年的1100万元。宁波不断加大与结对地区丽水的

---

① 习近平：《之江新语》，浙江人民出版社2007年版，第94页。

合作，精诚茶业、恒大轴承、振宁牧业等一大批合作项目先后落户丽水，为"浙江绿谷"带来勃勃生机。2004年，宁波市投资500余万元，与丽水职高建立山海协作劳务实训基地，建成数控、机械电子、汽车运用与维修、烹饪等多个实训中心。十多年来，该校每年向宁波、嘉兴等地输送毕业生近千余人，既解决了山区学子的就业问题，也满足了宁波企业对技术工人的需求。而丽水、衢州多年来为杭州、宁波、温州、绍兴等发达地区提供了大量土地指标，有效缓解了发达地区用地紧张的难题，从而拓展了发展空间。

第三阶段，以共建山海产业协作园为主要形式。2015年12月，浙江省正式印发《关于进一步深化山海协作工程的实施意见》，这标志着山海协作工程的进一步深化。山海产业协作园由发达地区和欠发达地区双方政府合作共建，园区实行共建、共管，发达地区出台鼓励政策激励本地企业向园区转移。项目投产后新增的增值税、所得税地方留成部分，双方按一定比例分成，同时欠发达地区在耕地占补平衡上给发达地区提供土地指标。这样点对点地合作共建产业园，使得发达地区和欠发达地区成为了利益共同体。全省各地着力打造山海协作产业园，促进所处欠发达地区的26县生产空间集约高效，绿色产业集群加快形成。截至2017年年底，10个产业园已全面建成（详见表4-1）。这些产业园不仅是欠发达地区的新增长极，同时也是发达地区产业升级的新平台。

总之，通过十多年的生动实践，山海协作工程不仅成为推进浙江省欠发达地区加快发展的重要载体，而且有力地推动了发达地区企业的跨区域扩张，对统筹浙江省区域协调发展作出了积极的贡献。

二　做好海洋经济这篇大文章

浙江地处东海之滨，海洋资源丰富，港湾众多，海岛星罗棋布，拥有6486千米海岸线和3061个面积在500平方米以上的海岛，发展海洋经济的条件得天独厚。海洋是浙江的潜力和优势所在。建设海洋经济强省，也是缓解浙江省经济发展面临的资源、能源和环境压力，拓展发展空间的有效途径。但在2002年，浙江省海洋产业总产值和增加值均仅列全国沿海省份第5位，海洋产业增加值仅占全省国内生产总值的4.6%，这与浙江省海洋资源大省的地位很不相称。特别是地处浙江东部的舟山经济社会发展水平还不高，还存在一些困难。

习近平同志到浙江工作后，高度重视浙江海洋经济的发展，他明确指出，从总体上看，浙江省经济的发展还局限于陆域经济，具有明显优势的海洋资源尚未得到有效开放，海洋经济的发展明显滞后于陆域经济。海洋是浙江未来的希望，浙江省要在新一轮竞争中继续保持领先地位，必须进一步拓宽思路，开阔视野，在海陆联动中发展海洋经济，使海洋经济成为浙江省新的经济增长点，走出一条具有浙江特色的海洋经济和陆域经济联动的发展路子。[①] 此后，习近平同志多次到宁波、舟山、温州、台州等沿海城市考察调研，每次调研时都强调指出，21世纪是海洋世纪，发展海洋经济是一项功在当代、利在千秋的大事业。我们必须进一步增强加快发展海洋经济的紧迫感和责任感，把加快海洋经济发展作为一个新的经济增长点切实抓紧抓好，抓出成效。2003年8月18日，习近平同志主持召开全省海洋经济工作会议，系统阐述了海洋经济是陆海一体化经济、加强陆域和海域经济的联动发展，实现陆海之间资源互补、产业互动、布局互联是海洋经济发展的必然规律等深刻观点，正式拉开了浙江加快建设海洋经济强省的序幕。会议下发了《关于建设海洋经济强省的若干意见》，明确提出建设海洋经济强省的目标。在习近平同志的直接谋划和推动下，浙江省委、省政府围绕"发挥海洋资源优势，加快发展海洋经济"，进一步统一了思想、拓宽了思路、明确了目标，推动了浙江省海洋经济的全面发展。

位于浙江东北部的舟山，地处我国东部黄金海岸与长江黄金水道交汇处，是长三角乃至中国重要的海上开放门户，其适宜开发建港的深水岸线总长280千米，占全国的18.4%，能满足十亿吨级大港建设需要，因此浙江在实施海洋经济强省战略中，舟山具有独特的地位和作用。但长期以来，舟山群岛与内陆隔海相望，无法有效接受沿海内陆城市的人才、资金等资源的辐射和带动，深水海岸资源也不能与内

---

① 习近平：《干在实处　走在前列——推进浙江新发展的思考与实践》，中共中央党校出版社2006年版，第216—217页。

陆腹地联动，这大大制约了舟山经济社会的发展。习近平同志非常重视舟山的发展。2003年1月，他刚到浙江工作后不久就到舟山调研，指出舟山海域面积广阔，渔、港、景资源丰富，区位优势十分明显，发展海洋经济的条件得天独厚。我们要辩证地看舟山，既要看到目前经济发展水平还不高、还存在一些困难的现状，更要看到舟山发展海洋经济的潜力，看到舟山实现跨越式发展是完全可能的。[①] 在浙江工作期间，他多次到舟山调研。每次调研他总是说，做好海洋经济这篇大文章，是浙江的长远战略任务，舟山一定要在建设海洋经济强省中打头阵、唱主角，鼓励舟山将海洋经济作为地区经济发展的主要战略。

在习近平同志的关心和推动下，舟山一方面在产业布局、基层设施建设、港口一体化、旅游市场拓展、资本和人才流动等方面不断加强与上海、杭州、宁波等周边城市的交流与合作，争当区域协同发展的排头兵；另一方面，重点发展临港重化工、船舶修造业、港口物流业、海洋旅游业等海洋产业，不断把港口资源优势转化为经济优势，推动海洋经济的大发展、港口城市的大变化、基础设施的大完善，带动了舟山经济社会的跨越式发展。2006年，舟山市海洋经济总产出达650亿元，海洋经济增加值210亿元，占全市GDP比重达63.1%，成为全国海洋经济比重最高的城市之一。临港工业实现产值336亿元，总量比2001年翻了两番多，其中船舶修造业实现产值107亿元，比2001年增长12.3倍，造船能力稳居全省第1位。舟山港区货物吞吐量达到1.14亿吨，比2001年增长2.5倍。

习近平同志关于海洋经济的战略思想对舟山海洋经济发展产生了深远的影响。近十多年来，舟山始终坚持将海洋经济作为主要发展任务，不断探索推动海洋经济发展的路径，根据国际经济形势，以发展新兴海洋产业为突破口，从产业空间布局、产业链延伸、产业支撑体系等方面着手，有步骤、有重点地推动海洋经济发展。尤为引人注目的是，舟山依托优越的深水岸线资源，大力发展船舶修造业和海洋工

---

① 习近平：《干在实处　走在前列——推进浙江新发展的思考与实践》，中共中央党校出版社2006年版，第512页。

程装备制造业，形成了船舶设计、船舶生产组装、船舶修理、船配生产以及船舶交易的综合性产业集群，成为全国最重要的船舶生产基地之一。2010年，浙江被确定为全国海洋经济发展试点地区。2011年2月25日，国务院正式批复《浙江海洋经济发展示范区规划》。2011年6月批复同意设立浙江舟山群岛新区。《浙江舟山群岛新区发展规划》明确提出舟山作为我国唯一一个以海洋经济为主题的新区，将积极探索海洋经济科学发展新路径，着力打造海洋海岛综合保护开发模式。新区设立以来，舟山在大宗商品交易、海洋资源的科学开发利用、海岛保护和综合开发、现代海洋产业培育、陆海统筹协调发展等方面进行了大胆尝试和创新。2017年4月1日，舟山中国（浙江）自由贸易试验区挂牌成立，为浙江深化改革、扩大开放提供了重要载体，为浙江海洋经济发展带来了全新机遇。总之，作为拥有优越岸线资源和区位条件的港口城市，舟山正日益融入上海国际航运中心建设的大格局，加快建设国际物流枢纽，不断探索贸易投资便利化和自由化，努力成为我国沿海地区扩大对外开放的排头兵。

三　不断健全区域协调发展体制机制

促进区域协调发展，增强区域发展的协同性、联动性、整体性，关键在深化改革和体制机制创新，充分发挥政府"看得见的手"和市场"看不见的手"的力量，消除制约区域协调发展的制度障碍，优化区域间产业分工布局和促进基本公共服务均等化，促进生产要素的跨区域自由流动。

首先，各级政府加大对欠发达地区的财政转移支付力度。在制定欠发达地区发展规划及相关政策措施、为欠发达地区提供基本公共服务同时，各级政府加大对欠发达地区的财政转移支付力度。台州将农民人均收入低于全国平均水平的22个乡镇11个片区的44.5万人列入扶贫计划；市财政拿出2000万元资金定向扶持黄岩西部山区；各县（市、区）分别按照1%、2%的比例筹集预算内资金和预算外资金，建立专项扶持基金，加快落后山区发展。对缺乏发展条件的山区乡村，依靠财政支持和市场手段，实施"下山移民"。譬如，在"九山半水半分田"的丽水，采取"挖穷根、促集聚、保生态"的搬迁扶贫模式，大幅提升农户搬迁补助，各级财政对整村搬迁群众补助总计不少于人均1.2万元。

其次，建立健全生态补偿机制，促进上下游地区协调联动发展。生态补偿机制是调整生态环境保护和建设相关各方之间利益关系的一种制度安排，实质是使环境保护的外部性内部化，最终形成对生态环境保护行为的激励和对破坏行为的制约。一般而言，流域上游经济发展相对落后，是欠发达地区，流域下游经济发达。因此，生态补偿机制不仅是一种促进环境保护的制度安排，也是实现区域协调发展的重要手段。新世纪以来，浙江率先从"成长阵痛"中惊醒，在建立健全生态补偿机制上展开了一系列探索和实践。从2001年开始，浙江对以生态公益林建设为重点的森林生态效益进行补偿、征收水资源费、补助源头县。习近平同志在浙江工作期间，对建立健全生态补偿机制非常重视。2005年4月，他在全省生态省建设工作领导小组会议上说，要用计划、立法、市场等手段，来解决下游地区对上游地区、开发地区对保护地区、受益地区对受损地区的利益补偿问题。[①]同年，浙江在全国率先出台省级层面的生态补偿办法——《关于进一步完善生态补偿机制的若干意见》，成为我国生态补偿制度建设的先行者。此后，以水资源费和城镇污水处理费征收使用的水环境质量补偿，以下山移民工程为载体的生态脱贫以及矿山自然生态保护治理等工作都顺利推开，并取得了阶段性的明显成效。2006年，浙江省财政安排2亿元，对钱塘江源头地区的10个市县实行省级财政生态补偿试点。2007年，全省八大水系的45个市县都实行了生态环保财政转移支付制度。2008年，在总结完善钱塘江源头地区试点工作经验的基础上，浙江决定对境内八大水系干流与流域面积100平方千米以上的一级支流源头和流域面积较大的市、县（市、区）实施生态环保财政转移支付政策，由此成为全国第一个实施省内全流域生态补偿的省份。

自2004年起，全省全面实施森林生态效益补偿，对主要干流和

[①] 习近平：《干在实处　走在前列——推进浙江新发展的思考与实践》，中共中央党校出版社2006年版，第194页。

重要支流源头县省级以上公益林、国家级公益林和省级自然保护区省级公益林进行补偿，并且逐年提高最低补偿标准（详见表4-2），是全国公益林补偿标准最高的省份。通过公益林的补偿，全省生态公益林建设、保护和管理水平不断提高，森林资源得到了快速恢复和增长，而且惠及了全省1400万山区林农，有效促进了山区经济社会的发展。

表4-2　　　　浙江省级以上公益林历年最低补偿标准　　　单位：元/亩/年

年度	最低补偿标准	损失性补偿标准	护林员管护费用	公共管护支出
2004	8	5	2（集体、国有不低于3）	1
2005	8	5	2（集体、国有不低于3）	1
2006	10	6	2.5（集体、国有不低于4）	1.5
2007	12	8	2.5（集体、国有不低于4）	1.5
2008	15	11	2.5（集体、国有不低于4）	1.5
2009	17	13	2.5（集体、国有不低于4）	1.5
2010	17	13	2.5（集体、国有不低于4）	1.5
2011	19	15	2.5（集体、国有不低于4）	1.5
2012	19	15	2.5	1.5
2013	25	21	2.5	1.5
2014	27	23	2.5	1.5
2015	30	26	2.5	1.5
2016	31	26	3.5	1.5
2016	35（提高档）	30	3.5	1.5
2017	31	26	3.5	1.5
2017	40（提高档）	35	3.5	1.5

资料来源：省林业厅。

如果仅仅靠政府的财政资金，那么生态补偿往往会陷入补偿资金不足、补偿的覆盖范围有限等困局。为此，浙江省积极探索市场化、多元化的资金筹措机制，通过财政资金的杠杆引导，广泛吸引金融资本和社会资本参与生态补偿机制。一些县（市）探索了市场化的生态补偿机制。义乌和东阳之间的水权交易是一个典型案例。水权交易模式对于优化水资源的配置、促进上游保护水质的积极性和上下游地区协调发展都有明显的积极作用。异地开发是运用市场化手段进行生态补偿的另一种重要方式。譬如，绍兴在下游的袍江工业区专门设立了新昌医药工业区，并给予政策优惠，将该工业区内缴纳的增值税和所得税属市级财政分成所得部分的70%给新昌。金华在金东区设立金磐扶贫经济技术开发区，作为金华江上游磐安县的开发用地，并给予一系列政策扶持。磐安县从该开发区获得的财政收入占县财政总收入的1/5以上。

总之，浙江以"受益补偿、损害赔偿"为原则，以统筹区域协调发展为主线，提出了有关生态补偿的一系列政策措施，建立了通过财政资金的杠杆作用，广泛吸引社会资本参与的市场化、多元化筹资机制，为完善国家层面生态补偿制度，有序推进省、市、县层面的生态补偿实践提供了有益经验。

再次，出台各种帮扶计划，推进欠发达地区加快发展。除了山海协作工程外，浙江省还出台了"欠发达地区奔小康""百亿帮扶致富"等工程来加快欠发达地区的经济社会发展。2003年，省委、省政府还作出了实施"欠发达乡镇奔小康"工程的重大决策，下发了《关于实施"欠发达乡镇奔小康工程"的通知》，将原"百乡扶贫攻坚计划"的100个乡镇和2001年农民人均纯收入低于全国平均水平2366元的乡镇，列入欠发达乡镇，由各级给予重点扶持，并确定了250个省直机关、省部属企业、经济强县（市、区）、强镇与省扶持的211个欠发达乡镇建立结对帮扶关系。全省列入"欠发达乡镇奔小康"工程的乡镇共有361个，其中省里重点扶持地处欠发达地区和革命老区的欠发达乡镇，市、县负责扶持其他乡镇。帮扶的内容主要包括：大力推进农民下山移民，加快下山脱贫步伐；扩大欠发达乡镇劳务输出，不断增加农民收入；实施科技特派员制度，支持发展特色农业等。譬如，在推进农民下山移民工作中，政府制定了《农民异地搬迁项目和资金管理办法》，赋予异地搬迁进城落户人员与城镇居民同等权利，明确异地搬迁进城落户人员在农村所享受的各项权益和待遇不因户口转换而改变，居民可按照就高不就低原则，自由选择相应的城镇居民政策待遇。

统筹区域发展，基础设施是重点。为改善欠发达地区的交通条件，加强山海协作，促进区域协调发展，浙江省委、省政府决定实施"百亿帮扶致富"工程，并把这一工程纳入"八八战略"中提出的"五大百亿"工程。2003年6月，省政府正式印发《浙江省"五大百亿"工程实施计划》和《关于"五大百亿"工程的实施意见》，在2003—2007年计划投资339亿元，支持欠发达地区下山脱贫致富区基础设施建设、舟山大陆连岛工程金塘大桥、丽温高速公路、欠发达地区通村公路改造、洞头半岛工程、丽水滩坑电站、"五保三无"集中供养设施等工程，使欠发达地区人均收入增幅高于全省平均水平，发展环境明显改善，成为新的经济增长点。这些重大基层设施工程的建成，为全省区域经济一体化和区域协调发展创造了基础条件。

为进一步增强政策扶持的针对性和实效性，根据浙江省委、省政府结对帮扶的总体部署，省级有关职能部门和杭州、宁波等经济发达地区先后出台了一系列帮扶政策，从项目、资金、人才等多方面给予重点支持，确保对欠发达地区的帮扶工作更加细化和落到实处。为抓好欠发达地区重点扶持工作，2010年浙江还启动重点欠发达县特别扶持政策，出台了《关于加快推进重点欠发达县群众增收致富奔小康的若干意见》。从2011年起，连续3年对泰顺、文成等6个重点欠发达县，及磐安、衢江等6个比较困难的欠发达县每年分别给予2亿元、8000万元的扶持资金。浙江省还专门出台了扶持景宁畲族自治县加快发展的意见。2008年和2012年，省委、省政府还超常规地连续出台两个专门扶持景宁的政策文件，[1] 20多个厅局出台政策，从特色产业发展、生态保护、基础设施建设、社会事业发展等方面进行对口帮扶，为景宁注入了内生发展的强劲动力。单独为一个民族自治县出台加快发展的扶持政策，这在全国各省区中是非常少见的。

为保证山海协作工程落到实处，省、市、县均成立了领导小组或

---

[1] 即浙委〔2008〕53号和浙委〔2012〕115号两个专门扶持景宁的政策文件。"九山半水半分田"的景宁自1984年设立畲族自治县以来，便长期与贫困作着艰苦斗争。2005年，习近平同志就加快景宁发展作出了"景宁要跟上时代步伐，必须给予特别的扶持"的批示。

组织协调机构，衢州、丽水、舟山等地区还实行了"一把手"负总责，分管领导具体抓的工作机制。按照省里对山海协作工程的部署，杭州、绍兴与衢州结对，宁波、嘉兴、湖州与丽水结对；为了加快海洋经济发展，宁波与舟山形成了新的帮扶对子。全省形成了以"结对子"为重点，多形式、多层次、多渠道、全方位开展合作与交流的山海协作新格局。为保证山海协作工程的顺利推进，浙江省还每年举办系列活动、召开工作会议，不断把山海协作工程引向深入。自2005年起，省委常委会每年要听取欠发达地区的工作汇报，研究解决发展中的重大问题。每位省委常委、副省长确定联系一个欠发达县（市、区），定期到联系点调查研究，及时帮助群众解决实际问题。山海协作工程实施以来，浙江省委、省政府在全省欠发达地区各市轮流举办了十多届山海协作工程系列活动，历届省委书记、省长都亲自参加有关活动、出席专题会议作重要讲话。省山海协作工程领导小组还制定实施了《浙江省山海协作工程考核办法》，把考核范围提高到各市政府和省级部门的层面，各地也把山海协作纳入到政府目标考核体系。

第三节 "八八战略"引领下的区域共享发展成效

区域统筹协调发展之路是一条缩小区域差距、实现相对均衡的效率更优的发展之路。近十多年来，浙江省为缩小区域差距、促进区域经济协调发展出台了一系列政策措施，深入实施"山海协作工程""欠发达乡镇奔小康工程""百亿帮扶致富工程""大力发展海洋经济"等工程，制定了符合各地特点、能发挥各地比较优势的区域发展战略，加大了扶持欠发达地区的力度，形成了党委领导、政府主导、部门协作、社会参与的扶贫开发机制和良好氛围。山区和偏远海岛等欠发达地区的农民致富能力不断增强，脱贫路子不断拓宽，贫困人口不断减少，欠发达地区基础设施和社会事业取得长足发展。

一 欠发达地区实现跨越式发展

以沿海发达地区带动山区欠发达地区共同发展为主要内容的山海协作工程，让浙江在统筹区域发展方面取得了明显成效。发达地区的优势产业通过优化区域布局，开始向欠发达地区梯度转移，以获得更大发展空间，同时也带动了欠发达地区产业的升级，促成欠发达地区的跨越式发展。统筹区域发展延伸了浙江的产业链，推动了浙江产业的梯度转移，促进了资源要素的合理流动和优化配置。

首先是着力增强欠发达地区的内生发展能力。区域协调发展，归根到底是需要不断提高欠发达地区的内生发展能力。浙江省在推进山海协作过程中，注重发挥政府的引导作用和市场的主导作用，政府主要是抓规划、抓政策、抓平台，市场的主导作用主要体现为促进要素跨区域合理流动，实现资源优化配置。企业按照市场规律进行产业转移，促进欠发达地区的产业升级，提升欠发达地区的产业竞争力。据统计，2002年至2016年，26县共实施山海协作产业合作项目10182个，到位资金4432亿元。其中，2016年共实施产业合作项目541个，到位资金522亿元，八大万亿产业和特色小镇项目369个，到位资金290亿元。娃哈哈、伊利乳业等一大批"大、好、高"项目落户山海协作产业园，对促进当地经济社会转型升级起到了极大的推动作用，衢州和丽水的经济增长速度大部分年份超过全省平均水平。以衢州为例，十多年来的山海协作，对衢州产业转型升级起到了明显的促进作用。衢州目前已形成了以氟硅新材料、新能源、先进装备制造和电子信息为主导的四大战略性新兴产业，山海协作产业合作项目所创造的经济增加值约占衢州全市新增生产总值的35%。经济的快速发展，也有效扭转了衢州与发达地区之间不断扩大的收入差距。以杭州和衢州作比较，2016年，杭州市按常住人口计算的人均GDP为121394元，衢州市按常住人口计算的人均GDP为57997元，两者之比从2001年的3.5∶1缩小为2.09∶1。

其次是有效促进欠发达地区低收入群众的增收。通过"山海协作工程百村经济发展促进计划""省外浙商回归工程参与新农村建设计划"等工程，发达地区支持26个欠发达县大力发展特色种养殖业、来料加工业、农家乐休闲旅游业等特色产业发展，积极拓宽广大群众增收渠道。譬如，杭州从2009年起，设立财政专项资金对结对的衢江区进行农业帮扶，2009年安排财政资金140万元，2012年增加到300万元。杭州所辖的县（市、区）每年也安排一定数量的帮扶资金帮助衢江贫困乡镇进行新农村建设。根据衢江区的资源优势，杭州市政府部门有针对性组织粮食、柑橘、竹制品、蔬菜、苗木等农产品加工和贸易流通企业到衢江区开展对接，大大提高了当地农民的收入。丽水与宁波、湖州、嘉兴等地利用山海协作参与新农村建设机制，落实资金3000多万元，建立了茶叶、种猪、笋竹两用林、鹊山鸡、水果、食用菌6个种子种苗基地，对促进农民增收、加快提升农业产业化水平发挥了积极作用。

再次是保障欠发达地区社会事业的发展。随着山海协作等工程的不断深入，省级部门、发达地区与欠发达地区在教育、卫生、科技、党政干部等领域开展了一系列行之有效的帮扶合作活动，极大提高了欠发达地区的社会事业发展水平。2002年至2016年，26县通过省财政专项、结对市县援助等渠道获得帮扶资金31.4亿元；累计实施群众增收、新农村和社会事业项目3006个，到位资金8.51亿元。其中，2016年实施社会事业项目603个，到位资金9200万元。[①] 以衢州市为例，在教育事业方面，衢州与发达地区开展了多个层次的合作。2012年8月，衢州市教育局与宁波市教育局签订了教育山海协作框架协议，确定了两市之间各级各类学校和师资网的结对，并共建教育综合实践基地。在卫生事业方面，衢州市人民医院与浙江大学医学部及其附属医院签订了全方位战略合作协议。衢州市妇保医院和衢州其他各个区县的人民医院也都与在杭州的省级医院建立以托管为主要方式的合作办医关系。在科技事业方面，衢州海创园选址杭州未来科技城，具备海创基地、招商窗口、融资平台、人才驿站等多项功能，对人才坚持"不求所有、但求所用"的原则，成为山海科技协作的新模式。在干部交流协作方面，近十多年来，衢州与发达地区之间通过共建产业示范园、互设办事机构、选派挂职干部等方式，让本地干部到发达地区去学习先进的发展理念，让发达地区的干部到本地来进行"传帮带"，使山海协作等工程成为欠发达地区党政干部成长的重要平台。目前，全省宽领域、多层次、全方位的山海协作工程合作交流格局已经形成。

---

① 戚建卫：《山海协作成效显著》，《浙江日报》2017年6月11日第1版。

总之，山海协作工程的深入推进和其他一系列帮扶计划的实施，有力推动了欠发达地区的发展。2009—2012年，浙江全省26个欠发达县市实现GDP为2005年的2倍以上，其中有22个欠发达县市GDP增幅超过全省平均水平。衢州、丽水两地的经济增长率明显高于浙江省发达地区的经济增长率。2015年年初，浙江省26个欠发达县集体"摘帽"。这26个县的经济发展水平已超过全国县域经济发展的平均水平，部分县经济总量、财政收入等方面甚至已赶超中西部省区地级市的水平。在率先实现贫困县贫困乡镇摘帽、率先建立低收入农户数据库、在全国最早实施精准扶贫的基础上，2015年年底，浙江又全面消除家庭人均年收入4600元以下的绝对贫困现象，实现绝对贫困人口脱贫，在全国率先高标准完成脱贫攻坚任务。2016年，全省低收入农户人均可支配收入达到10169元，首次突破万元大关，增幅达19.2%，"消除4600"成果得到全面巩固。26个欠发达县集体"摘帽"和消除绝对贫困现象，标志着浙江省区域协调发展迈上了新台阶。未来，这26个县将坚持绿色发展和生态富民的理念，力争与其他县（市）同步实现高水平全面小康社会。

畲乡景宁的巨变尤其引人注目。省委、省政府的特别扶持，不仅带来了项目和资金，更带来了发展思路的变化。短短几年间，景宁新建了十余所学校，建设两个国家4A级景区，开通了云景高速。云景高速公路的开通标志着畲乡景宁融入了全省四小时交通圈。景宁人民医院与浙医一院建立了全方面的合作关系，成为浙医一院的民族分院，11位来自浙一医院，涵盖消化内科、重症医学科等十大该县紧缺的重点学科专家，长期进驻景宁。景宁的广大群众不用赶往杭州，在家门口就可以享受到省级专家的精心诊疗。"十一五"以来，景宁固定资产投资总额达到150多亿元，远超设县至"十五"末21年40.2亿元的总和。2016年，景宁县域经济综合实力在全国120个民族自治县中排名从2008年的第28位上升至第9位。2017年，景宁在120个民族自治县中率先实现了全面小康社会。

二 发达地区获得更快发展

单方援助是区域协调发展的低级形式。在这种扶贫方式下，发达地区更多表现的是一种政治姿态，没有内在的持续动力；欠发达地区则感觉扶贫资金杯水车薪，无法实现"造血"的功能。如前所述，山海协作不是一般意义上的单方援助或"富帮穷"，而是充分发挥市场机制的作用，将衢州、丽水的生态、劳动力、资源等优势与杭州、宁波等地的人才、技术、资金等优势有机结合，通过山海联动促进产业和要素跨区域合理流动，形成区域之间优势互补、合作共赢的格局。通过山海协作等平台，环杭州湾城市群、温台沿海城市群等沿海发达地区缩小了劳动力缺口，实现了"腾笼换鸟"和企业的扩张，促进了整个产业结构的调整和升级，也获得了更快发展。

首先，山海协作工程缓解了发达地区劳动力资源的供需矛盾。通过实施山海劳务协作，为发达地区经济建设和社会发展提供了充裕的劳动力资源。2002年至2016年，经济强县帮助26个欠发达县建立20多个山海协作实训基地，累计培训就业劳动力127万人次。其次，通过山海协作工程，沿海发达地区将资源加工型和劳动密集型产业加速向欠发达地区梯度转移，这为自身产业转型升级，引进、培育高新技术产业腾出了空间，从而为发达地区产业结构调整和优化升级创造了良好的外部环境。再次，山海协作工程促进了发达地区企业的成长扩张。山海协作满足了沿海发达地区工业化进程加快后对短缺资源的需求，参与山海协作的企业大多属于劳动密集型企业，为寻求欠发达地区所拥有的资源优势和成本优势而发生转移符合产业转移规律。最后，山海协作工程弥补了发达地区的发展短板。经过改革开放近30年的高速发展，杭州、宁波等发达地区的建设用地已近枯竭，土地成为最稀缺的资源，但有比较成熟的产业和技术。而欠发达地区则有较多的低丘缓坡可以开放利用，但产业发展较为落后。双方探索实施资源产业合作和共建山海协作产业园区等方式，发达地区获得了宝贵的耕地占补平衡指标。譬如，2006年7月，衢州与杭州、宁波签订了《关于加强资源与产业合作的协议书》，约定在新一轮土地利用整体规划内，衢州分别为杭州、宁波代保基本农田，代建标准农田，代造耕地。杭州、宁波支付给衢州土地资源补贴费，并引导产业向衢州转移。可见，山海协作有效缓解了杭州、宁波等发达地区的土地等要素资源的制约，拓展了发展空间，有效促进了发达地区经济社会的发展。

山海协作主旨是按照政府推动、市场运作，优势互补、合作共赢的原则，推动发达地区的产业转移到欠发达地区，推动欠发达地区的剩余劳动力转移到沿海发达地区，促进沿海发达地区与浙江西南山区、海岛等欠发达地区的协调发展。协作的含义，就是双向的，是互通有无，共同发展。从工程实施后的实践看，山海协作确实没有拖累发达地区的发展。在对口协作过程中，一开始各地都按照省里规划的结对地区寻找合作。但是，没过多久市场机制就逐渐占据了主导地位。譬如，省里给衢州市常山县确定的协作伙伴是绍兴市的嵊州市，但由于两地的产业和要素资源不对接，合作起来非常勉强。而常山拥有的丰富的矿产和旅游资源，却正是绍兴县和诸暨市一些企业的运作强项，于是双方一拍即合。省里给丽水确定的对口协作伙伴是宁波和湖州，但丽水却积极利用地缘优势，引进了一大批适合本土成长和扩张的温州、金华企业。在市场机制的调控下，不仅欠发达地区获得了跨越式发展，发达地区也在更高层面上实现了经济社会的转型升级。

三 海洋经济成为全省经济新的增长点

一个地区经济社会发展的关键在于发挥地区比较优势，将资源、劳动力、资本、技术等生产要素进行优化组合，切实推动地区经济快速发展。如前所述，在新世纪之初，舟山经济社会发展基础相对薄弱，无法有效接受沿海内陆城市的人才、资金等资源的辐射和带动，发展水平在全省处于后列。近十多年来，在习近平同志的直接谋划和推动下，舟山不断挖掘自身潜力，利用一切有利条件，把潜在的海洋资源优势转化为现实的发展优势，经济社会实现了跨越式发展。

一是依托岸线资源优势，打造港航物流产业体系。舟山具有优越的地理区位和岸线资源优势。近年来，舟山在科学规划的基础上，采取地主码头和货主码头相结合的方式合理开发岸线资源，港口物流业获得了迅猛发展。2006年，舟山港货物吞吐量超过1亿吨，2010年超过2亿吨，到2013年已超过3亿吨。2015年8月，省委决定组建浙江省海洋港口发展委员会和浙江省海港投资运营集团有限公司，紧接着宁波港和舟山港完成实质性重组，成为国家主枢纽港之一。2016

年，宁波舟山港年货物吞吐量突破9.2亿吨，成为全球首个9亿吨大港。与此同时，舟山大力培育仓储、加工、运输、外供、代理、保险等航运服务业，形成了较为完善的港航物流产业体系，使得港口与地区经济之间形成了较好的良性互动，有利促进了舟山经济社会的全面发展。

二是推动产业结构调整，着力打造现代海洋产业体系。海洋产业是海洋经济的表现形式。大力发展海洋经济，其主要着力点就在于推动产业结构调整，建立现代化海洋产业体系。习近平同志在浙江工作期间，对舟山海洋产业发展提出了很多具体的建议，他多次鼓励舟山应该从世界发展趋势和国家发展大局，把握海洋经济发展的战略机遇，培育港口与航运服务业、临港工业、海洋渔业、滨海旅游等海洋新兴产业，并在海洋科技创新的基础上促进海洋新兴产业的发展。譬如，2003年5月，习近平同志在加快海洋经济发展座谈会上，就指出海洋渔业是海洋经济的重要基础。推进海洋渔业结构调整，要坚持"压缩近海捕捞，发展远洋捕捞，主攻海水养殖"的方针，同时加快发展水产品加工，向海洋食品、海洋生化、海洋药物等行业延伸，提高渔业的经济效益。[①] 在省委省政府的支持下，舟山一方面加快海洋渔业、水产品加工业、海洋盐业、船舶修造业等传统海洋产业转型升级的步伐，增强发展活力；另一方面把握机遇，利用国家设立舟山群岛新区的有利条件，大力发展临港装备制造业、海洋生物医药产业、海洋电子信息产业、海洋新能源、海水综合利用、海洋新材料等战略性新兴产业，不断提升舟山经济的核心竞争力，现代海洋产业体系已经初具雏形。

三是对外开放步伐不断加快，逐渐成为我国对外开放的排头兵。2003年1月，习近平同志第一次到舟山考察时，就将舟山定位为我国对外开放的海上门户之一。近十多年来，在习近平同志讲话精神的鼓舞下，舟山牢牢把握我国新一轮对外开放的历史性机遇，充分发挥优越深水岸线资源和宁波、舟山两港一体化的体制机制优势，加大深

---

① 习近平：《干在实处　走在前列——推进浙江新发展的思考与实践》，中共中央党校出版社2006年版，第218页。

水岸线开发力度，大力发展港口物流业，建设国际物流枢纽，不断融入上海国际航运中心建设的大格局，同时抓住国家设立舟山群岛新区和自由贸易区的有利时机，大力探索投资便利化和贸易自由化的途径，在我国沿海地区对外开放格局中的地位变得越来越突出，逐渐成为我国对外开放的排头兵。

四是正确处理经济发展与环境保护的关系，海洋生态文明建设取得明显成效。海洋生态文明是海洋经济科学发展的重要内容。它要求在海洋资源开发利用过程中，着眼于海洋经济的可持续发展，保护海洋生态环境，实现人与自然和谐共生。习近平同志在浙江工作期间，对于舟山海洋生态环境保护与经济发展的关系发表过多次讲话。譬如，2003年5月，习近平同志在加快海洋经济发展座谈会上，就指出治理修改海洋环境是一项造福子孙后代的大事，各级各地要高度重视这项工作，正确处理发展海洋经济与海洋环境保护和生态建设的关系。① 在习近平同志讲话精神的指引下，近年来，舟山在大力发展海洋经济过程中，始终坚持开发与保护并重，科学规划，合理安排海洋产业及其空间布局，在合理开发与高效利用的前提下有序推进港口与岸线建设，避免资源浪费、重复建设。在安排围垦时，始终坚持对海洋地质和生态环境进行科学论证，最大限度地减少对海洋环境的破坏。鼓励船舶企业开发绿色造船技术，开发高端节能船舶产品。在岛屿开发中，始终坚持科学规划、分类管理，切实加强海岛自然岸线、海岛植被和海洋生态保护。通过以上这一系列的措施，舟山不断将绿色发展理念融入地区经济社会发展之中，走出了一条富有自身特色的生态文明建设之路。

五是充分发挥制度优势，引导经济社会协调发展。习近平同志到舟山调研时，曾指出舟山要实现海洋经济跨越式发展，不但需要考虑资源优势、战略地位、基层条件等方面的因素，还需要考虑经济管理、社会管理、科技创新、党的建设等制度方面的因素，把发展海洋经济作为一个系统性的工作，促使它从依靠海洋资源优势向依靠制度

---

① 习近平：《干在实处　走在前列——推进浙江新发展的思考与实践》，中共中央党校出版社2006年版，第222页。

优势转变。根据习近平同志所提的要求，近年来舟山在制度建设方面进行了一系列的改革创新，探索建立网格化管理、渔农村社区等新型社会管理制度。2011年，舟山群岛新区获得国务院批复后，舟山成为国家级新区，在土地、财税、金融、对外开放等方面获得了一定的政策优势。依托这些政策优势，舟山进一步加大了制度创新的力度，着力推动投融资管理体制改革、渔农村集体资产股份制改革、政府机构改革和行政管理体制改革。通过这些领域的改革创新，舟山正在构建起相对完善的、符合海洋经济发展要求的、符合舟山发展实际的制度体系。

从全省来看，海洋经济日益成为全省经济新的增长点。2016年，浙江省海洋及相关产业总值达到6700亿元，海洋三次产业比例从2002年的21∶36∶43调整为2016年的7.3∶37.8∶54.9，结构更趋优化与合理。杭州湾跨海大桥、舟山跨海大桥等一批重大基础设施项目建成投入使用，舟山金海重工、嘉兴海河联运工程、三门核电等一大批海洋经济重大项目加快推进，以海引陆、以陆促海、海陆联动、协调发展的格局正在加快形成。与此同时，随着山海协作工程的深入推进和海洋经济日益成为全省经济新的增长点，全省经济空间布局得到不断完善和优化。杭州、宁波、温州三大中心城市的集聚效应和辐射功能显著增强，环杭州湾产业带和温台沿海产业带的要素集聚能力进一步提升，金衢丽地区生产力布局明显优化，浙西南地区通过重点发展生态农业、生态工业和生态旅游等特色产业，舟山等海岛地区重点发展海洋产业，均实现了经济社会的跨越式发展。

综上所述，近十多年来，浙江始终坚持以"八八战略"为总纲，在区域协调发展方面走在了全国前列。目前，浙江25个欠发达县和3个海岛县的综合实力已得到明显提升，自身发展能力也逐步提高，人民生活水平日益改善，欠发达地区的经济社会发展进入了持续健康较快发展的新时期。浙江在全国率先高标准消除了绝对贫困，并成为全国实现全面小康水平最高的地区。作为我国目前区域差距最小的省份之一，浙江使广大人民群众"一个都不能少"地分享改革发展成果，正是实现全面建成小康社会奋斗目标的鲜活经验。

党的十八大以来，针对区域协调发展的新变化与新情况，习近平总书记审时度势，提出了许多战略构想和战略举措，如京津冀协同发展、长江经济带、"一带一路"倡议等。这些国家战略和倡议，以"区域间协同发展"理念为统领，以点带面，从线到片，逐步形成区域大合作。此外，习近平总书记还反复强调要充分发挥各地区比较优势，加大对革命老区、民族地区、边疆地区、贫困地区扶持力度，加快"走出去"步伐，统筹双边、多边、区域次区域开放合作。从当年在浙江亲自谋划和推动山海协作工程，到党的十八大以来提出区域协调发展新思想，我们可以看到一条清晰的主线，即打破单纯的行政区划限制，促使生产要素在更大的空间内进行流动和组合。习近平总书记关于促进区域协调发展的战略思想，将不断引领中国区域发展迈进新的时代。

第五章　全面小康：外延拓展与内涵提升

小康是中国人民的千年期盼，从《诗经·大雅·民劳》的"民亦劳止，汔可小康"，到康有为《大同书》中"升平者，小康也"的社会构想，小康一直是我国老百姓生生不息的社会理想。然而，在漫长的传统社会，这一期盼只能是一种不可企及的梦想。中华人民共和国成立和社会主义制度的建立，为小康社会的实现奠定了基本政治前提和制度保障。1979年12月6日，邓小平同志在人民大会堂会见日本首相大平正芳时，首次用"小康""小康之家"这一新概念来描述"中国式的现代化"。而对于小康的内涵，邓小平同志在1981年4月14日会见日本客人时描绘说："在本世纪末，我们只能达到一个小康社会，日子可以过。经过我们的努力，设想十年翻一番，两个十年翻两番，就是达到人均国民生产总值一千美元。"于是，小康、小康社会正式成为中国共产党建设社会主义现代化的一个重要阶段性目标。

1982年9月，党的十二大正式把小康作为20世纪末的发展目标。1987年10月，党的十三大又将小康作为现代化建设"三步走"战略的第二步。2000年，根据相关评价，我国已经实现小康社会各项指标的96%，也就是说，我国已总体达到小康水平。党的十五届一中全会明确指出："从新世纪开始，我国将进入全面建设小康社会，加快推进社会主义现代化的新的发展阶段。"2002年11月，党的十六大正式提出全面建设小康社会的奋斗目标。2007年10月，党的十七大提出了实现全面建设小康社会奋斗目标的新要求。2012年11月，党的十八大提出将"全面建设小康社会"改为到 2020 年"全面建成小康社会"。2017 年 10 月，党的十九大提出要决胜全面建成小康社会、全面建设社会主义现代化强国。

对小康之路探索的简要回顾可以发现，在改革开放以来的 40 年发展历程中，全面小康的内涵不断提升——要实现全覆盖和全领域的小康，同时小康的外延也不断拓展——要在实现共同富裕的同时更加注重公平正义，这两个方面正是中国特色社会主义新时代所赋予全面小康的新使命。

浙江省作为改革开放的前沿阵地，全面小康社会建设一直走在全国前列。2017 年，浙江省第十四次党代会报告中提出要确保到 2020 年高水平全面建成小康社会，并在此基础上高水平推进社会主义现代化建设，努力把浙江打造成全面小康标杆省份，为全国全面建成小康社会提供浙江经验。

第一节　走在前列的浙江小康社会建设

改革开放 40 年来，浙江全面小康社会发展经历了从解决温饱问题，到实现总体小康，到建设全面小康社会，再到建成全面小康社会的历程，并正在朝着高水平全面建成小康社会奋进。浙江全面小康的发展历程，是我国小康社会建设的缩影，也是中国特色社会主义在浙江的伟大实践。

一　浙江小康社会建设历程

在改革开放初期，邓小平同志依据我国国情，明晰地勾画了小康"三步走"设想。位于东海沿岸的浙江省在改革开放政策的指引下，率先启动改革创新和农村工业化进程，使得经济发展速度远超全国平均水平。以评价小康水平的 16 个指标来看，早在 1985 年，浙江全省的人均预期寿命、农村人均居住使用面积、森林覆盖率以及婴儿死亡率就已经达到了小康标准值。1990 年，小康实现程度达到了 69.9%。进入 20 世纪 90 年代，借由新一轮经济的快速增长，浙江的小康建设进程进一步加速。1992 年农村居民人均纯收入顺利达到指标要求，

1993年城镇居民人均可支配收入和农村通公路的行政村比重达到小康标准，衡量人民生活水平的重要指标恩格尔系数也首次降到50%以下，达到小康标准。1994年电视机普及率达标，到1995年全省基本实现小康。1997年卫生保健基本合格县比例、成人识字率两个指标顺利突破小康标准，小康实现程度高达99.1%。在全省人民共同努力下，剩余指标均于1999年达到了小康标准值，全省的基本小康实现程度达到100%。①

进入21世纪，党的十六大提出了全面建设小康社会的宏伟目标。党的十七大，提出了增强发展协调性、加强文化建设、扩大社会主义民主、加快发展社会事业、建设生态文明等几项新的更高要求，这不仅为各省建设全面小康社会指明了方向，也为各省带来了新的机遇和挑战。在中央政策的指导下，浙江省以"八八战略"为纲领，积极推动经济又快又好发展，于2005年成为全国第一个人均GDP超3000美元的省区；2006年全省的全面小康实现度为87.2%，不但接近基本实现度（90%）的标准，更是高出全国10个百分点。②

党的十八大将2020年定为实现全面建成小康社会的目标年，浙江省充分贯彻落实中央的领导方针，相继规划推动五水共治、三改一拆、四边三化、四换三名等重大的战略举措，取得了经济社会发展的双丰收。以五水共治为例，2013年实施以后的四年时间里，地表水Ⅰ—Ⅲ类水质断面比例分别为63.8%、63.8%、72.9%、77.4%，增加了13.6%；劣Ⅴ类断面比例则分别为12.2%、10.4%、6.8%、2.7%，减少了9.5%。③2016年浙江发布《浙江省国民经济和社会发展第十三个五年规划纲要》，以如何高水平全面建成小康社会为核心，提出了"五个更"的指导思想，分别是人民生活更幸福、综合实力更强、生态环境更优美、城乡区域更协调、治理体系更完善，这充分体现了浙江高水平全面建设小康社会的决心。

---

① 《浙江人民生活的小康历程》，《今日浙江》2002年第22期。
② 金汝斌、王美福、傅吉青：《又好又快走在前列——党的十六大以来浙江经济社会发展成就》，《浙江经济》2007年第21期。
③ 《浙江今年颁发35个"五水共治"最高奖相比2014年数据翻倍》，2017年12月20日，浙江在线，http://epmap.zjol.com.cn/system/2017/03/22/021472626.shtml。

二 走在前列的小康社会建设成就

改革开放 40 年来,浙江全面小康社会建设取得了令人瞩目的成就,实现了从基本温饱向高水平全面小康社会建设的跨越。改革开放之初,浙江城镇居民人均可支配收入仅为 332 元,农村居民人均纯收入为 165 元,低于当时全国城乡居民人均可支配收入 343.4 元和农村人均纯收入 133.6 元的平均水平。城乡居民恩格尔系数为 55.6% 和 59.1%,[①] 人民生活基本上处于温饱阶段,在广大农村和落后地区,农民的温饱问题甚至都未得到完全解决。随着国民经济的快速发展,浙江人民享受到了改革开放和共享发展带来的成果。城乡居民收入保持较快增长,城镇居民人均可支配收入由 1978 年的 332 元增加到 2016 年的 47237 元,农村居民人均纯收入由 165 元增加到 22866 元。收入水平的快速增长带来城乡居民储蓄存款大幅增加,人民币存款由 1978 年年末的 7.7 亿元增加到 2016 年的 38077 亿元,人均存款余额由 21 元增加到 68116 元。

改革开放 40 年来,浙江居民生活质量明显提高。居民消费水平、消费结构、生活环境都发生了根本变化,衣食住行等条件都得到了大幅度改善。根据国家统计局发布的《全面小康生活基本评价标准》测算,浙江省在 1995 年总体小康实现程度达到 95% 以上,基本实现总体小康,1999 年总体小康实现度达到了 100%,完全实现总体小康。[②] 尤其是 2002 年以来,全面小康建成进程指数领先于全国指数的优势均保持在两位数。[③] 浙江的全面小康社会建设总体走在全国前列。

自党的十八大以来,浙江省发展水平不断提升,无论是城镇居民人均可支配收入还是农村居民人均可支配收入都得到了较快的发展,从 2013 年至 2016 年一直在长三角地区位居第二,高于江苏省和安徽省。

[①] 陈一新、徐志宏:《浙江改革开放 30 年辉煌成就与未来思路》,浙江人民出版社 2007 年版,第 24 页。

[②] 李学忠:《2015 评价浙江发展》,浙江工商大学出版社 2015 年版,第 3 页。

[③] 同上书,第 5 页。

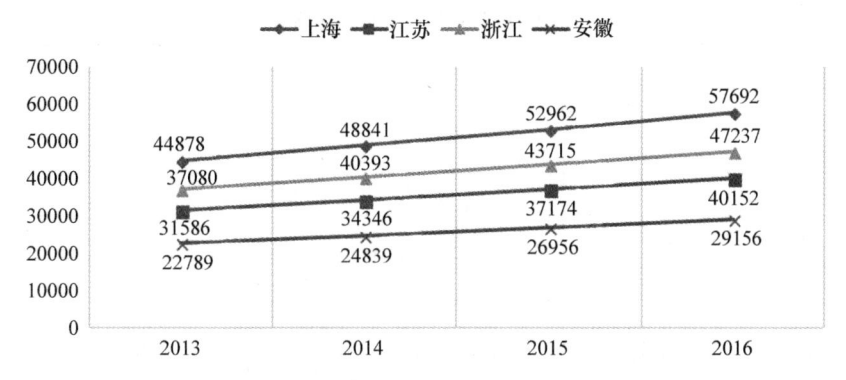

图 5-1　2013—2016 年上海市、江苏省、浙江省和安徽省
城镇居民可支配收入情况（单位：元）①

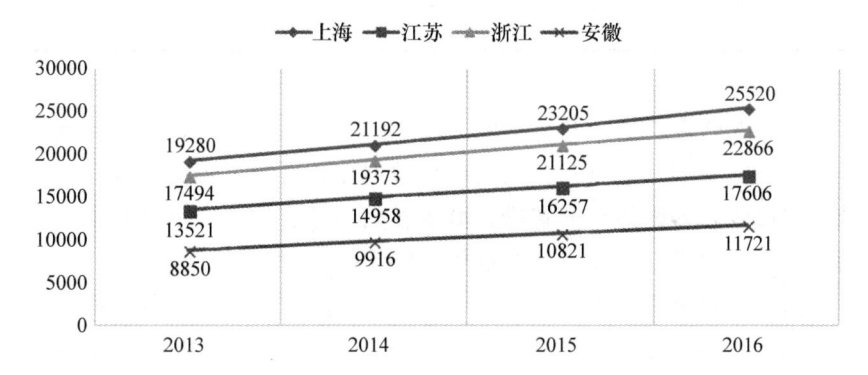

图 5-2　2013—2016 年上海市、江苏省、浙江省和安徽省
农村居民收入情况（单位：元）②

随着城镇居民可支配收入和农村居民收入的稳步增长，人民生活越来越富裕，人均消费支出也随之上涨。根据国家统计局数据显示，2017 年 31 省市居民人均消费支出情况中，浙江省居民人均消费支出比全国平均水平（18322 元）高 8775 元，居全国 31 个省（区、市）第四位，省（区）第一位，具体情况如表 5-1 所示。

---

① 根据中华人民共和国国家统计局《2017 中国统计年鉴》统计数据整理，2018 年 5 月 12 日，国家统计局网，http：//www.stats.gov.cn/tjsj/ndsj/2017/indexch.htm。

② 同上。

表 5 – 1　　2017 年 31 省市居民人均消费支出情况（前十名）[1]　　单位：元

排名	地区	居民人均消费支出
	全国	18322
1	上海	39791.85
2	北京	37425.34
3	天津	27841.38
4	浙江	27097.06
5	广东	24819.63
6	江苏	23468.63
7	福建	21249.35
8	辽宁	20463.36
9	内蒙古	18945.54
10	重庆	17898.05

更令人欣喜的是，浙江不但人民生活水平显著提高，而且实现了更加均衡的发展，通过对全国的统计数据比较可以发现，浙江是全国城乡居民收入差距最小的省份，城乡相向而行、均衡发展的局面，为浙江建设高水平全面小康社会提供了坚实的发展基础。

同时，日渐完善的社保体系为浙江小康社会建设之路保驾护航。在城镇，包括养老、失业、医疗、工商、生育保险在内的基本覆盖的社会保障体系框架基本建立，逐步形成全覆盖的社会保障体系。在农村，通过建立政府推动、农民互助、社会参与的工作机制，积极引导农民参加以大病统筹为主要形式的新型农村合作医疗制度，提高农民的医疗保障水平，促进农村经济社会协调发展。据统计，浙江省 2001—2016 年的社会参保人员从 1776.89 万人增加到 3740.06 万人。[2]

---

[1] 根据中华人民共和国国家统计局《2017 中国统计年鉴》统计数据整理，2018 年 5 月 12 日，国家统计局网，http：//www.stats.gov.cn/tjsj/ndsj/2017/indexch.htm。

[2] 浙江统计局：《2016 浙江统计年鉴》，2017 年 12 月 28 日，浙江统计局网，http：//tjj.zj.gov.cn/tjsj/tjnj/DesktopModules/Reports/13.%E6%B5%99%E6%B1%9F%E7%BB%9F%E8%AE%A1%E5%B9%B4%E9%89%B42016/indexch.htm。

表 5-2　　　　　　城乡居民可支配收入差距比较①　　　　　单位：元

地区	居民可支配收入	2013 年	2014 年	2015 年	2016 年
全国	城镇居民	26467	28844	31195	33616
	农村居民	9430	10489	11422	12363
	城乡收入倍差	2.81	2.75	2.73	2.72
山东	城镇居民	26882	29221	31545	34012
	农村居民	10687	11882	12930	13954
	城乡收入倍差	2.52	2.46	2.44	2.44
上海	城镇居民	44878	48841	52962	57692
	农村居民	19208	21192	23205	25520
	城乡收入倍差	2.34	2.3	2.28	2.26
江苏	城镇居民	31586	34346	37173	40152
	农村居民	13521	14958	16257	17606
	城乡收入倍差	2.34	2.3	2.29	2.28
浙江	城镇居民	37080	40393	43715	47237
	农村居民	17494	19373	21125	22866
	城乡收入倍差	2.12	2.09	2.07	2.07
广东	城镇居民	29537	32148	34757	37684
	农村居民	11068	12246	13360	14512
	城乡收入倍差	2.67	2.63	2.6	2.6

第二节　全覆盖的高水平小康社会建设

全面建成小康社会是一个复杂而又高难度的系统工程。"小康"重在发展水平，"全面"强调的是发展的平衡性、协调性、可持续性。习近平总书记强调："如果到2020年我们在总量和速度上完成了目标，但发展不平衡、不协调、不可持续问题更加严重，短板更加突出，就算不上真正实现了目标。"② 习近平总书记曾在不同场合多次

---

① 根据中华人民共和国国家统计局《2017中国统计年鉴》统计数据整理，2018年5月12日，国家统计局网，http：//www.stats.gov.cn/tjsj/ndsj/2017/indexch.htm。

② 中共中央宣传部：《习近平总书记系列重要讲话读本》，学习出版社、人民出版社2016年版，第59页。

强调"不能丢了农村这一头""绝不能让一个苏区老区掉队"。可以说,全面建成小康社会,就是要不分地域、不分群体、不分层级、不分民族,不使一个人掉队,通过全国各族人民的共同努力,让所有群体和地区全部实现小康。

一 人口全覆盖的全面小康社会

全面小康,是惠及全体人民的小康,覆盖的人口要全面。而只有坚持发展为了人民、发展依靠人民、发展成果由人民共享,全面小康才能真正造福全体人民。正如习近平总书记所说:"没有全民小康,就没有全面小康。"全面建成小康社会,是没有人掉队的小康。当前,影响全面建成小康社会的突出因素主要集中在民生领域,发展不全面的问题很大程度上也表现在不同社会群体的民生保障方面。[①] 对于改革开放初期的浙江来说,实现人口全覆盖主要是消除贫困县、乡镇。近十年中,浙江省在实现人口全覆盖的小康上继续走在全国前列,浙江省历届省委、省政府始终坚持以农村人口脱贫为核心,以完善各项保障制度为重点,同时不断加大对革命老区、民族地区、边疆地区、贫困地区基本公共服务的支持力度,加强对特定人群特殊困难的帮扶力度。

首先,农村人口基本脱贫。全面建成小康社会、实现第一个百年奋斗目标,农村贫困人口全部脱贫是一个标志性指标。在改革开放之初,浙江全省还有1200多万贫困人口,农村贫困发生率当时显著高于全国平均比例。经过多年励精图治,1998年,浙江摘掉了八个县的国家级的贫困帽,成为全国第一个消除贫困县的省份。2002年,浙江成为全国第一个消除贫困乡镇的省份,2012年,浙江新确立的省级扶贫标准——4600元,比国家标准的2300元高出整整一倍。改革开放以来,浙江在脱贫工作中始终坚持以农村人口脱贫为核心,通过实行产业对接、农村电商、农村旅游等多举措助力农村人口脱贫。通过多举措助力农村人口脱贫,截至2016年上半年,全省完成农民

---

① 中共中央宣传部:《习近平总书记系列重要讲话读本》,学习出版社、人民出版社2016年版,第59—60页。

异地搬迁 2.6 万人，实现有效投资 18 亿元，全省农家乐旅游村总数达到 916 个，全省低收入农户人均可支配收入 5879 元，同比增长 16.5%。[1] 2017 年，浙江省政府公布的"为民办十件实事"中有一项："打好扶贫攻坚战，基本消除家庭人均年收入低于 4600 元的贫困现象。"可以说，从改革开放之初到今天，在实现全面小康的道路中，浙江实现了从覆盖贫困县到覆盖农村贫困人口的转变。

其次，社会救助事业快速发展。进入 21 世纪以来，浙江在全国率先推行覆盖城乡的新型社会救助体系建设。2003 年，浙江省政府发出《关于加快建立覆盖城乡的新型社会救助体系的通知》，将原先各自分散的救助政策全部整合起来，形成完整的体系。上统筹、下整合的社会救助工作体制开始形成，对困难群众的救助力度不断加大。2014 年，《浙江省社会救助条例》正式颁布实施。2015 年，浙江省政府出台《浙江省社会救助家庭经济状况认定办法》，进一步完善认定办法。截至 2016 年年底，全省在册城乡低保对象 84.05 万人（2012 年为 67.54 万人，增长 24%），占户籍人口的 1.72%（2012 年为 1.41%）。其中城市低保 9.85 万人（2012 年为 7.84 万人），农村低保 74.2 万人（2012 年为 59.7 万人）。[2] 可以看出，社会救助体系在不断完善，经济认定标准更加精准。同时，浙江省除了经济救助，还大力实施医疗救助。2014 年，《浙江省人民政府关于进一步完善医疗救助制度有关问题的通知》规定医疗按费用进行救助，原则上不分病种。2016 年，全省医疗方面直接救助困难群众 410 万人次（2012 年 108 万人次，增长 279%），支出医疗救助资金 12.54 亿元（2012 年 7.5 亿元，增长 67%）；全省已资助 125 万困难家庭参加城乡居民基本医疗保险（与 2012 年大致相当），支出 5.73 亿元（2012 年 1.72 亿元，同比增长 233%）。

最后，基本公共服务体系不断完善。2008 年，浙江省在全国率

---

[1] 《浙江精准扶贫 10 例》，2017 年 11 月 29 日，人民网，https://wenku.baidu.com/view/5182a4ef6c85ec3a86c2c590.html。

[2] 浙江省民政厅：《这五年，浙江的社会救助快速发展》，2017 年 11 月 29 日，浙江省民政厅网，http://www.zjmz.gov.cn/il.htm?a=si&id=8aaf80155c49672b015c7b9ffae0023e。

先实行基本公共服务均等化行动计划,到"十二五"期末,已建立覆盖全省城乡居民的基本公共服务体系,基本公共服务质量和均等化水平明显提高。① 到 2015 年,浙江省基本实现基本公共服务均等化,建成较为健全的覆盖城乡的可持续的基本公共服务体系。《浙江省基本公共服务标准体系建设方案(2017—2020 年)》显示,到 2020 年建成的浙江省基本公共服务标准体系具有普惠性、保基本、均等化、可持续的特点,标准制定内容涵盖了义务教育、就业服务、最低生活保障、基本养老服务等 16 个重点领域。在"十三五"规划中,浙江提出了"十三五"末全省均等化实现度达到 95% 的目标。

二 区域全覆盖的全面小康社会

全面小康,是城乡区域共同发展的小康。习近平总书记强调:"没有农村的全面小康和欠发达地区的全面小康,就没有全国的全面小康。"② 早在 2003 年 7 月,紧密联系浙江的优势和特点,围绕加快全面建设小康社会、提前基本实现社会主义现代化的目标,习近平同志在浙江省委十一届四次全会上就提出了"八八战略","八八战略"集中体现了统筹协调的思想。其中明确提出的"进一步发挥浙江的城乡协调发展优势,统筹城乡经济社会发展,加快推进城乡一体化""进一步发挥浙江的山海资源优势,大力发展海洋经济,推动欠发达地区跨越式发展,努力使海洋经济和欠发达地区的发展成为我省经济新的增长点",更是充分体现了区域全覆盖的全面小康社会战略规划图景。为了使现代化建设进程不留盲区死角,保证每个乡镇不掉队,自 2003 年至今,浙江省委、省政府坚定不移地以"八八战略"为指引,一张蓝图绘到底,不断积极探索如何实现区域全覆盖的小康,找到了浙江发展的新路子。通过加强实施"山海协作工程""欠发达乡镇奔小康工程""百亿帮扶致富工程"等一系列工程,全省形成了城乡协调发展的新格局,城乡差距明显缩小,城乡一体化进程不断加

---

① 浙江省人民政府办公厅:《浙江省基本公共服务体系"十三五"规划》,12 月 10 日,浙江省人民政府网,http://www.zj.gov.cn/art/2017/1/5/art_12461_289897.html。
② 中共中央宣传部:《习近平总书记系列重要讲话读本》,学习出版社、人民出版社 2016 年版,第 60 页。

速，实现了总体覆盖到区域全覆盖的转变。

一方面，农村地区不断快速发展，城乡发展差距进一步缩小。"小康不小康，关键看老乡"，农村是全面建成小康社会的短板，只有农村地区实现了小康，才可能真正实现全面小康社会建设。在历届省委省政府和全省人民的共同努力下，农村地区取得了快速发展，农民收入大幅提高。据统计，2016 年，全省农民人均纯收入达到 22866元，比 2007 年增加 14601 元。2017 年，全省有 14 个县市进入全国百强县市行列，16 个区入选全国百强区，20 个镇进入全国千强镇前一百名。① 截至 2017 年年初，全省城市化率达到了 67%，超过全国平均水平。② 发达的浙江电子商务也为浙江农村发展探索提供了新的可能。2013 年，龙游县和阿里巴巴合作，成立"淘宝网特色中国龙游网"，2016 年又联合打造"村淘"项目，在全省率先出台《龙游县电商扶贫实施意见》，通过创业激励、基地培育、平台建设、能人帮带、物流覆盖、人才培训和股份合作等，全方位开展电商扶贫，助力"消除家庭人均年收入 4600 元以下低收入农户"。目前，"村淘"县级运营中心和首批 37 个村级服务站正式开业，淘宝"龙游馆"共有上线产品 300 多个，入驻网店 135 家，开馆至今线上销售总额 1.3 亿元，带动了 1 万多人就业，直接增加了农民的收入。

另一方面，欠发达地区的全面小康不断发展，区域发展差距进一步缩小。近年来，浙江省委、省政府为了有效实现区域协调发展，以促进欠发达地区跨越式发展为核心，以山海协作、"欠发达乡镇奔小康""百亿帮扶致富"三大工程为依托，不断加强区域合作，推动区域协调发展。

第一，发达地区加快发展，欠发达地区跨越式发展。改革开放以来，浙江依靠民营经济、块状经济、专业市场等的快速崛起，发展一路高歌猛进，成为全国第一个消除"贫困县"的省份，但也存在区

---

① 《2017 年中国中小城市科学发展指数研究报告》，《人民日报》2017 年 12 月 15 日，http://unn.people.com.cn/n1/2017/1009/c14717-29576902.html。
② 《2017 年中国城镇化率、全国城镇化率排名、全国各省市的城镇化率及各省市年末常住人口情况分析》，2017 年 12 月 15 日，中国产业信息网，http://www.chyxx.com/industry/201708/553670.html。

域发展不平衡的问题。对于如何实现发达地区加快发展与欠发达地区跨越式发展，时任浙江省委书记的习近平同志提出四条发展思路：首先要着眼于全省生产力和人口的优化布局；其次要大力推动发达地区在更高层次上加快发展；再次是要以提高自我发展能力为核心，推动欠发达地区实现跨越式发展；最后是要大力发展海洋经济，努力建设海洋经济强省，提高海洋经济发展水平。

第二，深入实施欠发达乡镇奔小康、山海协作、百亿帮扶致富"三大工程"。欠发达乡镇奔小康工程，是2002年省第十一次党代会提出的，中心任务是加快欠发达乡镇奔小康、解决相对贫困问题，实现区域协调发展。到2007年年底，欠发达乡镇农民人均收入达到4500元，"欠发达乡镇奔小康工程"各项目标任务全面完成。山海协作工程是2002年省委、省政府为推动沿海发达地区结对帮扶欠发达地区而提出的形象概念。山海协作工程是把欠发达地区培育成为新的经济增长点的有效抓手，是一项民心工程、德政工程、双赢工程。据统计，到2014年9月底，全省累计实施山海协作产业合作项目8803个，到位资金2940亿元；累计帮扶低收入群众增收30亿元。百亿帮扶致富工程，是向欠发达地区投资的项目建设。为支持"一方水土养不了一方人"地区的下山移民，打通乡镇到村的公路，加快水电站等工程建设，省委、省政府决定实施"百亿帮扶致富工程"，并把这一工程纳入"八八战略"中提出的积极推进以"五大百亿"工程为主要内容的重点建设，构成五个一百中的一个一百。到2007年年底，全省等级公路通村率达到96.2%，客运班车通村率达到88.5%，累计下山搬迁12.5万户、43.8万人，百亿帮扶致富工程如期完成。

第三，环杭州湾城市群加快建设，尤其是建设杭州湾经济区。2003年，根据浙江的实际，省委省政府提出了总体上按照环杭州湾地区、温台沿海地区、浙中地区和浙西南欠发达地区四个区块加以推进的总体思路和基本格局。十年来，环杭州湾都市圈在省委省政府的领导下，不断探索模式，建立机制，综合竞争力不断提升，协同发展取得累累硕果。2014年，杭州都市经济圈转型升级综合改革试点获国家发改委批复设立，正式上升为国家战略。十年来，杭州都市圈综合实力不断提升，地区生产总值从2006年的7224亿元提高到2016

年的21764亿元，年均增长9.9%，高于全省0.5个百分点，成为引领浙江经济发展的新高地，充满活力的长三角"金南翼"。就杭州而言，都市圈是杭州创新空间的扩散层；于都市圈而言，杭州是发挥极核作用的龙头城市；就整个杭州湾大湾区而言，杭州都市圈是重要的组成部分，是抱团建设的主力军。为此，省第十四次党代会作出了加快建设环杭州湾城市群、重点建设杭州湾经济区的重大决策部署，为推动杭州都市圈发展实现新飞跃提供了难得的历史机遇。

通过改革开放40年来的探索与实践，浙江的小康建设已经形成全覆盖之态势，按照国家统计局制定的《全面建成小康社会统计监测指标体系》测算，2014年，浙江全面小康社会实现程度为97.2%，比2010年的91.65%提高5.56个百分点，居全国各省市区第一，[①]小康建设走在了全国前列。

第三节 全领域的高水平小康社会建设

全面小康，是五位一体全面进步的小康。全面小康社会不但要求经济持续健康发展，而且需要人民民主不断扩大，文化软实力显著增强，人民生活水平全面提高，资源节约型、环境友好型社会建设取得重大进展，这是一个各目标领域之间相互联系、相互促进、不可分割的系统工程，任何一个方面发展滞后，都会影响全面建成小康社会目标的实现。因此，要在经济发展的同时，全面推进经济建设、政治建设、文化建设、社会建设、生态文明建设，促进现代化建设各个环节、各个方面协调发展。[②]

关于社会主义建设的布局，在改革开放初期，中央提出建设社会主义不但要有高度的物质文明，还要有高度的精神文明。为此党的十二大报告提出把"两个文明"一起抓作为建设社会主义的战略方针。到1986年党的十二届六中全会通过的《中共中央关于社会主义精神

---

① 《"十二五"时期浙江经济社会发展报告》，2017年12月30日，中国经济网，http://district.ce.cn/newarea/roll/201602/22/t20160222_8984897.shtml。

② 中共中央宣传部：《习近平总书记系列重要讲话读本》，学习出版社、人民出版社2016年版，第59页。

文明建设指导方针的决议》，则提出我国社会主义现代化建设的总体布局是以经济建设为中心，坚定不移地进行经济体制改革，坚定不移地进行政治体制改革，坚定不移地加强精神文明建设的"三位一体"总布局。"三位一体"总布局一直延续到党的十六大。党的十六届六中全会将总体布局又拓展为"四位一体"，增加了社会建设。党的十八大增加了生态文明建设，将总体布局拓展为"五位一体"。①

浙江省在40年的改革开放过程中，始终坚持在发展中全面推进经济建设、政治建设、文化建设、社会建设、生态文明建设，不断促进现代化建设各个环节。习近平同志在主政浙江期间，创新性、前瞻性地提出了"活力浙江""平安浙江""文化大省""法治浙江""绿色浙江"一系列战略部署。这些战略部署不仅仅是"八八战略"的具体展开，更是从根本上体现了五位一体总布局的思想，是五位一体总布局在浙江的生动实践。

一 构建公正合理的居民收入分配体系

治天下也，必先公，公则天下平矣。让广大人民群众共享改革发展成果，是社会主义的本质要求，是社会主义制度优越性的集中体现，也是我们党坚持全心全意为人民服务根本宗旨的重要体现。改革开放以来，我国经济发展的"蛋糕"不断做大，但是分配不公问题依然比较突出。为此，浙江坚持发展为了人民、发展依靠人民、发展成果由人民共享，在共同富裕中彰显公平正义，杜绝出现"富者累巨万，而贫者食糟糠"的现象。

公正合理的收入分配体系是全面小康社会建设的基础保障，也是社会公平正义的基本要义。目前的居民收入分配还存在初次分配没有充分体现市场效率原则、再分配调控能力弱化，分配结构失衡及社会收入差距扩大等问题。2015年10月，《中国共产党第十八届中央委员会第五次全体会议公报》中提出要缩小收入差距，坚持居民收入增长和经济同步增长、劳动报酬提高和劳动生产率提高同步，健全科学

---

① 《习近平：全面建设小康社会更重要的是"全面"》，2017年12月30日，学习中国，http://www.ccln.gov.cn/xxzgyc/190454.shtml。

的工资水平决定机制、正常增长机制、支付保障机制等。① 同年11月通过的《中共中央关于制定国民经济和社会发展第十三个五年规划的建议》中再次强调收入分配工作在未来中国发展的重要意义。党的十九大报告在总结过去五年的工作和历史性变革时指出，城乡居民收入增速超过经济增速，中等收入群体持续扩大。报告在对2035年基本实现社会主义现代化的目标进行描述时，提出"中等收入群体比例明显提高"的目标要求。报告还提出，鼓励勤劳守法致富，扩大中等收入群体，增加低收入者收入，调节过高收入，取缔非法收入。正如习近平总书记指出的，要"扩大中等收入群体，关系全面建成小康社会目标的实现，是转方式调结构的必然要求，是维护社会和谐稳定、国家长治久安的必然要求"。正因为中等收入群体问题如此之重要，所以我们党已经把扩大中等收入群体视为国家发展的重大战略任务。

2017年6月，浙江省十四次党代会报告中提出，要在提升人民群众获得感上更进一步、更快一步。财富分配更加均衡，中等收入群体日益扩大，低收入群体收入增长快于居民收入平均增幅，城乡居民收入倍差缩小到2以内。优质教育和医疗卫生服务充分共享，社会保障全面覆盖、更趋公平，社会养老服务质量明显提升。

（一）多举措促进就业创业

在"十二五"期间，浙江省就业基本稳定，城镇登记失业率分别为3.12%、3.01%、3.01%、2.96%、2.93%，均控制在4%的目标内。② 浙江省"十三五"规划提出要加快就业服务体系建设，完善平等就业和均等化服务机制，着力提升就业质量，支持创业带动高质量。通过完善创业扶持政策，形成政府激励创业、社会支持创业、劳动者勇于创业新机制。发展各种类型的孵化器，加强创业教育和培训，支持各类科技人才在省内创业。同时加强困难群体就业的服务和援助，做好以高校毕业生为重点的青年就业和转移劳动力、就业困难人员、退役军人就业。加强职业技能培训，健全就业失业检测统计制

---

① 《中国共产党第十八届中央委员会第五次全体会议公报》，2017年12月30日，新华社，http://www.beijingreview.com.cn/wenjian/201510/t20151030_800041567_1.html。

② 《"十二五"时期浙江经济社会发展报告》，2017年12月30日，中国经济网，http://district.ce.cn/newarea/roll/201602/22/t20160222_8984897.shtml。

度，增强失业保险促进就业功能，创新劳动关系协调机制，以构建和谐劳动关系实现更高质量就业。①

因此，高水平实现全面建成小康社会，需要多举措促进就业创业，不断降低失业率，从而使得人人共享改革发展的伟大成果。首先，实施积极的就业政策。进一步加大财政、信贷、社保补贴等政策扶持，建立健全公共投资带动就业增长的机制，鼓励企业吸纳就业和劳动者灵活就业。② 其次，重点做好高校毕业生、失业人员的服务工作。鼓励和支持大学生创业，实现创业带动就业。把免费创业培训对象扩大到有创业愿望和创业能力的城镇失业人员、城乡新增劳动力和农村富余劳动力，开展退伍军人培训，加强农村转移就业技能培训。加强大学生创业园和见习基地建设，大力支持高校毕业生创业。最后，加大就业援助力度，加快建立健全城乡就业困难人员申报登记、入户调查、动态管理和跟踪服务等制度，大力开发公益性就业岗位，帮助城镇零就业家庭和农村低保家庭劳动力、就业困难人员实现就业，积极扶持残疾人就业创业，深入推进低收入农户集中村和重点库区群众脱贫致富工作，千方百计提高困难群众收入。

（二）进一步深入实施精准扶贫战略

扶贫开发、精准扶贫是帮助落后地区和贫困人口摆脱贫困、全面实现小康社会的重要举措。2013 年，习近平总书记在湖南湘西考察时首次提出了"精准扶贫"：扶贫要实事求是，因地制宜。2015 年 6 月，习近平总书记强调：扶贫开发贵在精准，重在精准，成败之举在于精准。各地要在扶持对象精准、项目安排精准、资金使用精准、措施到户精准、因村派人精准、脱贫成效精准上想办法、出实招、见真效。

改革开放以来，浙江扶贫开发取得了历史性突破，走出了一条富有浙江特色的扶贫开发道路，从 1994 年至 1999 年，浙江省以消除贫困县绝对贫困为目标，在文成、泰顺、永嘉、云和、景宁、青田、磐

---

① 《浙江十三五规划全文》，《浙江日报》2017 年 30 日，http://zj.people.com.cn/n2/2016/0201/c186806-27665929.html。
② 《2010 年浙江政府工作报告》，《浙江日报》2017 年 12 月 30 日，http://www.gov.cn/test/2010-02/05/content_1529085.htm。

安、武义8个贫困县实施国家"八七扶贫攻坚计划",于1996年实行城乡一体的最低生活保障制度,开始消除农村绝对贫困。2000年至2002年,以消除贫困乡镇绝对贫困为目标,在101个贫困乡镇,实施"百乡扶贫攻坚计划"。从此,浙江成为全国省区农民收入最高和城乡收入差距最小、区域发展差距最小的省份之一。到2012年年底,城乡居民收入比下降至2.351,全省农民人均纯收入与低收入农户人均收入比下降到2.321。2015年年初,淳安等26个欠发达县一次性"摘帽"。2015年年底,全省全面消除家庭人均年收入低于4600元的绝对贫困现象。

要高水平全面建成小康社会,低收入农户增收致富问题不仅是实现这张蓝图的重要组成部分,更决定着这张蓝图的底色。尽管2015年浙江省26个欠发达县摘帽并全面消除4600元以下绝对贫困现象,为全国脱贫攻坚提供了经验,但是,低收入农户的增收问题是动态性的、持续性的,已经脱贫的低收入家庭仍然存在返贫的问题。因此要深入实施低收入家庭的收入倍增计划,继续支持26县加快发展。通过创新方式、整合资源、精准帮扶,不断夯实基础补齐短板,确保低收入农户收入增速快于农民收入平均增速;确保绝对贫困现象不出现反复,这也是省委省政府着力补齐的民生短板发力点。

首先,构建长效化帮扶机制。扶贫开发必须建立稳定的、内生的增收机制,形成切实有效、可长期实施的政策举措,以创新机制、制度保障来兜住底线。近3年,浙江省的农村平均低保标准分别提高12.4%、23.8%、17%,而全省低保人口1.36%的占比远低于全国水平。在显著的扶贫成效基础上,"十三五"时期浙江将进一步完善农村低保政策,逐步缩小城乡低保差距,扩大低保人群覆盖,努力把低保人口比例提高到2%以上,做到不养懒汉、应保尽保。针对原"4600元以下"低收入农户中有50%存在因病致贫的问题,浙江正谋划完善医疗保险、大病保险、医疗救助制度,力争从源头破解这类支出型贫困难题,以提高扶贫工作的整体性和精准度。

其次,增强"造血"能力。农村经济发展是低收入农户增收致富的基础和源泉。农民增收乏力,特别是低收入农户增收内生动力不足一直是"三农"发展的短板。需要政府通过不断整合资源,出台扶持政策，大力推进合作扶贫，深入开展创业行动。如近年来，缙云通过整合资源形成"十大乡愁产业"，促进"缙云土面+文化、缙云土面+旅游、缙云土面+电商"的发展，把缙云土面打造成为继缙云烧饼之后的又一特色品牌。丽水市注重发挥金融在扶贫开发中的重要作用，通过创新抵押方式、"政银保""村级资金互助会""丰收爱心卡"等模式，打造金融扶贫体系，助力产业发展，提升低收入农户自我发展能力。今后，浙江省还将着力发展村级集体经济，努力消除年收入10万元以下的集体经济薄弱村。并计划广泛开展村庄经营，推进集体资源盘活型、物业经济发展型、乡村旅游增幅型、存量资金运作型、村办主体运作型和市级平台的联动等集体经济发展模式，促进村级集体经济持续增收。[①]

最后，大力发展生态经济促增收。绿水青山筑就的美丽经济正成为浙江省农民增收致富的重要渠道。浙江省的生态旅游资源丰富，为乡村旅游和农业的三产融合提供了前提条件。同时，美丽乡村的不断升级，是经营山水、经营村庄、经营家园的基础。需着力补齐农村长治久美的短板，多角度、全方位挖掘村庄的个性特色，打造一批生产集约高效、生活宜居适度、生态山清水秀的特色精品村。以全域为统领，以沿景区、沿山水线、沿人文古迹为轴线，把庭院建成精致小品，把村庄建成特色景点，把沿线建成风景长廊，把县域建成美丽景区，迈向"产村人"融合、"居业游"共进的新局面。此外，激活农村闲置资源成为农村农民增收的重要途径，将原先闲置的农房摇身一变成了农家乐，不仅增加了农户收入，也激活了一方山水的魅力和村民返乡创业的热情。通过创新突破补短板，在持续推广"空闲农房二次创业"租赁方式的基础上，探索将闲置农房公开出让，多渠道盘活资产，真正让绿水青山成为农民奔向高水平小康社会的金山银山。

二 以创新驱动经济持续健康发展

改革开放40年来，在中国特色社会主义建设总指引下，浙江人

[①] 《浙江省多措并举推进精准扶贫》，《浙江日报》2017年12月31日，http://www.gov.cn/xinwen/2016-05/06/content_5070770.htm。

民积极探索、团结奋斗、创业创新,在改革开放和社会主义现代化建设中取得了前所未有的辉煌成就,经济社会实现了历史性的伟大跨越,浙江的经综合实力显著增强。1978 年,浙江生产总值只有 121.9 亿元,到 2016 年年底,浙江生产总值达到了 46485 亿元,人均 GDP 达到 12784 美元,根据世界银行人均 GDP 高于 12735 美元的高收入经济体的最新分组标准,浙江已经迈入高收入经济体之列。随着中国特色社会主义建设进入新时代,浙江省在快速发展中呈现出经济发展的一些如下特点和成效。

创新驱动经济持续健康发展。党的十一届三中全会后,家庭联产承包责任制的推行和农业劳动效率的提高,使大量农村劳动力解放出来,乡镇企业得到了蓬勃发展。在乡镇企业发展的同时,浙江的个体私营经济也快速发展。但进入 21 世纪以来,出现了产业层次低、企业产能过剩等问题,为了解决经济发展中的问题,浙江审时度势,通过创新驱动经济健康发展,加快转变浙江经济发展方式,实现浙江经济的转型升级。创新驱动的核心是科技创新,2014 年,浙江省落实创新驱动发展战略,大力推进科技体制改革,努力让市场真正成为配置创新资源的力量,让企业真正成为技术创新的主体,着力打通科技和经济社会发展的通道,以创新驱动开启经济社会发展新引擎。2014 年,浙江区域创新能力居全国第五位,企业技术创新能力居第三位,专利综合实力居全国第四位,被列为全国首批创新型试点省份,全国农村信息化建设示范省。据统计,2016 年前三季度,信息经济核心产业制造业增加值为 1134 亿元,增速 13.6%,规模以上服务业中,信息传输、软件和信息技术等行业持续保持强劲发展,营业收入和利润分别增长 34.6% 和 38.5%。[①]

创新驱动是经济社会发展的核心动力,是转变经济发展方式的最佳路径,是引领浙江继续走在前列的根本保证。近十年来,浙江不断加大特色小镇的培育发展,促进金融、人才、技术等高端要素进一步集聚。截至 2016 年 9 月,浙江省共建成 130 个特色小镇,集

---

① 闻海燕主编:《2017 年浙江发展报告——经济卷》,浙江出版联合集团、浙江人民出版社 2017 年版,第 6 页。

聚各类创业人才2万余人。大力支持企业加强研发，加大"放管服"改革力度，①创新创业氛围越来越浓，对浙江未来经济社会发展提供了重要的指引。

经济结构持续优化。改革开放40年来，浙江产业结构不断优化，尤其是近年来，浙江全省各地通过坚持不懈地调结构、促转型、转方式，经济结构不断优化。在改革开放之初，第一产业、第二产业、第三产业分别占生产总值的38.1%、43.3%、18.7%。而截至2016年底，浙江第一产业、第二产业、第三产业分别占生产总值的4.3%、45.9%、49.8%。②数据清晰展示了40年来的经济结构变化：农业产业结构不断优化，服务业比重不断上升，经济结构不断优化。

对外开放经济不断扩大。改革开放以来，浙江充分发挥商品市场发达、企业机制灵活、产品价廉物美的比较优势，坚持实施外贸出口多元化战略。首先浙江进出口贸易规模不断扩大，进出口贸易规模从1978年的0.7亿美元增长到2016年的2.22万亿美元。其次，外商投资规模迅速增长，自1980年浙江第一家合资企业在杭州设立之后，浙江利用外资工作不断取得新进展。"十二五"期间，浙江累计引进外资716.5亿美元。③种种数据充分说明了浙江的对外开放经济不断优化，这也为浙江的经济发展不断注入新的活力。

营商环境不断优化。浙江改革开放40年的历程是充分尊重市场规律的地方实践历程，是政府与市场良性互动的发展历程。早在改革开放之初，浙江就大力发展乡镇企业，放手发展个体私营经济，而随着经济的发展，浙江营商环境不断优化。2016年4月12日，杭州大江东产业集聚区行政审批局正式挂牌成立，成为浙江省第一个行政审批局。同年，浙江省也通过了关于温州经济技术开发区、嘉兴市南湖区、绍兴市柯桥区、天台县相对集中行政许可权试点方案。通过组建

---

① 闻海燕主编：《2017年浙江发展报告——经济卷》，浙江出版联合集团、浙江人民出版社2017年版，第7页。

② 浙江省统计局：《2016年浙江统计年鉴》，2017年12月28日，http://tjj.zj.gov.cn/tjsj/tjnj/DesktopModules/Reports/13.%E6%B5%99%E6%B1%9F%E7%BB%9F%E8%AE%A1%E5%B9%B4%E9%89%B42016/indexch.htm。

③ 闻海燕主编：《2017年浙江发展报告——经济卷》，浙江出版联合集团、浙江人民出版社2017年版，第4—5页。

行政审批局,将分散到各部门的行政审批权集中到一个部门,确保集聚区行政审批职能相对集中,审批与监管相互制衡。一系列审批制度改革的推进,浙江省各地政府以打造服务型政府为目标,全面下放行政审批权,将审批事项办理以部门职能为主的模式转变为以事项办理为中心的多部门联办模式。同时,提升了行政审批效率,优化了政务环境,也进一步激发了市场的活力,优化了浙江的营商环境。

三 以法治浙江引领法治秩序的完善

浙江有着深厚的法治基因,1954年中华人民共和国的第一部宪法,就诞生于杭州。21世纪以来,浙江进入了全面建设小康社会的攻坚阶段,但也存在着一些普遍性的矛盾和问题,这都迫切需要在法治框架下探索长效治理之道。在这样的背景下,2006年4月,习近平同志在省委十一届十次全会上提出建设法治浙江的战略部署。从那时起,建设法治政府成为全省上下的共同使命和责任担当,浙江坚定不移地沿着法治浙江建设道路砥砺前行。习近平同志强调:在推进"法治浙江"建设中,要认真贯彻依法治国、执法为民、公平正义、服务大局、党的领导五个方面的内容,从而能更好地体现党的领导、人民当家做主和依法治国的有机统一。[①] 2012年6月,中共浙江省第十三次代表大会提出要加快建设经济强省和法治浙江、平安浙江、生态浙江,促进经济社会全面协调可持续发展。2013年11月,省委十三届四次全体(扩大)会议提出要着眼于促进社会公平正义,完善建设法治浙江和平安浙江体制机制,加快推进社会主义民主政治制度化、规范化、程序化,提高全社会法治化水平。2014年12月,省委十三届六次全体(扩大)会议审议通过的《中共浙江省委关于全面深化法治浙江建设的决定》提出要坚持发挥法治引领和保障作用,不断提升平安浙江建设水平。"法治浙江"作为"建设社会主义法治国家"要求在浙江的具体实践,其前瞻性思维和整体性部署都为党的十八大以来党中央谋划全面依法治国的重大战

[①] 习近平:《干在实处 走在前列——推进浙江新发展的思考与实践》,中共中央党校出版社2006年版,第357页。

略提供了重要的地方实践支撑。①

自 2006 年浙江省委作出《关于建设"法治浙江"的决定》以来,浙江省委省政府始终秉承习近平同志关于法治浙江建设的理念、思路和方法,坚持一张蓝图绘到底、一任接着一任干,确保了法治建设工作整体上走在了前列,"法治浙江"建设成效显著,引领着人民民主不断扩大,主要表现在以下几个方面。

第一,社会主义民主政治不断发展。浙江大力推进依法执政、依规治党,充分发挥党委总揽全局、协调各方的作用,支持和推动人民代表大会制度与时俱进,全面推进依法行政、加快建设法治政府,支持和推动协商民主广泛多层制度化发展,加强对政法工作的领导,加强和改进对群团工作的领导,不断把党的领导贯彻到法治浙江建设的全过程和各方面,使中国特色社会主义政治制度的优势得以更好发挥。②

第二,综合运用法治思维和法治方式来调节经济、规范行为、协调利益。把"三改一拆""五水共治"、浙商回归等转型升级系列组合拳作为法治浙江建设的大平台、试验田、试金石和活教材,以法治促改革、促转型、促发展、保稳定,为浙江省改革发展和现代化建设提供强有力的法治保障。

第三,基层法治不断发展。浙江始终把固本强基作为推进法治浙江建设的一项战略性、基础性工作来抓,创新发展"枫桥经验",推行村务公开、民主恳谈、村务监督等做法,推广"网格化管理、组团式服务",推行村规民约、社区公约,做实基层、做好基础、做足基本功,不断夯实法治浙江建设的根基。

第四,始终秉持以人民为中心的理念。把保障人民根本利益作为制度创新、规范制定和法治各项工作的出发点和落脚点,实施公民权益依法保障行动计划,完善"大调解"工作体系,健全完善领导干部下访接访制度,加强法律服务、法律援助和司法救助,完善和落实

---

① 中共浙江省委党校等编著:《制度自信与浙江实践》,浙江人民出版社 2017 年版,第 48 页。
② 《夏宝龙同志在法治浙江建设十周年纪念大会暨"七五"法治宣传教育部署会上的讲话》,2017 年 12 月 30 日,浙江在线,http://zjnews.zjol.com.cn/gaoceng_developments/xbl/201607/t20160715_1758764.shtml。

浙江省 33 项防止冤假错案制度，有力地促进法治为民、利民、惠民和安民。

第五，法治政府建设效果显著。在全国率先开展"四张清单一张网"建设，推进行政审批制度改革，加强对政府预算决算的审查监督，严格规范执法司法行为，深化司法体制改革，强化法律监督，扎实推进权力公开，不断强化对权力运行的监督制约。

第六，德治法治相结合。浙江一直注重发挥法律的规范作用和道德的教化作用，大力践行社会主义核心价值观，推进文明素质工程，开展"最美"现象系列活动，建设法治文化，深入推进"法律六进"活动，高质量完成"五五""六五"普法规划，不断推动法治和德治相辅相成、相得益彰。

除此之外，浙江始终坚持省委对法治浙江建设的统一领导、统一部署、统筹协调，坚持"一把手"负总责、全省"一盘棋"，不断健全党委统一领导，人大、政府、政协各负其责，部门协同推进，人民群众广泛参与的体制机制。

四　以平安浙江建设推进和谐社会建设

和谐社会建设是全面建成小康社会的客观要求。党的十六大提出要建设"社会更加和谐"的小康社会，并且首次把和谐社会写入党的纲领性文件，作为全党和全国各族人民共同奋斗的目标。党的十六届四中全会进一步完整地提出了"构建社会主义和谐社会"这一重大历史任务。在中央战略的指引下，针对浙江社会治安方面案件总量大、性质后果严重以及群体性事件和安全生产形势较为严峻等现实，2004 年 1 月 29 日，习近平同志在省委理论中心组学习会上，第一次提出"平安浙江"建设的思路。2004 年 5 月，浙江省委以全会形式作出了建设平安浙江、促进社会和谐的决策部署。2005 年，习近平同志在接受记者采访时，进一步强调指出，"平安浙江"的建设不仅仅是社会治安问题，我们要解决的经济、政治、文化诸领域的"大平安"，实际上就是要构建一个和谐社会。"平安浙江"的实践，不再局限于狭隘的维稳观念和平安观念，而是从社会的大视野赋予了"大平安"新的内涵。

"平安浙江"经过几届浙江省委的努力实践，取得了令人瞩目的系列成效。

首先，平安浙江推动社会治理水平大幅提升。提高社会治理水平是平安浙江建设的重要任务，同样也是重要的保障。自2004年平安浙江提出以来，浙江省委省政府先后出台了众多的政策文件保证社会治理的有效性，包括浙江省城乡社区建设领导小组发布的《关于进一步加强城市社区居民委员会建设的意见》、浙江省民政厅发布的《关于规范异地商会登记管理工作的通知》等。重点发展和推广"枫桥经验"，全面推行"网格式管理、组团式服务"的社会治理模式，积极推行"四个平台"建设，尝试推行社会的"智慧治理"，各地积极探索基层民主创新实践，如温岭民主恳谈、湖滨晴雨工作室、参与式预算等社会治理实践，为社会治理的水平的提高贡献了创新点。

其次，公共安全体系建立并不断完善。通过构建公共安全体系来提高公共安全防范能力是普遍共识，安全事件的发生以及扩大化往往是公共机构应急体系的不完善，导致危机应对处于被动状态，所以建立公共安全体系就显得尤为必要。2003年浙江省出台了《浙江省处置经济社会紧急情况工作预案》，对全省发生的各类经济社会紧急情况的处置原则、分工、程序、报道和善后处理进行了明确规定。经过发展，平安浙江建设形成了一些科学的运行机制：第一是组织领导体制，习近平同志在2004年5月10日省委十一届六次全会上的报告上指出：要加强领导，进一步完善行政首长负责分管领导具体抓，有关方面各负其责，密切配合，齐抓共管的安全生产管理和监督机制。在此基础上，浙江省委成立了建设平安浙江领导小组，领导小组组长由省委书记担任，副组长由省长和省委副书记担任，成员由省委常委担任，省以下的市县两级均对应建立平安建设领导小组。十四年来，历届省委坚持不懈，一以贯之，平安浙江建设取得显著成效。第二是源头治理机制，通过解决民生问题来促进平安建设，通过公共财政的覆盖来惠顾人民生活，通过民生实事来解民困，积极推广"枫桥经验"，将不平安因素消解在基层，努力实现"小事不出村，大事不出镇，矛盾不上交"。在全省全面推广建立县、乡、村三级矛盾纠纷多元化解平台，率先建立了包括个人调解、专业调解以及行业协会调解的多元社会矛盾调解模式,浙江现有各类调委会 4.15 万个,调解员 15.5 万人,年均排查矛盾纠纷近 60 万件,化解率达 98% 以上。第三是考核评级机制。平安浙江的考核包括社会稳定、治安状况、经济运行、安全生产、公共安全和安居乐业六大项,这六大项中包含 100 条考核和评审内容,包括 15 项一票否决事项。更为重要的是,每年的考核评价体系还会针对平安浙江建设的新情况和新问题进行调整和修改,什么问题突出,就要重点考核什么问题,什么问题老百姓最关心,就要考核什么问题,另外考核评价机制还包括两张报表:一张经济报表,一张安全报表,即要求领导干部一手抓经济发展,一手抓社会稳定。

最后,致力于公平发展的民生保障为平安浙江提供了稳定的政策基础。社会的公平正义是社会和谐稳定的前提和保障。改革开放以来,浙江省政府主要从就业、最低生活保障和救助等几个主要方面推动公平社会建设。在社会救助方面,进入 21 世纪以来,浙江在全国率先推行覆盖城乡的新型社会救助体系建设。2003 年,浙江省政府发出《关于加快建立覆盖城乡的新型社会救助体系的通知》,将原先各自分散的救助政策全部整合起来,形成完整的体系。上统筹、下整合的社会救助工作体制开始形成,对困难群众的救助力度不断加大。2014 年,《浙江省社会救助条例》正式颁布实施。2015 年,浙江省政府出台《浙江省社会救助家庭经济状况认定办法》,进一步完善认定办法。截至 2016 年年底,全省在册城乡低保对象 84.05 万人,占户籍人口的 1.72%,其中城市低保 9.85 万人,农村低保 74.2 万人。[1]

在社会保障方面,从 2009 年开始,浙江省相继出台了城乡居民社会养老保险制度实施意见、企业职工基本养老保险省级统筹实施方案;制定了关于加快推进大学生参加城镇居民基本医疗保险,开展基本医疗保险市级统筹、门诊统筹,加强基本医疗保险基金管理等政策性文件,一系列的政策文件都在不断推动全省的"全民社保"工作

---

[1] 浙江省民政厅:《这五年,浙江的社会救助快速发展》,2017 年 11 月 29 日,浙江民政厅网,http://www.zjmz.gov.cn/il.htm?a=si&id=8aaf80155c49672b015c7b9ffae0023e。

进入新阶段。同时，浙江不断推进城乡医疗保险制度整合，构建新型城乡社会救助体系。探索被征地农民基本生活保障与职工基本养老保险、城乡居保制度的衔接；逐步实施失业保险省级统筹，基本形成城镇住房保障体系，探索建立覆盖城乡居民的社会保险登记制度；实施全民参保登记，加快社会保险制度城乡统筹；实施机关事业单位养老保险制度改革，积极推进社会保障从制度全覆盖提升到人的全覆盖。此外，浙江不断加快养老服务体系建设，重点发展社区居家养老服务。截至2016年年底，新增基本养老保险参保人数186万人、基本医疗保险参保人数35万人，全省参加基本养老保险人数为3740.06万人。全年基本养老保险基金总收入2556.88亿元。参加基本医疗保险人数5178.11万人。其中，参加职工基本医疗保险人数2017.5万人，参加城乡居民基本医疗保险人数为3160.61万人。[①]

在就业方面，浙江省政府及其直属部门出台多项政策和法规文件来保障就业和失业人口的再就业，2009年浙江省政府发布《浙江省政府办公厅关于积极应对当前经济形势做好稳定和促进就业工作的实施意见》，保证了经济危机大背景下就业问题的顺利解决。2013年浙江省办公厅发布《浙江省人民政府办公厅关于促进普通高等学校毕业生就业创业的实施意见》，积极响应大众创业、万众创新的国家政策。2017年浙江省多个部门发布《浙江省人力资源和社会保障厅等3部门关于进一步促进残疾人就业创业的通知》，从社会公平的角度保证残障人士应有的权利。经过上述众多政策的实践和实施，浙江省就业人员合计人口从2000年开始一直处于上升的趋势，从2000年的2726.09万人增长到2016年年底3760万人。[②]

五 以文化大省建设满足人民日益增长的文化需求

文化不仅是一个国家软实力的重要组成部分，更是一个民族的历史传承与发展基因。改革开放40年来，浙江省文化建设经历了从起

---

① 浙江统计局：《2016年浙江统计年鉴》，2017年12月28日，浙江统计局网，http://tjj.zj.gov.cn/tjsj/tjnj/DesktopModules/Reports/13.%E6%B5%99E6%B1%9F%E7%BB%9F%E8%AE%A1%E5%B9%B4%E9%89%89%B42016/indexch.htm。

② 同上。

步探索到辉煌发展的历程。1978年后，浙江省文化建设开始复苏和发展。1999年浙江省率先提出文化大省的战略目标，此后取得了一系列令人瞩目的成就。进入21世纪，省委召开十一届二次全会，明确要提出加快文化大省建设步伐。2003年，省委召开十一届四次全会，明确把发挥浙江的人文优势、加快建设文化大省作为"八八战略"的重要内容。2005年，省委召开十一届八次全会作出了《关于加快建设文化大省的决定》，全面实施文化建设"八项工程"，推进教育、科技、卫生、体育"四个强省"建设。省委十二届十次全会通过《关于贯彻十七届六中全会精神推进文化强省建设的决定》，从浙江科学发展新要求、文化发展新趋势、人民群众精神文化生活新期待、落实中央对浙江提出"走在前列"的总体要求、切实担负起为文化强国建设先行探索重大责任的新高度，对加快推动文化大省向文化强省迈进作出了新的战略部署。五年来的文化建设，为浙江省在巩固文化大省建设成果基础上，以更高层次、更宽视野、更大力度推动文化强省建设奠定了坚实的基础。

从"文化大省"到"文化强省"，体现了历届省委省政府对文化建设的高度重视。通过改革开放40年来的理论指导和实践，如今浙江省的文化建设成效显著，主要体现在以下方面。

（一）公共文化服务基本全覆盖

2013年《中国公共文化服务发展报告》显示，从公共文化投入的指标评价结果看，综合指数排名前三的分别是浙江省、上海市和广东省。截至2014年年底，浙江初步建成了覆盖城乡的公共文化设施网络，全省公共博物馆、美术馆、图书馆、文化馆（站）全面实现免费开放，文化馆和图书馆分别达到102个和98个，博物馆187个。至2015年年末，建成农村文化礼堂4928个，村级文化活动室覆盖设施相继建成，年均送戏下乡2万场次、送书200万册次、送电影30万场次、送讲座展览4000余场次、开展"文化走亲"活动1000余场次、培训基层文化队伍10万人次。浙江还在全国率先制定施行基层公共文化服务评价指标体系，涌现了衢州"文化加油站"、嘉兴"公共图书馆乡镇分馆"、舟山"淘文化"等一大批在国内有影响的文化品牌。①

(二) 文化产业不断发展壮大

浙江的文化建设在经历了文化产业的自发发展、"文化事业"模式的初步突破、文化产业发展从自发到自觉、以体制改革释放文化产业发展活力等阶段后已初具规模，文化领域的市场机制引入推动了文化产业的经济化转型升级。② "十二五"期间，浙江文化及相关特色产业增加值2188亿元，占GDP的5.5%，比2013年提高了0.5个百分点，其中文化产业增加值1942亿元，占GDP的4.8%。③ 全省现有领证、备案的演出经纪机构197家，文艺表演团体657个，演出场所402家。每年演出32万场，观众1.1亿人次，演出收入12.6亿元。作为全国最早规划建设特色小镇的省份之一，浙江目前已经有108个小镇列入省级特色小镇创建名单，64个小镇列入培育名单。在此基础上，浙江提出了"文化+"的特色小镇建设新路径，重视文化遗产保护开发，推进公共文化建设，并建立特色文化品牌，实现文化与旅游、文化与创意、文化与科技的融合发展。以西湖艺创小镇为例，截至2017年10月，小镇营业收入达到23亿元，比去年同期增长11%，财政收入2.8亿元，同比增长26%。浙江的文化建设真正做到了对优秀传统文化的保留、传承、推广和发扬。

(三) 对外文化交流日趋频繁

在国际化方面，改革开放以来，累计实施出访项目806起，8000人次，平均每年以25.8%的速度递增；来访交流项目4995起，24442人次，平均每年以15.5%的速度递增。"中国浙江文物特别展""良渚文化玉器展"等文物书画展览和宁波市演艺集团"欢乐春节"、小百花越剧团等省内艺术团体的海外巡演，让更多的人认识并了解了浙江文化，也吸引了不少海外的文化和资本，如在杭州剧院定

---

① 《浙江的公共文化服务之路》，2017年12月28日，文化大数据，http://news.qz828.com/system/2015/08/27/011023454.shtml。

② 陈立旭：《从"文化事业"到"文化产业"——新中国成立60年以来浙江文化产业发展历程及其启示》，《中共宁波市委党校学报》2009年第31期，第14—23页。

③ 《"十二五"时期浙江经济社会发展报告》，2016年12月30日，中国经济网，http://district.ce.cn/newarea/roll/201602/22/t20160222_8984897.shtml。

点演出由乌克兰艺人编排的具有西欧风情的节目,为浙江文化建设注入了新思想、新血液。

耀眼的成就显示出浙江文化建设和文化发展的综合实力,真正实现了"文化大省"到"文化强省"的转变。

六 以生态文明建设满足人民日益增长的生态环境需要

改革开放40年来,浙江率先提出了基于省情的一系列绿色发展的实践创新。2002年,省第十一次党代会提出建设"绿色浙江"。2005年,习近平同志在安吉调研时首次提出"绿水青山就是金山银山"的表述,开启了浙江生态文明建设的新征程。2010年,省委十二届七次全会通过了《关于推进生态文明建设的决定》,强调坚持生态省建设方略,努力把浙江省建设成为全国生态文明示范区。2012年,省第十三次党代会提出"坚持生态立省方略,加快建设'生态浙江'"。2013年,省委十三届二次全会提出要坚持走生态立省之路,深化生态省建设,加快建设美丽浙江。2014年,省委十三届五次全会通过的《关于建设美丽浙江创造美好生活的决定》指出,要坚持生态省建设方略,把生态文明建设融入经济建设、政治建设、文化建设、社会建设各个方面和全过程,建设"富饶秀美、和谐安康、人文昌盛、宜业宜居的美丽浙江",推动全省生态文明建设迈上新的台阶。[1] 2017年,省十四次党代会提出要在提升生态环境质量上更进一步、更快一步,努力建设美丽浙江。确保不把违法建筑、污泥浊水、脏乱差环境带入全面小康。巩固提升剿灭劣Ⅴ类水成果,全省饮用水源地水质和跨行政区域河流交接断面水质力争实现双达标,城市空气质量优良天数比例继续提高,垃圾分类收集处理实现基本覆盖,城市生活垃圾总量实现"零增长",全省天更蓝、地更净、水更清、空气更清新、城乡更美丽。[2]

从"绿色浙江""生态浙江"到"美丽浙江",体现了历届省委

---

[1] 周华富:《浙江特色的生态文明建设之路》,《浙江经济》2016年第21期,第14—19页。
[2] 《浙江省第十四次党代会报告》,《浙江日报》2017年12月30日,http://cpc.people.com.cn/n1/2017/0613/c64387-29336281.html。

省政府对走"绿水青山就是金山银山"发展之路的高度共识，对推动浙江生态文明建设的一贯追求，也体现了浙江在"美丽中国"建设实践中"干在实处、走在前列"的历史使命和追求。通过改革开放40年的理论指导和实践，如今浙江省的生态文明建设成效显著，主要体现在以下四个方面。

首先，污染防治不断深化，环境质量稳步改善。最为突出的就是浙江省全面实施"五水共治、治污先行"，全面落实"河长制"，全省已经形成五级联动、纵向到底的河长架构。截至2015年年底，共有6名省级河长，189名市级河长，2344名县级河长。① 基本清除全省饮用水源一、二级保护区内的排污，切实加强水质监控预警。深入推进重点流域水环境综合治理，全面实施近岸海域及杭州湾、乐清湾等重点海湾污染防治，深入开展千岛湖等全国良好湖泊生态环境保护试点工作。此外，浙江省还全面加强农业农村污染防治，对于农村的污染防治，主要体现在对农村生活垃圾集中收集处理，近80%的村实现生活污水有效治理，农户收益率达到80%。大力开展大区污染防治，浙江省全面实施大气污染防治行动计划，此外大力推进PM2.5污染防治、深化工业废气治理、加大机动车污染防治力度。

其次，污染减排成效明显，经济转型步伐加快。在实践中，浙江省扎实推进"节能降耗十大工程""万吨千家"节能任务、深入开展重污染行业整治提升，重点推进铅蓄电池、电镀、制革、印染、造纸、化工六大行业污染整治。整治后，六大行业共削减废水量40078万吨。除此之外，还大力发展生态经济，积极发展循环经济，淘汰落后产能，"十二五"以来，全省淘汰落后产能共涉及20多个主要行业的8081家企业。浙江省在污染减排的同时，倒逼经济转型，从而实现可持续发展。② 此外，生态保护建设统筹推进，生态文明水平不断提升。一是统筹推进生态环境建设，全面实施"811"生态文明建设推进行动，深入推进11个专项行动。二是全面开展城乡环境综合整

---

① 钟其主编：《2017年浙江发展报告——生态卷》，浙江出版联合集团、浙江人民出版社2017年版，第10页。

② 同上书，第11页。

治，先后开展"五水共治""四边三化""三改一拆"等行动。三是大力弘扬生态文化。深入推进生态县市、环保模范城市和绿色细胞创建三大系列创建活动。至 2015 年年底，累计建成国家级生态县 16 个。

再次，制度改革有序推进，体制机制不断健全。浙江是最早实施生态补偿的省份，最早实施排污有偿使用的省份，最早实行水权交易的省份。在一系列的生态体制机制中，最主要的是生态环境保护考核机制、环境准入制度、环境监管机制、绿色环境政策。浙江省生态文明制度基本覆盖了事前准入，事中、事后监管全过程。近年来，浙江生态文明制度已经基本完成了省级层面的顶层设计，并成为全国典型实践。

"十三五"期间，浙江将秉承"干在实处永无止境、走在前列要谋新篇"的新使命，坚定不移地走"绿水青山就是金山银山"的发展路子，把生态文明建设放在突出位置，融入经济建设、政治建设、文化建设、社会建设各个方面和全过程，全面深化改革，加快经济转型升级，着力优化空间结构，改善生态人居环境，加强生态安全和资源安全，培育弘扬生态文化，强化法治制度保障，形成人口、资源、环境协调和可持续发展的空间格局、产业结构、生产方式和生活方式，努力实现天蓝、水清、山绿、地净，建设富饶秀美、和谐安康、人文昌盛、宜业宜居的美丽浙江，推动浙江省的生态文明建设继续走在全国前列。

第六章　市场与政府：优势互补的共享发展协同机制

市场与政府，是决定发展共享绩效的两大决定因素。浙江的实践充分表明，共享发展决非单纯的政府保障发展成果的共同分享，更不是政府能够直接提供的社会财富分配格局；恰恰相反，真正意义上的共享只能建立在共建基础上，建立在市场所调动的全社会共建的热情和智慧之上，而且，政府在共享中的首要作用也不是对社会收入分配格局的直接干预或均衡分配格局的直接提供，而是为激发、调动形成社会共建格局营造适宜的社会环境。只有在广泛的社会共建基础上，才谈得上政府对共享格局的补短板作用和社会利益格局的调节作用。

第一节　顺势而为：共享发展中的政府与市场

从世界范围来看，合理地界定政府与市场在市场经济发展中的角色定位，是所有市场经济国家共同面临的难题。世界上不存在放之四海而皆准的政府角色定位与市场边界，它不仅与一个国家的经济发展水平特别是市场体系的发展水平紧密相关，而且与一个国家的文化传统，特别是人们对政府角色的社会期待以及社会自组织秩序的发育水平紧密相关。

一　有效政府：转型国家实现共享发展的关键变量

中国的市场体系是在计划体制的背景下由政府逐步培育出来的，政府与市场关系的调整更是经历了极为复杂的过程。从总体上讲，近三十多年来，中国共产党不断深化对政府与市场关系的认识，在实践中逐步明确政府与市场的功能定位。党的十五大提出"使市场在国家宏观调控下对资源配置起基础性作用"，十六大进一步提出"在更大程度上发挥市场在资源配置中的基础性作用"，十七大提出"从制度上更好发挥市场在资源配置中的基础性作用"，十八大明确要在"更大程度更广范围发挥市场在资源配置中的基础性作用"。在全面总结我们党对市场经济认知的理论成果和实践经验的基础上，党的十八届三中全会第一次明确提出"市场在资源配置中起决定性作用"的重大论断，标志着我们党对社会主义市场经济建设规律的认识，包括对政府与市场关系的认识，达到了一个全新境界。在调整政府角色，理顺政府与市场关系，充分发挥政府与市场在推进共享发展上不可替代的作用方面，浙江不仅提供了一个极具典型性的经验，而且为全国贡献了丰富的实践经验。

政府是最重要的制度装置之一，政府行为构成社会主体行为选择的重要约束条件。国家的制度环境和制度安排能否取得最大的绩效，地方民众自发的创业热情能否得到有效的保护和激发，从根本上讲，取决于地方政府的行为选择。"在社会所有制度安排中，政府是最重要的一个。"[1] 作为区域公共事务的管理主体，地方政府是区域经济社会发展战略的决策者和实施者，是区域体制创新的推动者、组织者。地方政府能否将国家的宏观政策同地方实际有机地结合起来，探索出具有比较优势的区域发展战略，激发和调动起广泛的创业创新热情，形成大众化的创业局面，不仅是加快区域经济发展的关键，也是促进区域经济社会发展步入共享发展轨道的关键。各级地方政府角色的适时转型和政府管理模式的不断创新，对浙江区域市场经济体系的率先发育，并比较顺利地形成共建共享的发展格局，无疑起到了关键性的作用。

浙江区域市场化进程中的地方政府角色功能，总体上符合"市场

---

[1] 林毅夫：《关于制度变迁的经济学理论：诱致性变迁与强制性变迁》，载［美］R. H. 科斯等《财产权利与制度变迁——产权学派与新制度学派译文集》，上海三联书店、上海人民出版社1994年版，第374页。

增进"型政府的规定。① 需要指出的是,"市场增进"型政府的角色定位和行为方式并不是一个固定模式,而是随着市场体系的演进而不断调整的。浙江的经验表明,对于转型社会来讲,政府职能的转变和政府角色的调整,一味向市场体系和法治秩序较为成熟的西方国家看齐,追求政府规模和政府职能的最小化,一味地崇尚政府"无为而治",并非最优的选择。世界银行1997年世界发展报告提出的"有效政府"(Efficient Government)② 理念,更切合转型国家政府角色调整的功能定位。"有效政府"注重的不是单纯政府职能的有限性和政府规模的最小化,而是政府促进经济社会发展和市场体系发育的实际效果。一个规模较大却"有效"地发挥了"市场增进"作用的政府,决不会比一个规模很小,同时在市场发育中无所作为,在市场发生失灵时束手无策的政府更坏。地方政府的角色定位是否合理,不存在绝对的评价尺度,需要联系地方经济发展的初始条件、比较优势,甚至区域文化传统及其在地方干部群众观念行为中的体现,才能得到合理的阐释。无论是"强政府"还是"弱政府",无论如何是积极干预还是"无为而治",只要能够有效地促进区域市场体系的发育,都是合理的。

二 浙江共享发展历程中的有效政府

相对于浙江经济发展和体制创新面临的种种特殊约束条件及比较优势而言,改革开放以来浙江各级地方政府在总体上无疑是充分发挥了"市场增进"作用的"有效政府"。概括地讲,浙江各级政府扶持、引导、增进区域市场体系发育的功能,突出表现在以下三方面。

一是在市场化改革还处于"摸着石头过河"的阶段,坚持一切从实际出发,想方设法为体制外经济的增长创造相对宽松的区域政策环境,充分发挥浙江民众自主创业精神旺盛,民间企业家资源丰富,以及民间制度创新试验活跃的优势,形成市场化改革和民营经济发展的

---

① 参见史晋川等《政府在区域经济发展中的作用——从市场增进论视角对浙江台州的历史考察》,《经济社会体制比较》2004年第2期。
② 世界银行:《1997年世界发展报告:变革世界中的政府》,中国财政经济出版社1997年版。

先发优势。总体上,在国有经济力量薄弱,集体经济基础落后的背景下,浙江各级地方政府基于个体私营经济对地方经济发展的重要贡献,在特定的政治约束条件下,没有对其采取严厉的行政干预,而是最大限度地采取了宽容、默认的对策。开明的地方政府或出于其相对超前的市场经济认知信念,或基于地方利益及地方民众利益的诉求,还想方设法给予民间的市场化改革试验最大限度的政治庇护和政策支持。如在中央的政策规定比较含糊的领域,营造既定政治和政策环境下最为宽松的区域发展环境;适时、适度地介入民间的市场制度创新实践,在总结微观主体的创新经验的基础上,将游离于体制之外,尚不拥有合法地位的制度创新成果纳入政府管理的渠道,赋予其在地方上的合法性;在民间的创新实践遭到政治合法性的质疑的情况下,在各种场合为这种创新实践的现实合理性进行政治辩护;等等。地方政府这种理性、务实的行为选择,客观上推动浙江经济从一开始就走上市场化、民营化的道路,对形成大众化创业格局和老百姓经济现象起到决定性作用。

二是充分发挥政府在整合地方资源上的优势,借助于政策的导向功能,及时地推动要素资源的集聚,克服群众自发性创业的局限,加快市场体系的发育,促进地方产业的迅速壮大。专业市场与"块状经济"的相互匹配,是浙江经济快速发展的重要路径。浙江各种专业市场的发育和"块状经济"的培植,大多数是在群众的自发性尝试基础上,通过地方政府及时出台各种扶持性政策,制定实施切合实际的发展规划,推进配套公共基础设施建设等,才得以从交易范围狭小的地方性市场扩展为全省性甚至全国性大市场,从"一乡一品"式的产业"小块块"发展成为产值超亿元甚至上百亿元的产业集群的。

三是通过有效的制度供给,为市场交易和市场发展提供稳定、规范的制度框架,不断提高市场交易的制度化水平。尽管并不存在一个整齐划一的节拍,但20世纪90年代以来,浙江各级地方政府的角色行为模式的演变,普遍呈现出了从相对无为到积极有为的态势,主要表现在地方政府普遍开始以积极的姿态,充分发挥自身在制度创新中的主导作用,为个体私营经济的发展提供最有利的政策支持。从省委、省政府出台的促进个私经济发展的"四个不限"（不限发展比例，不限发展速度，不限经营方式，不限经营规模）、"四个有"（让个私企业经营者"经济上有实惠，社会上有地位，政治上有荣誉，事业上有作为"）的政策规定；到市县政府在中央出台"抓大放小"政策之际，大踏步地推进国有经济和集体经济的股份制改造；再到各级政府致力于大力整顿市场秩序，建立健全市场规则，推进市场交易的制度化，浙江各级地方政府开始更多地扮演起了制度创新的"第一行动集团"的角色。

浙江之所以能够长期走在市场化改革的前沿，并以市场化的体制机制优势克服经济发展的种种不利条件，创造出耀眼的"浙江现象"，一个最重要的根源，就是在特定的发展背景下，浙江形成了体制外市场主体千方百计冲突旧体制束缚，与开明务实的地方政府想方设法为体制机制创新营造宽松环境的良性互动，形成了市场体系发育与政府角色调适的良性循环。在此，基层政府基于同微观经济过程千丝万缕的联系，本能式地倾向于保护和支持个体私营经济的发展，向上传递个体私营经济经营者的利益诉求。各级地方政府基于优先解决民生问题，促进地方经济发展，"尊重群众的首创精神"，对市场主体各种冲破旧体制束缚的创新试验，采取开明、宽容的态度，甚至主动为创新主体的大胆试验提供必要的政治辩护，为各种制度创新实践营造相对宽松的政治环境。与此同时，市场主体的创新行为，特别是其巨大的经济增长绩效，如带来地方经济快速增长、就业率提高、社会稳定，以及地方财政收入的提高，反过来又不断激励地方政府对市场化、民营化的体制改革采取更为积极、务实的态度，想方设法为创新实践提供相对宽松的政治和政策环境，并及时地将民间市场主体的创新经验转化、凝结为地方性的制度安排，将原本"非法"的制度创新演变为正式制度安排。20世纪90年代中期以后，随着制度环境的深刻变迁，地方政府进一步强化了一整套有利市场化、民营化改革的信念和行为方式，积极顺应市场体系发育和市场秩序扩展的内在需要，开始从微观和中观层面积极推进政府管理体制改革，进行各种旨在优化地方治理结构的尝试。

三 市场化进程中政府角色的适应性调整

浙江经济社会发展和体制创新 40 年的历程及其取得的辉煌成就足以说明，浙江经验中的地方政府角色行为，决不是简单的"无为而治"四个字所能概括的。在此，各级地方政府的角色行为呈现出了鲜明的"顺势而为"的倾向，政府既没有一味放任无为，听凭区域市场体系完全按照自生自发的逻辑缓慢演进，也没有运用行政手段去支配和控制市场化进程，而是在充分尊重市场体系发育内在规律的前提下，根据市场体系发育在不同阶段提出的客观要求，不断调整自己的角色地位，有所为、有所不为，有效地发挥自身对于区域市场体系发育的扶持、引导、增进作用。

习近平同志在浙江工作期间，在充分调研的基础上全面总结了浙江的体制机制优势，认为浙江之所以能够从一个"资源小省"发展成为"经济大省"，靠的是灵活的市场机制，政府尊重群众的首创精神，充分发挥市场机制的作用，有效地激发了浙江人民的创业激情和创新精神。习近平同志将浙江在处理政府与市场关系上取得的经验形象地概括为协调好"两只手"。他指出，改革开放以来，浙江率先初步建立并不断完善调动千百万人积极性的市场经济体制，在繁荣民营经济、壮大国有经济、促进社会结构转型方面都取得了很大成就。有人说，浙江经济就是老百姓经济，但是老百姓经济并不是说党委、政府是无所作为的，恰恰是党委、政府尊重群众的首创精神，稳步推进了市场取向的改革，使浙江的市场化程度走在了全国前列。深化市场取向的改革，关键是要处理好政府与市场的关系，即"看得见的手"与"看不见的手"这"两只手"之间的关系。[①] 2003 年 7 月，习近平同志还根据浙江的发展经历进一步提出："在市场经济条件下，党委、政府抓工作，必须坚持有所为、有所不为，既要发挥'有形之手'的作用，更要发挥'无形之手'的作用。有为和无为不是对立的，而是统一的。有为不是包办代替，无为也不是放任自流，无为是为了更好地有为，做到不该管的事情放手不管，该管的事情集中精力

[①] 习近平：《之江新语》，浙江人民出版社 2007 年版，第 182—183 页。

坚决管好。"①

　　浙江在共享发展方面最成功的经验莫过于,从改革伊始,浙江就借助于市场化、民营化的体制机制创新,成功地激发、调动和释放出了千百万普通民众的创业热情,形成了蔚为大观的创业浪潮,催生出浙江经验特有的"老百姓经济"现象。各省之间不同发展模式的比较,可以让我们清楚地看到,以浙江为代表的大众创业与一些地方的精英创业局面会形成截然不同的共享发展效应。浙江的大众化创业浪潮,驱动千百万普通浙江民众以不同的方式普遍性地卷入工业化、市场化进程,由此产生了两个显著的共享发展效应。一是大众化创业驱动浙江民众不等不靠,依靠自己的辛勤劳动和聪明智慧,自发地走上了脱贫致富奔小康的进程,并迅速地改变了自己的生存境遇,使浙江城乡居民的收入水平在短短的十多年内从低于全国平均水平跃升到全国领先水平。这就为形成共享发展格局奠定了坚实的社会基础。二是大众化创业以及由此形成的百姓艰苦创业与政府想方设法营造宽松环境的努力所形成的良性互动,驱使浙江很自然地走了富民强省的发展道路,民营经济的快速发展不仅使城乡居民收入水涨船高,而且为政府进一步发挥自身在发展成果共享上的调节作用,提供了不可缺少的财富基础。进入 21 世纪以来,特别是习近平同志主政浙江以来,浙江之所以能够更加突出地发挥政府的宏观调控作用,发挥政府在共享发展上的补短板作用,与此有着密不可分的关系。相形之下,一些地方所形成的精英创业格局,不仅直接迅速拉大了不同社会群体之间的收入差距,而且削弱了政府财力的来源,弱化了政府调节社会收入分配格局的能力,由此,在社会快速两极分化的过程中,共享发展势必还将陷入某种恶性循环的格局。

　　尽管浙江所形成的大众化创业格局,有着深刻而复杂的初始条件和文化历史背景,但政府顺势而为,适时、合理调整政府的角色定位,正是浙江从改革一开始就比较顺利地步入共建共享的发展轨道的关键因素。大体上,在 20 世纪,浙江各级政府的主要功能主要体现

---

①　转引自王慧敏、顾春《浙江要为"资源配置"率先趟路》,《人民日报》2013 年 11 月 15 日。

在为市场化改革和民营经济发展营造宽松的政策环境上，体现在对区域市场体系的培育和地方经济发展的有效引导上。随着浙江逐步从一个经济发展水平居为全国中游的省份发展成为全国经济大省，地方财政收入也有了长足的增长之后，以习近平同志主政浙江，全面实施"八八战略"为标志，浙江又及时调整了政府的角色定位，强化了政府在公共服务上的重要职责，进而通过统筹城乡发展和区域发展，校正市场失灵，补齐发展短板，又较好地发挥出政府在引导、调控共享发展方面的优势，使浙江的共享发展步入了政府与市场优势互补的良性循环轨道。

第二节　充分发挥市场在营造共建格局中的关键作用

改革开放以来，浙江在既缺乏广东那种独特的区位优势，又极度缺乏工业化资源，也几乎没有获得中央倾斜性政策扶持的条件下，从低于全国平均水平的工业化基础起步，迅速崛起，成为全国经济增长速度最快的省份，创造了辉煌的"浙江现象"。从制度创新的视角来审视，"浙江现象"无疑得益于市场化、民营化的体制机制创新，而浙江之所以能够在体制机制创新上先行一步，则不能不说是因为浙江民众在特定生存境界下塑造出来的全国罕见的自主创业精神。这样一种与市场经济、民营经济有着天然的相通性的创业精神，驱使浙江从改革伊始就涌现出了一浪高过一浪的致富奔小康的创业大潮。而正是千百万普遍民众在计划体制缝隙中寻找新的生存之道路的创业热情和创新智慧，及其与地方政府加快地方经济发展的务实开明举动的良性互动，驱动浙江率先突破了计划体制的束缚，创造出了市场化改革的体制机制优势，塑造出了浙江以共建实现共享的发展格局。

一　浙江社会共建格局的滥觞

改革开放以来浙江涌现出来的大众化创业浪潮，以及"千军万马闯市场"的社会财富共建格局，是特殊的自然生存环境、人文历史传统，以及浙江人求生存求发展的创新实践相互激荡的产物。

首先，逼仄的生存空间为浙江民间创业精神的激发提供了最原始的压力机制。浙江七山一水两分田，可耕地稀少。至少从南宋时期开始，浙江就已成为全国人口密度最大的地区之一，人多地少成为制约农业经济时代浙江发展的根本性难题。作为一个典型的农业省份，浙江在改革之前却一直为严峻的吃饭问题所困扰。1978年浙江全省人均耕地0.78亩，仅为全国平均水平的1/2，居于全国最末位，全省的粮食自给率连70%都达不到。生存压力问题一直是悬挂在浙江人头上的一把达摩克利斯之剑，如何解决吃饭问题成为制约普通百姓和地方基层官员行为选择的首要因素。"民以食为天"，没有任何一种体制力量能够阻挡民众基于生存压力迸发出来的创业冲动。只要计划体制出现了任何一个细小的缝隙，受尽贫困煎熬的浙江民众都会紧紧抓住不放；只要束缚创业的政策有了一丝松动，不甘贫穷的浙江民众就会将积蓄已久的创业冲动迅速付诸实践。在浙江，恰恰是人多地少的矛盾最为突出，农业经济时代经济最为困难的地区，如温州、台州地区，老百姓自主创业的激情最为高涨，这绝不是偶然的。巨大的生存压力也使浙江地方和基层的各级干部不得不冷静地正视群众的吃饭问题，无论是偏离主流意识形态可能产生的政治风险，还是自上而下的行政压力，都不得不让路于解决群众的吃饭问题。从这个意义上说，浙江民众的自主创业精神是由现实的生存环境"逼"出来的。土地资源的匮乏，正是浙江人"安土重迁"的观念较为淡薄，更容易摆脱对土地的依恋，四海为家，走南闯北去寻求生存出路的真实原因。自然资源的匮乏，也逼迫浙江人在市场竞争中必须比别人更勤于思考，花更多的心思去寻觅、捕捉商机，逼迫浙江人必须比别人先行一步，以自己敢为人先的创新实践，去赢得市场竞争的优势。

其次，悠久发达的区域工商文化传统的长期熏陶染濡，赋予了迫于生存压力自发走上创业之路的浙江民众一整套与市场经济的运行相适应的思想观念和行为方式。浙江有着悠久和发达的工商业文化传统。至少到唐代，浙江已成为全国工商业最发达的地区之一。南宋时期的杭州已成为全国最大、最繁华的商业中心，全市人口达一百万人以上，市民从事的行业达"四百十四行"之多。明清以来，随着具有资本主义萌芽性质的工商业的蓬勃发展，大大小小的市镇更是迅速发展起来。发达的商品经济与商业市镇奢华的生活方式一旦成为浙江文化历史传统的重要组成部分，不可避免地对人们的思想观念和行为方式产生了深刻的影响。一个突出的表现，就是浙江人"舍本逐末"、趋利好贾。《宋史·地理志》上的两浙路人"俗奢靡而无积聚，厚于滋味。善进取，急图利，而奇技之巧出焉"的记载，真切地反映了当时浙江人的生活观念与行为方式的特点。如果说中原文化的行为理性更多地表现为道德理性的话，那么，浙江区域文化传统中理性则带有鲜明的经济理性的性质。具有这种理性意识的人，在日常生活中往往更习惯于按照"经济人"的行为偏好来进行选择，鄙薄空谈，崇尚实干；轻视说教，追逐实利，注重世俗享受，正是他们基本的行为取向。浙江思想史上形成的以浙东学派为代表的，同主流文化大异其趣的事功思想，如经世致用的思想学风、义利并重的价值观念、工商皆本的亲商意识、理在欲中的世俗立场等，正是浙江独具特色的区域文化传统的集中体现。繁荣的商业文化，经世致用、义利并重、工商皆本等精英思想传统，与洋溢着浓厚的功利主义、世俗主义气息的民间大众文化的相互交融，将商品经济、市场经济极具亲和力的一系列价值观念、思维方式，深深地积淀在浙江普通民众的心理结构和行为习惯之中，塑造出了浙江民众不耻于经营谋利，且善于捕捉商机的生存个性，赋予了他们一系列适应于商品经济、市场经济的特殊人力资本优势，一种特殊的文化基因。这种文化基因即使一时受到压制，无法充分显示出其巨大的人力资本优势，一旦外部压制有所松动，又会重新苏醒，并在各种压制性的制度裂缝中找到自己生存、裂变的空间，显示出自己巨大的能量。

再次，计划体制的排斥效应给浙江民众在体制外创业提供了一种特殊的逆向激励。浙江是计划体制的边陲，又是特定历史时期的海防前线，是国家投资最少、国有经济最薄弱的省份。1978年浙江工业总产值136.2亿元，其中国有工业仅占60.6%，是当时全国国有工业比重最低的省份。计划体制的吊诡之处就在于，它在给予一些地区特殊的激励和恩惠的同时，往往同时也让这些地区的变革受缚于制度变迁的"路径依赖"，甚至可能让它们陷入制度变迁的"锁定"状态。相反，它在排斥另一些行为主体的同时，也减轻了他们冲破旧体制束缚可能面临的阻力和需要付出的成本。正是计划体制的"排斥效应"导致浙江民众只能通过自谋出路来改变自己的生存命运，客观上有力地激发了他们的创业精神。国家投资稀少，国有经济比重低，无法充分分享计划体制所给予的特殊恩惠，浙江老百姓因此也较少受到"等、靠、要"的惰性心理的束缚，更容易培育出自强自立的自主意识。国有经济比重小，客观上决定了浙江要推进工业化进程，只能另辟蹊径，以体制外增长来开辟新的经济增长点。无法通过指令性计划获得工业化、城市化所需要的资源，决定了浙江人只能通过市场化来实现资源的互换。浙江的市场化改革之所以能够先行一步，浙江的经济之所以形成了资源与产品"两头在外"的格局，浙江之所以发展成为全国首屈一指的市场大省，同改革初期浙江特定的制度约束条件有着重要的内在关联。

显然，现实的生存困境形成了浙江民众不得不在传统农业经济之外寻求生存之道路的内在压力，而发达的区域工商文化传统则赋予了浙江民众从事工商业的特殊偏好和技能。浙江发展的诸种初始条件的因缘际会，共同造成了浙江冲破计划体制束缚，以体制外创业改变生存困境的强大动力。事实上，即使是在计划经济时代，现实的生存压力也迫使浙江民众依然想方设法在一切可能存在的管制缝隙中寻找改变生存命运的机会。早在20世纪50年代末，浙江永嘉人民就尝试过"包产到户"的改革，一些地方"包产到户"的经营方式甚至一直以隐蔽的形式存在着。在"左"的思潮盛行的年代，浙江许多地方仍然想方设法发展家庭副业。在温州，所谓的"地下经济"和"黑市"在20世纪六七十年代也相当活跃，并一再被当作"复辟资本主义的典型"，所谓的"资本主义尾巴"，割了又长，割不胜割。民间创业致富的强烈愿望犹如地火一般，以坚韧的意志寻找着宣泄的突破口。一旦政策松动，强烈的创业致富愿望就会迅速转变为自主创业的实践，并如同找到土壤的野草一般，铺天盖地地蔓延开来。

值得庆幸的是，在地方民众的创造性活力及其巨大的经济绩效的感染下，浙江的各级党委政府比较早和比较清醒地摆正了自己的位置，顺乎民意，以开明和宽容的态度来对待人民群众的创造实践。从最初默许广大群众为解决自己的生计问题而采取的某些冲破旧体制的举动，到进一步积极引导群众自发性的改革创新，各级党委和政府把党的方针政策同浙江的实际创造性地结合起来，逐步形成了一整套有利于保护和激发人民群众积极性的工作方法。对于基层群众创造的成功经验，及时总结、推广，用以指导各地的实践；对于人民群众在实践中创造的新事物，以及与此相伴生的种种不成熟、不规范现象，"允许试、允许看、允许改"，不因群众创新举动伴生的某些局部问题而因噎废食地否定、压制群众的创新实践；当一些人从教条本本出发，对浙江基层群众的种种创新实践上纲上线，横加指责时，他们顶住压力，"不动摇、不攀比、不张扬、不争论、不气馁"，避免了由此可能产生的思想混乱，缓解了由此给人民群众的创新实践带来的冲击。这一切就为浙江的大众化创业浪潮的兴起，建构了一个相对宽松和适宜的社会政治环境。

正是在一系列特殊条件的作用下，浙江迅速形成了全国罕见的大众化创业浪潮。那些有着强烈的改变生存困境冲动的浙江民众，自发地以各种方式卷入了自主创业大潮，他们靠着走遍千山万水，说遍千言万语，想尽千方百计，历经千难万险的顽强意志，创造出了浙江体制外增长的奇迹，推动了自主创业精神在浙江大地的蔚然成风。东阳的泥木之乡走出了庞大的建筑大军；五金之乡永康崛起了中国五金城；"其货纤靡、其人善贾"温州催生出了皮革、低压电器、打火机、眼镜等特色产业群；在"日出华舍万丈绸"的绍兴，诞生了称雄全国的纺织产业；依托"奉帮裁缝"的传统技艺，宁波发展成了闻名全国的服装之都；而柯桥、路桥等交易便捷的商贾往来之地，则崛起了一座座现代专业市场；有几百年"鸡毛换糖"历史的义乌，更是建起了全国首屈一指的中国小商品城……创业的激情还驱散了墨守成规、安土重迁等种种小生产观念，激发出了浙江老百姓四海为家的市场开拓勇气。早在20世纪80年中期，浙江就涌现出了几十万购销大军，他们把千家万户的商品生产同瞬息万变的市场需求衔接起来，把当地专业市场与省内、省外的大市场衔接起来，编织出了庞大的购销网络。在此基础上，浙江各地的专业市场犹如"千树万树梨花开"，迅速崛起，辐射面不断扩大，形成了"哪里有市场哪里就有浙江人，哪里有浙江人哪里就有市场"这样一种奇特现象。毫无疑问，正是千百万普通民众的创业热情，构成了浙江市场化改革和共建共享格局塑造的第一动力。

二　社会共建格局的共享效应

大众化创业浪潮形成的社会共建格局，为浙江从改革伊始就塑造出有利于实现共享发展的发展模式奠定了坚实的社会基础。成千上万的共建大军不仅凭借自己的辛勤创业直接分享到了发展成果，他们作为创富大军，还为浙江民众普遍提高生活水平，为政府运用公共财力补齐共享短板创造了不可缺少的重要前提。就此而言，浙江共享发展一条至关重要的成功经验，就是通过共建形成了良好的共享效应。

首先，社会共建格局，为浙江培育了规模极其庞大的合格市场主体，造就了庞大的创业大军、创富大军。市场主体的培育是市场经济体系生成的根本前提。从家庭作坊、前店后厂到"挂户经营"，再到股份合作制，非公有制经济的蓬勃发展，使浙江迅速崛起了一大批土生土长的市场化改革的开路先锋。他们率先致富的成功经验所产生的社会示范效应，吸引了越来越多的人加入创业者的行列。创业队伍扩充的过程就是市场主体的造就过程，就是浙江创业精神扩散的过程。从某种意义上说，浙江的市场经济发展之所以充满活力，就在于强烈的自主创业意识，使浙江千百万普普通通的老百姓演变成了真正意义上的市场主体，演变成了推动体制改革不断向纵深发展的"第一行动集团"，成为走在改革最前列的弄潮儿。

在地方政府"先放开后引导、先搞活后规范、先发展后提高"等开明政策的扶持下，改革伊始，浙江城乡的个体私营经济得到了很快的恢复和发展。1979 年浙江城乡个体工商户共有 8091 户，到了 1988 年，全省私营企业总户数达到 2256 家，从业人员 3.14 万人。党的十四大将建立社会主义市场经济体系正式确立为经济体制改革的目标模式之后，长期阻碍私营经济发展的政治障碍被排除，浙江个体私营经济进入了一个加速扩张的成长时期。到 1997 年年底，浙江个体工商户达到 153.23 万户、256.41 万人；私营企业达到 9.18 万户、135.52 万人。1998 年省委省政府出台了《关于大力发展个体私营等非公有制经济的通知》，明确提出要"不限发展比例，不限发展速度、不限经营方式、不限经营规模";要求各级地方政府"加大政策扶持力度,加大依法保护力度,加大环境整治力度",让个体私营企业经营者"经济上有实惠,社会上有地位,政治上有荣誉"。各级地方政府不断完善个体私营经济发展的政策法规,清理阻碍个体私营经济发展的不公平政策待遇,对个体私营企业在注册登记、税收、贷款、用地等方面,逐步做到与公有制企业一视同仁。浙江民营企业数量由此出现井喷式增长,企业规模和档次也得到迅速扩大和提高。据浙江省工商局2006年9月13日发布的"浙江省私营经济发展情况"报告,2005年全省有个体工商户172.7万户,私营企业35.9万家。

不同于其他区域工业化、市场化模式的是,浙江从改革伊始就走上了体制外增长的经济发展道路,民营经济一直扮演着浙江经济发展主发动机,以及最富有创新活力的市场主体的角色。从计划体制的缝隙中成长起来的个体私营经济,产权明晰,从一开始就是真正意义上的市场主体,完全按照自主经营、自由竞争、自负盈亏的市场机制运作。正是民营经济的迅速发展及其巨大的增长绩效的显现,为集体、国有经济的改革提供了生动的示范作用,提供了丰富的经验借鉴。邓小平同志南方谈话发表后,以股份合作制为主要形式的产权制度改革,在全省乡镇集体企业得到了普遍推广。到2001年年底,浙江6万多家乡村集体企业的改制基本完成,改制面达到了97%。与此同时,浙江省委省政府先后制定下发了"加快国有小企业改革改组步伐"等一系列文件,鼓励各地采取股份合作、兼并、破产、租赁、拍卖等多种形式放开搞活国有小企业,将其大部分改组为国有控股或参股、职工集体持股、经营者有股、民资外资参与的混合所有制经济,鼓励国有资产从"小、微、亏"企业退出,通过资本经营,实现国有资产的流动重组、保值增值。到2001年浙江基本完成国有企业的改制工作,全省国有企业的改制面达到了96.1%。

可以说,浙江共享发展的最大优势,就是形成了庞大的社会财富共建大军。据相关学者的研究,20世纪之初,如果将家庭人口包含在内,温州可能有1/5的人是老板,或者说1/5的家庭有自己的生意。以龙港镇为例,2000年全镇总人口231278人,其中劳动力125669人。其中个体工商户的户数为49480户,从业人数92164。各类工业企业共有851家，以每个企业3个股东计，共有2000多个股东，再加上第三产业企业主和投资在外地而家住龙港的企业主，估计龙港的企业主群体约有3000人。因此，按照2000年的劳动力数量估计，全镇125669个劳动力中，企业主阶层、个体户加购销员约占3/4。[①] 从全省情况来看，根据浙江省工商局的数据，截至2015年6月底，全省共有各类市场主体441.4万户。以此来推算，相当于平均12个浙江人里就有一个老板。各类企业通过转型升级，无论企业规模还是技术、管理水平都有了质的飞跃。据统计，2017年浙江在A股已发行、上市的公司数量达到353家，居全国第二位；在全国民营企业500强中浙江占有120席，居全国第1位。另外，目前，还有640万浙江人在省外投资创业，创造的GDP超过了本省GDP总和。

其次，社会共建格局催生的民营经济的快速发展，极大地改变了浙江民众的生活水平。浙江民众有着很强的自主创业冲动，他们出于追求富足生活的质朴愿望，自发地从事着各种冲破旧体制的试验，不抱怨、不伸手，风险和代价都自己来承担。温州人20世纪80年代概括出来的"自主改革、自担风险、自强不息、自求发展"的四自精神，正是浙江民众这种顽强的自主创业精神的体现。对于各级地方政府来说，由于国有经济所占比重很低，对经济增长的贡献有限，客观上决定了浙江要推进工业化进程，只能另辟蹊径，在计划体制外部，通过大力发展乡镇企业和个体私营经济来开辟经济增长点。在民间自主创业大潮兴起与地方政府开明务实的政策引导的共同作用，浙江民营经济的发展很快形成了在全国的领先优势。

民营经济作为浙江经济高速增长的主发动机，对浙江小康社会建设和人民生活水平的提升产生了重大的影响。据统计，2002年，浙江全省GDP的增量中有69.1%的贡献份额来自民营经济；民营经济税收收入达到769.81亿元，占全省全部税收收入的比重达到60.6%；民营经济直接出口额达88.67亿美元，占全省出口总额的30.1%；全省民营经济投资完成额达2159.5亿元，占全社会投资完

---

① 朱康对：《来自底层的变革：龙港城市化个案研究》，浙江人民出版社2003年版，第99—101页。

成额的62.2%。与此同时，1979年以来浙江新增就业人员1125万人，其中私营经济安排就业1058万人，占94.1%。2003年，全省非公有制经济从业人员已占到全部从业人员的53.9%。在浙江专业市场和集贸市场的70多万个经营主体中，个体工商户和私营企业已占到90%以上。非公有制经济发展还对城乡居民收入的增长产生了重要影响。以农村居民为例，2003年与1997年相比，农村居民人均工资性收入由1496元增加到2613元，占全年人均总收入的比重由31.7%上升到38.9%，对农村居民人均总收入增长的贡献份额达到56.2%，而农村居民的工资性收入绝大部分都是依靠非公有制经济发展取得的。① 从1978年到1997年，浙江城镇居民人均可支配收入从低于全国平均水平的304元增长到20574元，连续10年位居全国各省区第1位；农村居民人均纯收入从165元增长到8265元，连续22年稳居全国各省区之首。另外，根据国家统计局用新的农村全面小康标准和监测方法对各省区市的跟踪监测，2004年浙江省农村全面小康社会实现程度达到58.9%，大大高于21.6%的全国平均水平，仅次于上海、北京、天津，居各省区第1位，高于列第2、3位的广东、江苏10个百分点。② 浙江农村居民收入之所以长期稳居全国各省区首位，民营经济居功甚伟。

最后，社会共建格局还产生了极为广泛的社会动员效应。浙江独具特色的大众化创业和老百姓经济格局，虽然存在某些不可避免的先天不足，却产生了最有助于形成全民创业格局的社会动员效应，它成功地将全省各地的普通民众动员、引导到了创业创富的进程之中。

受技术、资本等条件限制，浙江的普通创业者普遍选择技术门槛和资金门槛较低行业进入工业化进程，形成了"轻小集加"的产业格局，企业生产的大都是人们觉得不起眼的小商品，如领带、袜子、皮鞋、纽扣、眼镜、打火机等。但在短缺经济时代，浙江却凭借成本

---

① 国家统计局：《浙江省非公有制经济发展现状、特点、作用与困难分析》，2004年12月14日，中国统计信息网，http://www.stats.gov.cn/ztjc/ztfx/fxbg/20041213_15165.html。
② 张兴华：《浙江城乡统筹发展现状评估和对策分析》，《浙江统计分析》2005年第28期。

优势和规模优势，形成了小商品、低成本、高回报的比较优势。虽然企业规模普遍较小，但借助于市场优势，浙江却成功形成了细密化的分工生产体系以及社会服务体系，形成了"小企业、大协作""小资本、大集聚"的群落效应。根据国家统计局对全国规模以上企业生产的532种主要工业产品产量的统计，2000年，浙江有336种产品的产量居全国前10位，占被统计产品的63%，其中56种产品产量居全国第1位，53种产品产量居全国第二位；有13种产品的产量超过全国总产量的一半。浙江的块状经济，是由高度专业化分工的中小企业集聚而成的一种区域性生产组织。这种组织内部通过精细化的专业分工形成稳定的合作关系，企业之间不论规模大小，均相对独立，以平等的地位参加区域性生产体系，相互之间形成密切的内部产业分工体系。据浙江省委政策研究室调查，2001年全省88个县市区中，有85个县市区形成了"块状经济"（10家以上企业生产同类或相关产品、年产值上亿元的区块）。"块状经济"大多属于劳动密集型产业，市场进入的门槛较低，企业的生产过程容易模仿，它为浙江普通百姓参与产业活动提供了最有利的空间。由于产业分工非常精细，每个小企业只负责其中一道工序，知识、技术、资本的门槛都很低，普通老百姓通过相互模仿，都能掌握相关的经营知识。同时，借助于专业市场，文化素质不高的经营者都能与全省甚至全国市场发生联系。可以说，"块状经济"成功地把家庭这个消费单元变成了生产单元，对于解决浙江农村富余劳动力出路及其收入问题产生了巨大的影响。正是借助于"块状经济"的生产模式，浙江成功地实现了创业的大众化，并在这一过程中培育出了规模庞大的市场主体。

与此同时，浙江民营经济的发展始终是与市场体系的发育紧密联系在一起的，从专业化的商品市场到各种要素市场；从区域性市场到全国性甚至辐射全球的大市场；从简陋的地摊式的初级形态的市场，到现代化、信息化、虚拟化的高级形态的市场，浙江这个全国著名的市场大省，牢固地确立了市场体系发育的先发优势，形成了覆盖全国、辐射全球的商品营销网络。一方面，"人多地少"的矛盾，迫使浙江民众去冲破把他们束缚在土地上的计划经济体制，走向市场，走向全国各地，并因此形成了满天飞式的创业模式。据第四次人口普查资料，1990年7月1日，浙江外出人口达142.23万人，占全国同类人口的8.27%，为浙江普查登记常住人口的3.43%，高于全国平均水平（1.52%）1.91个百分点。创业主体对市场的不断拓展，充分发挥了浙江人脑子活、会经营的人力资本优势，建立起四通八达的市场营销网络体系。另一方面，浙江工业化资源严重匮乏，同时，作为计划体制的边陲地区，浙江从计划指标中获取的资源也根本无法支撑自己的工业化进程。这就决定了各级政府只能另辟蹊径，通过市场交易来获取工业资源，大力支持浙江企业走出去，以市场机制去解决工业资源与产品市场的难题。从资源和市场"两头在外"到全国独具特色的"浙江人经济"现象，浙江不仅将数以百万计的普通民众动员起来，加入到市场体系的拓展上来，而且将全国乃至全球的资源有效地配置到经济发展过程中来，取得了更为显著的创富效应。

第三节 充分发挥政府的共享发展引导协调作用

改革开放以来，浙江各级政府长期坚持从实际出发，坚持富民强省，尊重人民群众的主体地位和首创精神，把发展经济，提高人民生活水平的工作着力点放在调动广大群众的积极性发展生产力上。对于民间的创业、创新活动，各级政府大多采取默认、允许、支持乃至放任的做法，表面看这是一种妥协，"无为而治"，实际上这是在特定的历史条件下对民间经济活动的鼓励，有助于形成在中央和基层之间的一个缓冲，有利于在稳定社会政治格局中快速推进制度变迁。

随着民营经济的快速发展和区域市场体系发育的逐步成熟，浙江的共享发展进入了新的重要阶段。一方面，民营经济的快速发展虽然普遍地提高了人民群众的生活水平，但民间自发性的创业不可避免地拉大了地区之间、城乡之间的发展差距和收入分配差距。另一方面，市场主体发育的相对成熟，社会财富的积累，既提出了调整政府角色定位，强化公共服务功能，加强社会收入分配调节的迫切要求，同时也为这种角色转换创造了可能。在这样的发展背景下，以习近平同志主政浙江为标志，浙江开始全面实施"八八战略"，以及"信用浙江""法治浙江""平安浙江"和文化大省建设等专项战略，突出强化了政府在统筹城乡和地区经济社会发展的职责,加快了从经济建设型政府向服务型政府转型的步伐,着力健全社会保障体系,增加公共产品和公共服务的供给,浙江的共享发展模式也由此逐步进入相对成熟的阶段。

一 政府角色的自觉转换

大体上,20世纪90年代后期,浙江建立在民间自发创业基础上的共享发展模式开始暴露出一些令人关注的短板。1998年,浙江省第十次党代会就此专门提出了编织两张"网"的思路。除了着力建立覆盖全省县级以上部门的政府服务网络以外,省委、省政府把建立社会保障"安全网"作为重大战略任务。随后,浙江明显加快了公共服务体系和社会保障体系建设,重点加强了对后富群体的共享制度支撑。2001年,浙江各级政府拿出86.4亿元,增加对社保资金的支出,还在全国率先实现了最低生活保障的城乡一体化,让农民也享受到一定的社会保障。2002年省政府又决定取消农林特产税和各种附加税,使广大农民实实在在地享受到改革的福利。

政府在共享发展中角色的自觉转换,发生在习近平同志主政浙江之际。在深入调研总结浙江改革开放以来的发展历程的基础上,习近平同志对浙江的共享发展实践经验进行了深刻的总结,指出:改革开放以来,浙江率先初步建立并不断完善调动千百万人积极性的市场经济体制,在繁荣民营经济、壮大国有经济、促进社会结构转型方面都取得了很大成就。有人说,浙江经济就是老百姓经济,但是老百姓经济并不是说党委、政府是无所作为的,恰恰是党委、政府尊重群众的首创精神,稳步推进了市场取向的改革,使浙江的市场化程度走在了全国前列。深化市场取向的改革,关键是要处理好政府与市场的关系,即"看得见的手"与"看不见的手"这"两只手"之间的关系。[①]

但是,政府与市场的关系不是固定不变的,浙江所遭遇的先成长先烦恼,迫切需要对政府与市场的关系进行新的定位。如前所述,浙

---

① 习近平:《之江新语》,浙江人民出版社2007年版,第182—183页。

江区域市场体系的发育相对而言,自发性和民间性以及自下而上的扩展逻辑表现得较为突出,政府强制性的行政干预相对较弱。这在市场经济发展初期比较有利于促进市场主体的尽快成长,有利于减少政府对微观经济过程过多过细的干预,充分发挥市场机制的作用。但随着浙江经济社会发展进入全面转型升级的新阶段,政府角色不适应,特别是政府对市场失灵干预不到位等现象逐步暴露出来。对此,在研究和制定"八八战略"的过程中,习近平同志明确指出,在计划经济体制下起作用的只有政府这一只手,所以在改革初期重点是突出市场这只手,发挥市场配置资源的基础性作用。随着改革的不断深入,要切实转换政府这只手的职能,把政府职能切实转换到"经济调节、市场监管、社会管理、公共服务"上来,努力建设服务型政府、法治政府,发挥好、规范好、协调好这"两只手"的关系。[1]

在深入分析浙江面临的现实挑战的过程中,习近平同志认为,浙江的发展进入到了一个关键时期,一个推动经济社会发展模式全面转型的重要阶段。习近平同志将维护和实现公平正义确立为浙江发展模式转型升级,以及政府与市场关系调整的核心问题。在贯彻落实科学发展观"以人为本"的发展理念的过程中,2006年6月,习近平同志专门从理论上阐述了"以人为本"理念深刻而丰富的内涵,强调运用"以人为本"的思维方式来看人和社会的关系,"就是既要积极为劳动者提供充分发挥其聪明才智的社会环境,又要使社会发展成果惠及全体人民,不断促进人的全面发展",来看人和人的关系,"就是要强调公平正义,不断实现人们之间的和谐发展,既要尊重贫困群体的基本需求、合法权益和独立人格,也要尊重精英群体的能力和贡献,为他们进一步创业提供良好的人际环境"[2]。对于公平正义这一社会主义的核心价值理念,习近平同志强调,促进公平和正义的基本前提是正确处理公平与效率的关系。首先,坚持"效率优先、兼顾公平"是一个长期的方针,公平要建立在效率的基础上,效率也要以公

---

[1] 习近平:《之江新语》,浙江人民出版社2007年版,第182—183页。
[2] 习近平:《干在实处 走在前列——推进浙江新发展的思考与实践》,中共中央党校出版社2006年版,第24页。

平为前提才得以持续。当前，在促进效率和维护公平上出现的一些问题，并不是这个方针本身存在什么问题，而是没有真正让效率得到充分发挥，使公平得以兼顾。社会主义初级阶段的公平只能是相对的，不能离开生产力水平开空头支票、盲目吊高胃口。其次，效率和公平有分工的不同，实现的途径也有所不同。初次分配应当注重效率，发挥市场这只"看不见的手"的作用；二次分配应当注重公平，发挥政府这只"看得见的手"的作用。最后，要真正解决社会公平问题，必须扩大中等收入者的比重，使社会收入结构由高收入者很少、低收入者很多的金字塔形，转变为中等收入者为主体、高低收入者占少数的橄榄形。浙江是一个充满活力的地区，有着庞大的创业者群体，这为构建一个以中等收入阶层为主体的社会结构提供了有利的条件。在这方面要加强引导，使人们在创业中各尽其能、各得其所，这也正是构建和谐社会的题中之意。在具体工作中，要按照逐步建立以权利公平、机会公平、规则公平、分配公平为主要内容的社会公平保障体系的要求，坚持实施积极的就业政策，加快完善社会保障体系，合理调节收入分配关系，致力于解决关系群众切身利益的突出问题，不断维护和实现社会公平和正义。[1]

处理好公平效率关系最有效的抓手，就是根据经济社会发展水平和遇到的问题，对政府与市场的关系进行动态调整。习近平同志强调："在市场经济条件下，党委、政府抓工作，必须坚持有所为、有所不为，既要发挥'有形之手'的作用，更要发挥'无形之手'的作用。有为和无为不是对立的，而是统一的。有为不是包办代替，无为也不是放任自流，无为是为了更好地有为，做到不该管的事情放手不管，该管的事情集中精力坚决管好。尤其是在我们这样一个市场化程度比较高的省份，更应注意处理好政府与市场、公权与私权、公平与效率的关系。"[2]

推进浙江经济社会发展全面转型升级，迫切需要加强城乡之间、

---

[1] 习近平：《之江新语》，浙江人民出版社2007年版，第147—148页。
[2] 王慧敏、顾春：《浙江要为"资源配置"率先趟路》，《人民日报》2013年11月15日第5版。

区域之间的协调，迫切需要更好地统筹公平与效率的关系。为此，政府必须在市场本身无法解决的领域发挥不可替代的作用。习近平同志认为，城市的经济建设，市场的作用发挥多一点，效率高一点。农村的发展，公平要多一点，政府这只手要更多地照顾到公平。他认为城乡差距、区域发展差距，如果不靠"政府的手"发挥积极作用，差距只可能不断拉大，这些差距最终会阻碍全面建设小康、提前基本实现现代化。[①] 再如，欠发达地区要走跨越式发展道路，如果离开了政府推动的山海协作，离开了大力实施向欠发达地区倾斜的"百亿基础设施工程""百亿帮扶致富工程""百亿生态环境建设工程"等大量的政府基础性投入，就不可能有效接受发达地区的产业转移，也不可能提升当地百姓的知识水平和劳动素质。根据这一系列重要判断和思路，"八八战略"突出强化了政府在协调城乡发展、区域发展，以及在公共基础设施建设方面的职能，同时将政府角色的转换、政府行为规范以及政府效能的提升作为重大战略提出，有力地推动了浙江共享发展模式从主要依靠民间自发性创业带动城乡居民收入水平提高，向政府与市场发挥各自优势，共同促进共享发展的历史性转变。

二 充分发挥政府共享发展的战略引导功能

世纪之交以来，在经济快速发展的同时，浙江率先进入了社会矛盾凸显时期，经济社会发展过程中的"成长的烦恼"愈益突出，社会建设和社会管理面临新情况新问题的挑战也早于全国大部分地区。具体说来，浙江在经济快速发展的同时所遭遇的社会发展问题，主要表现在：一是民生保障的基础还比较脆弱，全省大部分地区特别是农村地区的社会保障历史欠账过多，民生保障的形式单一，筹资水平较低，农村社会保障的社会化程度也亟待提高。2004年全省参加农村社会养老保险的农户仅占10%左右，参保人数仅占农村常住人口的6%；参加城镇基本养老保险、得到过集体养老金的人数比例则更低，还有大量的原乡镇企业、私营企业和个体工商户未能纳入社会保险的"安全网"，单位和企业劳动用工管理不规范，侵犯职工合法权益的

---

① 习近平：《之江新语》，浙江人民出版社2007年版，第182—183页。

事情屡有发生。二是城乡之间、区域之间发展不平衡现象突出，统筹难度不断增大。世纪之交以来，城乡居民收入差距扩大的趋势没有得到根本扭转，涉及城乡二元体制等深层次社会矛盾逐渐显现。区域发展的差距及其社会影响也有进一步扩大的趋势，发达地区和欠发达地区在经济发展水平、民生保障等方面都有较大差距。以 2003 年为例，浙东北地区的人均生产总值是浙西南地区人均生产总值的 1.81 倍。在生产总值、人均生产总值和财政总收入 3 个指标中，17 个经济强县市比 25 个欠发达县市分别高出 3.38 倍、2.65 倍和 3.41 倍。受此影响，各个地区间的养老保险参保率、基本医疗保险参保率以及人均社会福利床位张数都存在着较大差异。三是随着整体生活水平的提高，人民群众对公共服务的需求显著增长，对文化服务、生态环境的要求日益提高，传统意义的小康生活已经很难满足人们对生活品质的追求。

针对以往以民间自主性创业为主要动力的发展模式暴露出的诸如地区之间、城乡之间、不同社会群体之间收入差距拉大等共享发展短板，自"八八战略"实施以来，浙江制定实施了一系列新的发展战略，有效地发挥政府推动共享发展上的战略引领和政策引导作用。

首先，"八八战略"所确定的山海协作战略，聚焦"推动欠发达地区跨越式发展"，全面加强了对区域间发展不均衡的干预力度。为实现地区间的共享发展，在习近平同志的推动下，浙江加快了对欠发达地区发展的扶持力度。2003 年年初，浙江省委省政府专门召开了欠发达乡镇奔小康工作会议，全面部署实施"欠发达乡镇奔小康工程"。2004 年 1 月，在全省农村工作会议上省委省政府又根据党的十六大提出的"统筹城乡经济社会发展"和十六届三中全会提出的"五个统筹"的要求，对统筹区域发展、推动欠发达地区成为全省经济的新的增长点，作出了新的部署。这些都有力地推动了地区之间的协调发展，推动全省各地小康社会建设整体水平的提高。

立足于省管县财政体制的优势，浙江着力建立健全财政转移支付制度，努力实现政府间财政均衡，为各级政府履行公共服务职责提供有力的财政支持。据统计，2001—2005 年浙江省财政对市、县（市）的财政转移支付额达 711.44 亿元，年均增长 19.1%，其中省财政对县（市）财政转移支付年均增长23.9%。2001—2005年省对下的财政转移支付额相当于地方财政收入的1/5。① 从财政转移支付占地方支出比重来看，县（市）级支出中约有55%是来自省财政转移支付，县（市）对省财政转移支付的依赖度逐年提高，由2001的47.6%提高到2005年的57.5%，说明省财政转移支付对提高县（市）级基本公共服务供给水平的贡献率较强。逐步增强的财政转移支付力度，有力地缓解了浙江不同地区、不同层级政府间的财政非均衡现象，为县（市）特别是欠发达地区基本公共服务的供给提供了有力的支持。根据浙江省财政科研所课题组参照基尼系数的计算方法所做的测算，②2001—2005年浙江各市、县（市）人均地方一般预算收入基尼系数均在0.3以上，并有差距逐步扩大的态势；经过省财政转移支付后，5年来人均财力性收入基尼系数均下降到0.3以下，进入最佳平均状态，且有逐步缩小的趋势。各地的人均财政支出标准差系数同样反映了各地基本公共服务供给水平差异程度的缩小趋势。2005年，县（市）人均地方财政收入与市级的比率为1∶3.0，中等发达地区、发达地区和欠发达地区的人均地方财政收入比为1∶2.4∶0.8。通过省财政转移支付后，县（市）人均财政支出与市级的比率为1∶2.3，中等发达地区、发达地区和欠发达地区的人均财政支出比为1∶1.9∶1.2，省财政转移支付明显缩小了不同层级和不同区域间基本公共服务的供给水平。

其次，统筹城乡经济社会发展，加快推进城乡一体化。共享发展最艰巨最繁重的任务在农村，特别是在贫困地区。习近平同志主政浙江期间，正值浙江进入工业化和城市化加速的新阶段，这也是以工促农、以城带乡的关键时期。习近平同志认为，这一阶段经济社会结构将发生重大变革：产业结构调整加速，第一产业比重进一步下降；农村人口大量进入城市，各种要素向城市流动集聚；人均收入水平大幅度提高，中等收入群体比重不断扩大。但是，所有这些现代化结构的

---

① 浙江省财政科研所课题组：《完善财政转移支付制度，促进基本公共服务均等化》，《财会研究》2008年第8期。

② 钟晓敏：《公共财政之路》，浙江大学出版社2008年版，第110页。

变化，都会体现在城乡结构上，也取决于城乡结构的转变。这就要求我们必须把统筹城乡协调发展作为新时期新阶段经济社会发展的突破口和牛鼻子，把城乡发展作为一个整体，统筹谋划，统筹改革，并以此推动经济社会全面协调和可持续发展，走出一条城乡一体化发展的新路子。①

基于这样的战略判断，发挥浙江城乡产业基础发展较好的优势，统筹协调城乡发展，向工业反哺农业、城市带动农村转变，成为"八八战略"的重大战略举措之一。2004年3月在嘉兴召开的全省统筹城乡发展座谈会上，习近平同志提出了今后一个时期浙江统筹城乡发展、推进城乡一体化的总体目标，那就是围绕加快全面建设小康社会、提前基本实现现代化目标，统筹城乡产业发展，统筹城乡就业和社会保障，统筹城乡社会事业发展，统筹城乡基础设施建设，统筹城乡环境保护和生态建设，逐渐缩小城乡差别，使城乡居民共同富裕、共同分享现代文明。习近平同志认为，统筹城乡发展，关键在于打破城乡二元体制，消除城乡之间要素、人口流动的体制性障碍，走出一条城乡协调发展的新路子。为此，2003年年初召开的全省农村工作会议根据党的十六大提出的"统筹城乡经济社会发展"的要求，把"提高农民生活质量"与"增加农民收入"并列作为农村工作的中心，并作出了实施"万村整治、千村示范"工程的重大决策。2004年，浙江省委专门制定出台了《浙江省统筹城乡发展推进城乡一体化纲要》，重点是扩大公共财政、社会保障、社会事业和公共服务向农村的覆盖。

为统筹安排城乡基础设施和公共服务设施建设，促进城市公共基础设施向农村延伸，浙江重点加强了"千村示范、万村整治"工程、"乡村康庄工程""千万农民饮用水工程"等农村公共基础设施建设，"十五"期间全省各级财政部门预算内财政支农支出累计达311.8亿元，占财政总支出的比重平均为6.8%。同时，加大财政对农村义务教育的投入力度，推进城乡基础教育均衡化发展。全省大力健全"以

---

① 《习近平谈浙江统筹城乡发展》，2005年3月4日，中广网，http://www.cnr.cn/neos/200503050023.html。

县为主"的管理体制,进一步完善农村义务教育经费保障机制,将农村义务教育全面纳入公共财政保障范围,2007年在全国各省区率先达到了义务教育高标准100%的完成率。

最后,扶贫济困,切实提高困难群体对发展成果的分享水平。城乡居民中的困难群体同样是实现共享发展的瓶颈,习近平同志主政浙江以来,浙江各级政府进一步加大了对社会生活安全底线的构筑,把扶贫济困摆在了实现共享发展的重要位置。在2002年省委十一届二次全体(扩大)会议上,习近平同志就对切实解决全省困难群众生产生活问题提出了明确要求,要求各级党委、政府和领导干部要把实现人民群众的利益作为一切工作的出发点和归宿,充分认识关心群众生活、解决好困难群众生产生活问题的极端重要性,切实把扶贫济困工作放在突出位置,进一步转变作风,深入基层,深入群众,特别是深入到困难多、问题多、矛盾多的地方,真扶贫、扶真贫,多做雪中送炭的工作,帮助群众克服困难。在社会保障方面,要摸清底数,全面检查,把重点优抚对象和"三老"人员,低保、受灾人员和农村"五保户",生活困难的企业离退休职工和困难职工,劳动模范和先进工作者,转业退伍军人和义务兵家属等各类困难群众的底数摸清楚,切实把扶贫济困的各项政策措施全部落实到位。[①]

三 强化政府的公共服务和社会保障功能

民生问题的解决,关键在于建立和完善为民办实事的长效机制。2004年,在习近平同志的推动下,浙江在全国率先作出了建立为民办实事长效机制的重大决策,要求各级政府努力解决人民群众最关心、最直接、最现实的利益问题,把关系人民群众生产生活的工作做好、做细、做实,使群众实实在在地享受到经济社会又好又快发展所带来的实惠。为民办实事制度在广泛征求民意,吸纳、综合各方面建议的基础上,科学决策,制订为民办实事工作计划,并由各级政府向

---

① 习近平:《认真贯彻落实党的十六大精神,全面建设小康社会,加快推进社会主义现代化事业》,《今日浙江》2003年第1期。

社会作出公开承诺。随后,浙江各级政府几乎每年都提出十大为民办实事项目,主要涉及就业再就业、社会保障、医疗卫生、权益保障、社会稳定等与群众生产生活息息相关的实事。在省委、省政府的推动下,浙江各级党委政府逐渐建立起了为民办实事的长效机制,包括民情反映机制、民主决策机制、责任落实机制、投入保障机制、督查考评机制等,为民办实事工作逐步走向规范化、制度化。为民办实事制度将政府的民生决策建立在广泛征求群众意见建议的基础上,实现了补短板的精准发力,对于解决人民群众普遍最关切、最迫切的民生难点发挥了重要作用。

健全民生保障机制和为民办实事的长效机制,使广大人民群众特别是生活相对困难的群众更充分地分享了改革发展的成果,同时也建立起了最有效的社会安全阀。实践证明,这是一条切合实际,能够有效促进小康社会建设成果享受全覆盖的路子。正是基于这一探索的成功经验,习近平同志离开浙江之后依然关注这一探索实践的深化。2011年3月全国"两会"期间,在看望浙江省人大代表时,习近平同志指出,"春江水暖鸭先知",浙江是全国经济发展较快的地区,社会建设和管理中的一些新情况新问题也往往比其他地方早发先发。要坚持以服务民生为重点,全面落实中央的各项惠民政策,扎实为群众办实事、办好事,努力让人民群众的收入更多一点,安全感更强一些,幸福指数更高一点,让人民群众享受更多的发展成果。[①]

随着政府财力的逐步增强,从20世纪90年代后期开始,浙江各级地方政府明显加大了社会保障体系建设的力度。1997年浙江在全国率先建立了全省城乡最低生活保障制度和全覆盖的城镇职工基本养老体系,2003年率先建立了被征地农民基本生活保障和农村五保人员及城镇"三无"对象集中供养制度。2004年,全省78个统筹地区全部实施了基本医疗保险制度,覆盖人数达到569万人,居全国前列。与此同时,2004年全省有428.4万人参加了失业保险,60.1万

---

① 习近平:《促转型发展抓社会管理强党建保证》,《浙江日报》2011年3月9日第1版。

的城乡低收入人口享受了政府的最低生活保障。2004年全省初步建立了以"新五保"(最低生活保障、农民工养老保险、农村新型合作医疗、失地农民基本生活保障、孤寡老人集中供养和贫困农户子女免费入学等社会保障)为主要内容的农村社会保障制度,一个弱有所保、老有所养、病有所医、幼有所学的农村社会保障体系正在加快形成。到2007年年末,全省新型农村合作医疗制度的参保人数达到3000万人,参保率为89%。浙江还积极构建覆盖城乡的新型社会救助体系,逐步建立了城乡最低生活保障制度、被征地农民基本生活保障制度及城镇"三无"和农村"五保"对象集中供养等制度,着力推动社会保障体系建设向农村延伸,公共财政覆盖到农村。到2006年年底,全省共有62.9万名低保对象享受最低生活保障制度;227万名被征地农民参加社会保障;农村"五保"和城镇"三无"人员集中供养率分别达到92.5%和97.6%。

为了满足城镇职工不同层次的医疗保障需求,浙江还建立了重大疾病医疗补助、公务员医疗补助、企业补充医疗保险等多层次的医疗保障体系。2006年,针对城镇非职工居民医疗保障的空白,浙江又出台了《关于推进城镇居民医疗保障制度建设试点工作的意见》。在失业保险制度建设方面,早在2002年,浙江就在全国率先实现了下岗职工基本生活保障制度和失业保险制度的并轨,企业新的减员不再进入再就业服务中心,而直接进入劳动力市场,能够实现再就业的,其劳动关系转到新就业的单位,不能实现再就业的,纳入失业保险管理范围。到2007年年底,全省失业保险的参保人数为584.7万人,全省失业保险金月平均水平达到529.68元。

经过几年来的努力,浙江率先初步建立起了一个覆盖全省城乡的社会保障网络体系,政府的公共服务功能得到明显强化。据研究,21世纪之初浙江的公共服务水平排在北京、上海、天津之后,列全国第4位。[①] 从财政支出情况来看,财政社会保障支出从1995年的14.33亿元增加到2007年的300.55亿元,增长了21倍,年均增长28.8%,占同期财政支出的比重提高到16.63%。2006年浙江用于经济建设的

---

① 钟晓敏:《市场化改革中的地方财政竞争》,《财经研究》2004年第1期。

财政支出比重已经下降到 10.6%，社会性支出的比重则上升到 61.8%，同时 72% 的新增财政收入已用于公共支出，[①] 初步建立起从经济建设型政府向服务型政府转变的财政保障机制。为进一步完善公共服务体系，2009 年年初，浙江还正式启动了全国首个《基本公共服务均等化行动计划（2008—2012）》，在扩大基本公共服务覆盖面的同时，着力提高基本公共服务均等化程度。

[①] 方栓喜、何冬妮：《以统筹城乡发展为重点的公共服务体制建设》，《中国（海南）改革发展研究院简报》，总第 653 期，2007 年 6 月。

第七章 共建共治共享：多元主体的合作治理格局

作为我国改革开放的前沿阵地，浙江改革开放40年的历程也是探索治理体系现代化的过程。改革开放40年来，随着社会力量不断成长，利益诉求更加多元化，原有的治理模式已经难以应对实践问题，政府越来越需要与社会其他各主体合作共治来解决各种发展问题。面对社会变迁，浙江主动适应环境变化，积极推进区域治理格局的创新，形成多元合作框架，创造出大量民主协商机制，使不同群团利益得到充分表达并得到回应，进而充分发挥多元主体的力量，动员各方面资源，以协商合作的方式得到治理，从而以共治有效促进共享，走出了一条共建共治共享的合作治理之路，使广大人民群众有更多的获得感。

第一节 构建多元主体合作治理的制度框架

合作治理之路是党委领导、政府负责、社会协同、公众参与和法治保障的多元有机协同之路。改革开放以来的40年历程中，浙江通过加强党对非公企业、群众团体和社会组织的领导，强化各领域党的建设，积极激发社会多主体活力，推动社会多元共治的治理机制创新，逐渐形成以党的领导为核心的多元主体合作共治的制度框架。

一 党的领导与多元主体党建

党的领导是中国特色社会主义的根本特征，也是中国特色社会主义制度的最大优势。习近平总书记在庆祝中国共产党成立95周年时指出：坚持和完善党的领导，是党和国家的根本所在、命脉所在，是全国各族人民的利益所在、幸福所在。改革开放40年来，我国的经济和社会发生了巨大变化，市场和社会领域不断成长，企业数量和规模不断增加，社会组织开始崭露头角。"工人阶级"也随着社会的变迁变得内涵更加丰富，外延不断扩大。因此，新的历史时期必须不断加强党的建设，充分吸纳和培养社会新生力量，从而永葆党的生命力。

改革开放40年来，尤其是近15年来，浙江全省上下坚持党的领导，扎实推进和强化各领域党的建设，为实现浙江治理现代化提供了强有力的保障。

（一）非公企业党建工作的发展进程

浙江省非公企业党建可以追溯到20世纪80年代。1985年3月，宁波花港高速客轮有限公司成立了全省首个外商投资企业党支部，1986年8月，象山华光针织厂党支部成立。20世纪90年代以后，非公党建开始逐步走向制度化。1994年6月，省委组织部出台《关于加强外商投资企业党支部的工作的意见》，1997年11月，省委组织部转发《中共绍兴市委关于加强城市股份制企业党建工作的试行意见》。2003年，浙江省委制定出台《浙江省非公有制企业党组织工作暂行规定》，首次将非公企业党建工作纳入制度体系。各地在省委领导下开始强化党建的制度化标准化体系建设。2011年11月杭州市上城区委、区政府探索制定了《杭州市上城区非公有制企业党组织管理规范》，并召开非公有制企业党组织管理标准专家论证会，听取组织系统、高校、媒体以及企业等不同领域的专家学者的宝贵意见，把政府工作的标准化建设向非公党建工作领域延伸和加深。2012年10月，省委重新修订和完善的《浙江省非公有制企业党组织工作规定（试行）》印发全省，明确了非公有制企业党组织的功能定位。在一系列政策和制度推动下，浙江省非公企业党建工作开始了一系列创新探索。台州市工商系统从2012年开始探索"党代表直通车""1+1"结对共建、非公党建特色品牌等创新性工作举措；义乌一直秉持"以党建促发展、以发展强党建"的发展思路；宁波则大胆创新，走出了一条党建和企业共同发展的道路……截至党的十八大之前,浙江已有29.2万家非公企业建立了党组织,组建率89.5%;从业人员30人及以上非公企业中有党员的占99.41%,非公企业党建工作全覆盖的目标已基本实现。浙江省作为互联网产业大省,互联网企业是党建的重要领域,到2018年年初,从阿里巴巴等世界级企业,到行业龙头和中小型互联网企业,浙江互联网企业党组织覆盖率超65%,覆盖1.5万多家企业。[①]

(二) 以党的领导为核心的群团改革

工会、共青团和妇联等群团组织是党联系人民群众的重要纽带,在党和人民群众沟通互动中发挥着重要作用。但不可否认的是近些年来,群团组织积累了一些问题,主要表现为"四化",即机关化、行政化、贵族化和娱乐化,这些问题使本该作为党和人民群众联系纽带的群团组织失去了先进性和群众性。党的十八大以来,习近平总书记高度重视群团改革工作,2015年7月召开的群团工作会议指出:"要切实保持和增强党的群团工作的政治性,要切实保持和增强群团组织的先进性,要切实保持和增强群团组织的群众性。"在2017年8月在京召开的群团工作座谈会上,习近平总书记又一次强调:"要推动各群团组织结合自身实际,紧紧围绕增强'政治性、先进性、群众性',直面突出问题,采取有力措施,敢于攻坚克难,注重夯实群团工作基层基础。"

21世纪以来,浙江开始了新一轮群团改革的探索。2004年,浙江省召开了历史上第一次工会、共青团、妇联工作会议,下发了《关于加强和改善党对新世纪新阶段工会、共青团、妇联工作领导的意见》,明确提出要加强党的领导和更好的发挥群团作用。2009年,共青团浙江省委在全省开展共青团"服务基层年"活动;2014年共青团浙江省委发布《关于深入学习宣传贯彻省委十三届四次全会精神团结带领广大团员青年在全面深化改革再创体制机制新优势中充分发挥生力军作用的决议》的通知,组织和动员广大团员青年在深化改革的

---

① 《契合"网性"坚守"党性"》,2018年4月2日,浙江两新党建网,http://zjlx-dj.zjol.com.cn/system/2018/04/02/021659520.shtml。

过程中放飞青春梦想、贡献青春力量；2015年浙江省全省共青团"走进青年、转变作风、改进工作"大宣传大调研活动展开，该活动注重眼睛向下、重心下移，走进青年、联系青年，倾听青年呼声，了解青年需求，真心帮助青年解决实际困难，真正成为青年的朋友。党的十八大以来，继工会、共青团、妇联作为浙江省第一批群团改革单位启动改革之后，2017年浙江省启动第二批群团改革，省文联、省作协、省侨联、省社科联和省记协5家单位成为第二批群团改革单位，在这样的背景下，浙江省的群团改革如火如荼地展开。首先，第二批群团改革突出思想引领，以省记协为例，省记协将建立马克思主义新闻观教育培训长效机制，创新马克思主义新闻观教育培训平台和形式，将教育和培训延伸至高等新闻院校。其次，第二批群团改革更加突出改革强省的工作导向，重点关注机构、体制、机制和作风。在领导班子和群团干部兼职、挂职等改革上，各单位都明确了具体的数量，提出了相关的工作要求，以增强组织的代表性和广泛性。省社科联要求每届省社科联兼职副主席中一般设有两名非现任党政机关、高等院校、科研机构领导的知名专家学者，同时面向一线专家学者选拔社科人才担任挂职副主席。省侨联委员中，基层一线的归侨侨眷委员比例将达到70%以上；省侨联常委中，基层一线的常委比例将达到60%以上。[①] 最后，第二批群团改革注重政策分类和创新。第二批改革的群众团体行业性、专业性和服务对象均不同于普通的群众团体，所以需要立足实际情况，突出分类实施政策。在第二批群团改革的基础之上，浙江省下一步将推动第三批的群团改革，改革力度和涉及单位是前所未有的，涉及台联、残联、贸促会、关工委、计生协会、法学会、黄埔同学会、友协、工商联和红十字会十家单位。

经过阶段性的改革，浙江省群团改革成效显著，群团组织的领导班子中基层一线成员比例有了较大的提高，打破了年龄和身份等的限制，同时也实现了专、兼、挂成员的合理搭配和各行业各领域的广泛代表性。群团组织的政治性、先进性和群众性得到了提高，机关化、

[①] 浙江省人民政府：《我省启动第二批群团改革》，2017年9月27日，浙江省人民政府网，http://www.zj.gov.cn/art/2017/9/27/art_41146_2249681.html。

行政化、贵族化和娱乐化得到了抑制。成为党和群众联系的桥梁，成为合作共治的重要组织力量。

（三）党建引领社会组织成长和发展

社会组织作为公共服务与社会治理的重要主体，是合作治理体系的重要力量。但是由于我国社会领域成长发育起步较晚，一直以来社会组织的成熟度和参与社会治理的水平不高，而中国共产党作为领导性变量，加强社会组织党建成为引领社会组织成长和发展的重要路径。在主政浙江期间，习近平同志就十分重视社会组织的党建工作。他指出"只要有利于社会主义建设的新领域，都要建立党的组织"①。2004年6月，在纪念建党83周年暨表彰农村党建"三级联创"先进单位和先进个人电视电话会议上，习近平同志指出："要进一步加强非公有制企业、新社团组织、城市社区等新领域党建工作的探索力度，大力推行支部建在楼道中、支部建在项目上、支部建在专业协会里等行之有效的做法，不断拓展党的工作领域，扩大党的覆盖面。"②浙江省专门出台《关于进一步加强社会组织党的建设工作的实施意见》以切实加强党对社会组织的领导，促进社会组织的良性发展，从而更好地发挥社会组织的积极作用。为了加强社会组织的党建工作，解决社会组织党建工作中的碎片化、零散化等问题，浙江省跨党委、政府整合组织、统战、民政、工商、纪委、宣传、财政、司法等部门，建立"组织牵头、工委运作、部门协同、整体推进"的"两新"组织党建工作领导体制。建立新经济与新社会组织工作委员会，这是"两新"领域党建工作体制机制的重大创新。建立"两新"工委体系是浙江首创，以"两新"工委为主、非公企业党建指导机构和社会组织党建指导机构为辅，构成了推动全省"两新"组织党建的工作整体。

浙江社会组织党建工作起始于20世纪90年代，而目前最具代表性的党建抓手便是两新工委这一创新的组织形式。在两新工委成立之

---

① 习近平：《干在实处　走在前列——推进浙江新发展的思考与实践》，中共中央党校出版社2006年版，第429页。

② 同上书，第428页。

前,浙江省新社会组织有3.4万家,其从业人员则达到了近40万人,但是这其中有近2万家社会组织还没有党员,占比达到55.9%。在和全国的社会组织党建工作对比中,截至2013年年底,浙江省社会组织党组织覆盖率达到81.8%,位居全国前列。到2015年年底,浙江省社会组织党建工作取得了重大进展,全省新社会组织从业人员50余万人,党员6.5万人,单独建立党委的有191家,单独建立总支部的195家,建立支部的则有3976家,建立联合党支部的有2.1万家;全省13681家社团法人单位从业人员26.8万人,其中党员2.2万名,已单独建立党委的150家、总支部的142家、支部的1982家,建立联合党支部的0.8万家;全省民办非企业法人单位从业人员达到23.1万人,其中党员2.6万名,已单独建立党委的37家、总支部的48家、支部的1248家,建立联合党支部的1.1万家。[1]

在经济新常态的背景下,通过党组织引领多元主体的发展,发挥党组织的引导作用,凝聚各方的力量,促进了企业的转型升级和创新发展,激发了群团组织与社会组织的活力,促进了政府、市场和社会之间的良性互动,有序推动形成了合作共治的治理格局。

二 推进社会组织有序发展

社会组织是区别于政府组织、企业组织的具有非政府性、非营利性等特征的新的组织形态。[2] 1954年至1978年,由于受经济社会的制约,浙江批准成立的社会团体仅287个,而且由于受各种因素的制约和影响,这些社会团体很少开展活动,基本处于"休眠"状态,全省各级社会团体登记管理工作也随之中断。1978年后,全省各类社会团体经历了迂回曲折。为使社会组织更好地发挥作用,21世纪以来浙江陆续出台相关政策鼓励社会组织的健康有序发展。2007年8月发布《浙江省社会团体组织规则》推动建立健全社团的自律机制、运行机制,促进社团健康发展;2010年1月,浙江省民政厅出台

---

[1] 梁星心等:《社会组织党建工作长效机制研究——以浙江实践为例》,2017年12月28日,中国社会组织网,http://www.chinanpo.gov.cn/700104/92481/nextindex.html。

[2] 王名:《社会组织论纲》,社会科学文献出版社2013年版,第2页。

《关于规范异地商会登记管理工作的通知》，着力解决在浙异地商会登记管理工作，加强培育发展，更好地发挥其提供服务、反映诉求、规范行为和推进区域经济合作交流的积极作用；2013年9月浙江省出台《关于开展四类社会组织直接登记工作的通知》，对于行业协会商会类、科技类、公益慈善类和城乡社区服务四类社会组织直接向民政部门依法申请登记工作；2014年4月浙江省民政厅发布《关于社会团体登记管理制度改革的试行意见》取消对全省性社会团体筹备成立的审批，取消对全省性社会团体分支机构、代表机构设立登记、变更登记和注销登记的行政审批，下放异地商会登记管理权限；2015年6月《浙江省民间管理工作领导小组关于加强社区民间组织培育与管理的意见》的发布，使得社区社会组织的健康发展和发挥社区社会组织在推进城市化进程、深化社区建设中有了更完善的制度保障；2016年8月《浙江省民政厅关于进一步加强社会组织建设的指导意见》提出了当前社会组织发展的主要任务：加强登记备案工作、推进枢纽型和支持型社会组织的发展、培育发展各类社会组织、加大社区社会组织的资金扶持、引导社区社会组织参与社区协商、发挥社区社会组织在"三社联动"中的载体作用以及加强社区社会组织管理和监督。根据相关统计数据，截至2016年年底，全省共有社会团体22266个，比上年增长7.3%；全省共有民办非企业单位24759个，比上年增加9.5%；全省共有基金会511个，比上年增长17.2%，其中公募基金会158个，非公募基金会353个。①快速发展的各类社会组织在社会各领域治理中发挥着越来越大的影响力。

  首先，社会组织在公共服务供给中发挥了重要的作用。在服务需求日益个性化的今天，政府提供公共服务的能力日显不足，提供普惠性公共服务的政府很难满足公民个性化的公共服务需求，而社会组织正好可以弥补政府的不足，政府通过公共服务购买机制，将更多公共服务交给社会组织来提供，从而更好地满足公民的需求。2014年6月，浙江省政府出台《关于政府向社会力量购买服务的实施意见》，

---

① 《2016年浙江省民政事业发展统计公报》，2018年3月8日，浙江统计信息网，http://www.zjmz.gov.cn/il.htm? a = si&id = 8aaf80155c49672b015c8c2c068b0439。

对政府购买服务工作进行了总体部署。从 2013—2015 年,省级层面投入福利彩票公益金 8000 余万元,资助全省社会组织公益项目 221 个,覆盖范围包括困难人群援助、残障人群康复、特殊人群帮教、留守儿童、外来民工子女心理成长、空巢、失独老人关爱等方面。杭州市从 2010 年开始,在公共卫生、公共就业、法律服务、教育服务、公共文化体育服务、养老服务、公共交通服务等八大领域开展政府向社会组织购买服务工作。温州市共向 100 多家社会组织购买了 20 项公共服务,资金规模从最初的几十万元扩大到两亿元。嘉兴建立了政府购买社会组织服务评审委员会,不断规范政府购买服务的流程,近年全市各级共安排 4000 多万元政府资金购买社会组织和社会工作专业服务,涉及社区建设、居家养老、青少年教育、社区矫正、残障人士照料等十多个领域。宁波市北仑区通过政府向社区服务中心购买服务的机制,破解了老小区无物业及工业园区缺管理的难题。据统计,2015 年度,全省购买服务预算资金 80 亿元,省级政府购买服务预算资金已进入采购程序的金额达 9.9 亿元,超额完成年初制定的 7 亿元的目标任务,全省民政系统资助社会组织的资金总额为 1.43 亿元。[①]

其次,社会组织成为社会协商治理的重要力量。社会组织是自下而上的组织机制,具有草根性和平民性特征,和人民群众具有天然的紧密关系,在社会治理和矛盾调解中具有独特的优势。如金华市工商联实践出了一条商会组织运用社会化方式参与社会治理、调解矛盾和利益管理的新思路。最近几年,随着市场经济不断发展和成熟,全市工商联会员不断增加丰富了工商联"统战性、经济性、民间性有机统一"的基本特征,深化了工商联"团结、服务、引导、教育"八字方针的工作内涵。正是在这样的时代背景下,工商联商会人民调解组织应运而生,通过建立由优秀企业家、律师和相关工作人员组成的人民调解委员会,同时联合司法部门举办各类法律政策知识培训和业务训练,制定商会调解工作的相关制度,如《商会人民调解工作程序范

---

① 《浙江:政府购买服务为社会组织添动力》,2016 年 7 月 14 日,浙江民政厅网,http://www.zjmz.gov.cn/special.htm? a = si&id = 8aaf801550eb46d6015253adfe1218c7&key = main/01/stdt。

围和纠纷范围要求》及《纠纷投诉须知和调解纪律》等相关规定。商会通过参与人民调解既维护了社会的稳定,也降低了行政成本。

最后,社会组织是三社联动的重要载体。三社联动致力于构建社区、社工和社会组织的良性互动,构建基层社会治理的新格局。其中社会组织是三社联动的重要载体。嘉兴在实践中形成了一系列社会组织参与三社联动的机制:创新机制激发社会组织参与社区服务;通过政府购买服务助力社区服务,例如,通过政府购买社工服务,建立针对失独者的四级帮扶网络(市、县、乡镇、乡)——"三叶草"社工服务室;不断放宽社会组织的准入条件,同时也加强对社会组织的监管,例如,每年抽取1/10的社会组织进行财务审计、年检和评估,保证社会组织的质量和社会声誉。

一系列政策和制度创新有效推动了公益性社会组织的有序发展,并在政策引导下参与到政府治理和社会治理体系中,使社会组织成为政府和社会良性互动的重要载体和参与力量,推动了社会资本的积累和社会的健康发展,从而在共享发展中不断增强人民的获得感和满意度。

三 政社良性互动的基层制度创新

合作治理的关键在于政社良性互动机制的生成。而政社良性互动机制的生成,关键在于处理好政府管理和社会自我治理的关系,充分发挥社会自我服务和自我治理的能力和积极性。改革开放以来,浙江的改革与发展不断推动政府与市场、政府与社会的良性互动。尤其是来自基层的制度创新,为浙江与社会的良性互动提供了充足的载体和土壤,使基层合作共治成为浙江治理体系发展的重要特征。

(一)以基层协商制度创新推进政社良性互动

协商民主是中国特色社会主义的重要内容。全球不同国家治理的实践表明,竞争性选举不是实现民主的唯一形式,协商民主也是实现民主的重要形式。党的十八大报告中指出要"健全社会主义协商民主制度,推进协商民主广泛、多层、制度化发展……充分发挥人民政协作为协商民主重要渠道作用……积极开展基层民主协商"。可以说,党的十八大给中国特色的协商民主指出了方向,即在中央层面发挥人民政协的作用，在基层要开展各种形式的民主协商。党的十九大报告中又进一步将协商民主的范围进行了进一步的扩大：要推动协商民主广泛、多层、制度化发展，统筹推进政党协商、人大协商、政府协商、政协协商、人民团体协商、基层协商以及社会组织协商。

浙江基层的实践探索和创新，为中国民主协商提供了尤为丰富的经验和形态。"温岭民主恳谈"就是其中的典型代表。温岭的民主恳谈产生于20世纪90年代末，是将原有的农村思想政治教育活动转化为对话和协商等形式，之后不断发展演化。2003年，温岭开始试行行业工资协商制度，在此基础上，2005年温岭将协商制度不断扩展，最终扩展到政府预算，即参与式预算。从2005年3月开始，温岭市在新河、泽国两镇率先"试水"公共预算改革，温岭市2009年1月份出台了《关于开展预算初审民主恳谈，加强镇级预算审查监督的指导意见》，努力将镇级预算民主恳谈正式导入规范化、制度化、法制化轨道。参与式预算在政府和民众之间架起了一座沟通的桥梁，使得决策更加符合民意。目前，温岭已经形成了包括党内民主协商、政党协商、人大协商、政府协商、政协协商、社会对话协商、财政预算协商、工资集体协商、村务社区事务协商等多范围的协商形式。

深植于浙江基层的民主协商创新实践推动了基层政府与社会的充分互动沟通，公众的问题和意见得到吸收和重视，政府的政策也更容易被群众理解，政社双方通过协商建立了新的互信机制，推动了共识性知识的生长，也成为合作共治的重要基层机制创新。

（二）以社区治理制度创新推进政社良性互动

城乡社区是社会治理的最基本的单位，是社会治理的基石。随着单位制的解体和人口的大规模流动，给社会治理带来了新的挑战，加强和改善社区治理成为新时期的重要政策问题。可以说城乡社区治理水平直接决定着社会治理的水平。

中华人民共和国成立之前，浙江省并无基层群众自治组织。1949年10月23日，杭州市上城区上羊市街成立的居民委员会是中华人民共和国第一个居委会，揭开了浙江和全国城市基层群众自治组织建设的序幕。在农村，村民委员会组织始于1950年。20世纪80年代，浙江开始城市社区服务的探索；到20世纪90年代，开始城市社区建设；2006年，省委、省政府下发《关于全面推进社会主义新农村建设的决定》，提出推进农村新社区建设，加强农村公共服务体系建设。

浙江历届省委、省政府都非常重视社区治理和创新。习近平同志在主政浙江期间一直非常重视社区的作用，指出"扩大基层民主，实行居民自治，是社会主义政治文明建设的重要内容，也是社区建设的基本原则"，因此"要理顺政府部门与社区的关系，转换政府角色""按照政事分开、政社分开的原则，对社区居委会和政府部门的职责进行清理和划分"①。政府的创新推动带来了社区治理的新气象，丰富的社区治理创新实践进一步推动了政社良性互动局面的生成。

1. 乡村社区治理的创新探索

1978年村委会的地位被确立之后，尤其随着村民委员会组织法的相继试行和实施，浙江的乡村社区治理制度创新形式不断推出，民主选举、民主决策、民主管理和民主监督得到了协调发展。代表性的有："村务监督委员会"、"五步工作法"、村务公决制度、村务工作权力清单等。

浙江在发展探索中形成了多种与村务监督委员会相关的形式创新，除了全省普遍建立的村务公开监督小组外，还有天台县的廉情监督站、武义县后陈村的村务监督委员会以及温岭的村民代表监督委员会等形式，这些形式的监督委员会（小组、站）均由村民民主选举产生，在村党支部的领导下，在事前、事中和事后对村务尤其是村财政情况进行监督，其中武义县后陈村的经验得到了习近平同志的肯定。到2009年年底，全省30032个行政村，村村建立了村务监督委员会，实现了村级监督组织"全覆盖"；2010年年底，"村应当建立村务监督委员会或者其他形式的村务监督机构"，被写入了修改后的《村民委员会组织法》。②

"五步工作法"是为了解决村民在民主选举之后有效开展民主决策和管理的一种创新实践。"五步工作法"始于天台县2005年实施的

---

① 习近平：《干在实处　走在前列——推进浙江新发展的思考与实践》，中共中央党校出版社2006年版，第381—382页。
② 房宁主编：《中国梦与浙江实践——政治卷》，社会科学文献出版社2015年版，第109页。

"民主提案、民主议案、民主表决、公开承诺和监督实施"村级事务的工作方法,民主提案在年初或者届初由组织、党员和村民围绕村集体事务和村民利益提出提案,民主议案是指召开村两委的联席会议进行讨论,民主表决是指召开村民代表大会或村民会议进行表决,公开承诺是指由村两委作出公开承诺,监督实施是指村两委在事前、事中和事后要通过汇报的形式接受村民的监督、质询和评议。通过这种形式的民主管理和决策,有效保证了村民的自我决策和管理的权利,村民的积极性被完全调动起来,公民意识和集体意识被唤醒。

奉化的村务公决制度最早开始于1994年。村务公决是指涉及村庄建设、集体资产、大规模公益事业和村规民约等重大事项时,必须经过村民会议、村民代表大会、干部（村民）代表联席会议等形式进行讨论。为了保证村务公决制度的有效运转和实施,奉化制定了相关的实施细则,在遵循"票决制"和"一事一决"制度的基础之上,公决事项的通过必须满足:村民会议要有50%以上的村民或者2/3以上的户代表参加;村民代表会议和党员、村干部、村民代表会议必须有2/3以上的人员参加。除了涉及重大村务公决,相关的配置制度还包括村级事务听证制度、村级财务公示制和村干部工作报告评议制。村务公决制度的实施,真正实现了村委会作为基层群众自治组织的作用,保证了村务管理工作的规范化和标准化。

随着乡村财政资金的不断增长,规范基层小微权力的运行便成为了一个难题。宁海县通过实施权力清单制度,为规范小微权力提供了一种思路。2014年宁海制定《宁海县村务工作权力清单三十六条》:一是建立权力清单,厘清村干部的权力边界。明确了村干部在村级重大事项决策、项目招投标管理、资产资源处置等集体管理事务方面的19条权力清单,村民宅基地审批、计划生育审核、困难补助申请、土地征用款分配以及村民使用村级印章等便民服务事项17条。二是进行权力重构,从二权合一到五权共治。宁海县进行村级小微权力清单的改革,其中的核心就是把村党支部和村委会的权力进一步分割,形成了一种新的权力制衡。其中包括五个权力主体,分别是村党支部、村委会、村民代表大会、村务监督委员会和村经济合作社。① 权力清单制度保证了基层权力的规范运行，基层矛盾也得到了缓解。

2. 城市社区治理的创新与发展

改革开放以来，我国城镇化建设不断推进。浙江省作为改革强省，截至2016年年底城镇化率为67%，② 城市化的发展也带来了城市社区治理的丰富实践。自1949年10月23日杭州上羊市街居民委员会建立中华人民共和国第一个居民委员会后，浙江城市社区积极创新，尤其是改革开放以后，城市社区在服务居民、改善社会治理方面发挥着重要的作用。近些年来，社区治理涌现了大量创新探索，不断丰富着政社良性互动的机制。

2009年年底，杭州上城区湖滨街道针对市民意见表达比较散、乱的状况，把已有的"社会舆情信息直报点""社情民意直报点""12345进社区""草根质监站""社区楼道议事小组"等单独存在的形式进行整合，建立了"湖滨晴雨"工作室。"湖滨晴雨"工作室由四部分组成，包括一室、六站、两员和四报，其中一室是指湖滨晴雨工作室本身，主任由社区工作者担任，同时设有网上和网下的民意收集信箱，起到上情下达、下情上报的作用。六站是指湖滨街道下辖的六个社区均设有民情气象站，进行民情的收集和政策的传递和解答。两员是指民情预报员和民情观察员，前者由市区及政府职能部门的负责人、媒体记者、专家学者担任，共12名；后者由党代表、人大代表和居民担任，共67名。四报是指民情气象一天一报，主要通过QQ群进行通报，工作室进行汇总和研判；民情焦点一周一报，主要围绕平安、物价和环境等民生焦点进行网上和线下的调查；民生时政一月一报，主要依靠民情预报员和观察员进行预报和收集；民生品质一年一报，每年对社区民情气象站和民情观察员工作进行总体评价，优秀者予以表彰。

2015年，下城区委第九届八次全体（扩大）会议上审议通过了

---

① 冉昊：《农村小微权力清单的社会治理之维：基层自治组织权力制衡的探索》，《教学与研究》2017年第9期。

② 《2016年浙江省国民经济和社会发展统计公报》，2017年2月24日，浙江统计信息网，http://www.zj.gov.cn/art/2017/2/24/art_5497_2219112.html。

《中共下城区委关于全面推进社区治理和服务创新的决定》（以下简称《决定》）。《决定》指出，要积极构建"党建引领、多元参与、协商治理、智慧服务"的社区治理格局。其中包括突出多元参与，加快优化社区治理结构。《决定》明确了参与社区治理和服务创新的多元主体，厘清了各自的职责和功能；坚持党委领导和政府主导，政府相关部门和街道是推进社区治理和服务的组织者和参与者，起着主导作用；充实社区居民委员会的力量，扩大本地居民在居委会中的数量，让有热情和有能力的社区居民参与进来；发挥辖区单位的作用，推动辖区学校、医院和机关企事业单位活动设施向社区居民开放；加快社会组织的发展，在街道进行社会组织孵化基地建设，培育公益性、服务型和互助性的社会组织，并且探索成立社区社会组织联合会，探索社区服务外包，促进社会组织参与社区管理和服务。除此之外，遂昌县在乡村社区积极开展"平台共建，资源共享，渠道共用"，由第三方运营，有效整合央企、国企、民企、社会团体等30多家单位服务功能与政府职能形成工作合力，共同推进"行政服务、社会服务、公益服务"便民服务中心体系建设，这种共建共治模式有效整合了政府、企业和团体等平台资源，实现了资源配置的利益最大化，是对农村社会治理改革的积极探索。

2017年11月，中共浙江省委、浙江省人民政府发布《关于加强和完善城乡社区治理的意见》，对城乡社区的建设和发展提出了新的指导意见和要求。

第二节　以多元协调联动机制创新推进基层共治

浙江改革开放以来经济与社会的不断发展，也带来了社会主体的日趋多元化。如何发挥多元主体在社会治理中的积极性，推动多元主体的协调联动，成为浙江基层社区治理创新的重要议题，浙江在实践中积极探索社区治理的"社工、社区和社会组织三社联动"，完善"德治、完善法治、自治"相结合的乡村治理体系，构建信息时代的智慧治理体系，开启了社区多元主体合作共治的新进程。

一 三社联动的社区共治

社区、社工和社会组织是基层社会治理中三大治理元素。城乡社区是基础，社会组织是载体，而社工人才是支撑，只有这三者实现了有机互动，才可能使基层社会治理机制良性发展。

改革开放以来，浙江社区治理的探索以完善城市居民自治、建设管理有序、文明祥和的新型社区为目标，不断建立健全新型社区的党组织、居委会组织和社区中介组织建设。通过加强社区工作者专业化队伍建设，建立社区工作者上岗资格证书及岗位培训制度，制定鼓励社区居民参加社区志愿活动的规章制度，不断提高社区服务水平和质量。据统计，至2016年年底，全省共有城镇社区服务设施3.05万个，城乡社区居家养老服务照料中心2.23万个。为了有效激发社区多元主体活力，2014年7月1日浙江省民政厅出台《关于加快推进"三社联动"完善基层社会治理的意见》，为激发社会组织活力，完善社会治理提供了指导意见和方向。此后，浙江省各地纷纷进行"三社联动"的治理创新探索。嘉兴市通过完善社区职能、发挥社会组织活力、促进社会工作的专业化不断推进"三社联动"；杭州市通过创新组织模式，夯实民主自治基础来促进"三社联动"推进社区治理创新；江山市全面理顺"三社"关系，提高三社的联动效应；安吉县鼓励多元参与合作共治，创新社会治理模式……

首先，三社联动以强化社会治理为基本目标。社区连接着政府和社会，是国家治理体系和治理能力现代化的基层基础，加强和完善社区职能是必要的也是必需的。为加强社区建设，嘉兴市委、市政府出台《关于加强社区社团社工建设进一步完善社会管理体制的意见》，助力社区治理创新。在实践中，嘉兴市政府借助信息化手段搭建了基础性社区平台——96345社区服务求助中心，该平台集成了社区公共服务、市场服务和志愿互助，目前已经实现县市区全覆盖，正向镇村扩散。杭州市通过创新组织形式，完善社区治理的组织构架和工作机制，形成了交叉任职、分工负责、条块结合、合署办公的复合模式，防止居委会的"边缘化"和"行政化"。① 江山市全面理顺"政社"关系,淡化社区的行政色彩,强化社区的自我管理和服务的职能,理顺"三社"关系,按照"以社助社""以社联社"促进社区服务的专业化和公益化。安吉县2015年10月发布《关于加快推进"三社联动"创新社会治理工作的实施意见》明确了三社联动的基本方向和任务,在完善和加强社区职能上,通过社区服务中心、日间养老照料中心、社区社会救助平台等建设,拓展社区的服务职能,完善社区治理能力。

其次,三社联动以充分激活社会组织活力为重要手段。社会组织是三社联动的重要载体,社会组织是否有活力,深刻影响着三社联动的成效。嘉兴市委、市政府出台《关于加快推进政府购买社会组织公共服务的指导意见》,激发社会组织活力。2013年成立了社会组织培育发展中心和社会组织孵化平台,形成了市县镇三级全覆盖,成功孵化社会组织50余家,并大力推行政府购买服务。2015年,杭州市出台《关于进一步激发社会组织活力推进我市社会治理创新的若干意见》,根据该意见,市财政每年会安排5000万元用于社会组织的培育和发展。此外,杭州还将建设社会组织平台基地,市级将建立总面积不少于5000平方米的社会组织服务大楼,区县(市)将建立总面积不少于1000平方米的社会组织服务中心,乡镇(街道)将建社会组织工作站,社区提供社会组织活动场所。江山市通过"转、联、建"的方式来促进社会组织的发展和壮大,政府积极引导文体类社会组织转型为公益类的社会组织,对社会组织的负责人进行专业知识和技能培训,实施"摇篮工程"。2013年成立江山市社会组织服务中心,通过资金资助培育扶持功能型社会组织。安吉县在政策层面出台了《关于进一步培育和发展社会组织的意见》推进政府转移和购买服务目录出台,为社会组织的发展提供政策保障,在实践中充分利用社会组织服务中心的作用,加快新的社会组织孵化园的运转,不断更新和扩大社会组织的覆盖面。

---

① 房宁主编:《中国梦与浙江实践——政治卷》,社会科学文献出版社2015年版,第115页。

最后，三社联动以推动社会工作专业化为基本支撑。社会工作人才是三社联动的支撑。针对社区工作者年龄较大、专业不对口、数量不足等问题，嘉兴市委、市政府建立了市校合作机制以及大力实施"社会工作人才培育工程"和"社会工作知识普及工程"，与复旦大学、浦东新区社会工作协会等省内外高校和机构共建社会工作"一中心多基地"，邀请教授专家组建"嘉兴市社会工作专家库"，与浙江工商大学联合举办社会工作专业专升本学历教育班，全面推进专业社会工作理论研究、人才培养、专业培训、项目孵化和督导建设。杭州市通过实施社会工作人才"扩容""提质""增效"三大工程，不断扩大社会工作人才数量和提高其专业化水平。"扩容"是指鼓励和引导社区工作者、社会服务机构和高校毕业生报考；"提质"是指按照分层分类的培训原则，举办社会工作培训班；"增效"是指推广特色社会工作室、全能社工制度，激发社工活力。江山市通过实施"英才工程"，培育社工专业人才，将社工人才纳入"英才奖励"，对于取得不同职业水平的社工分别给予一次性的补助。2015 年，江山市民政局开展"人人都是社工师、人人都要参与或组建一个社会组织"的"N 个 1"活动，同时在 13 个社区规划布局小微型、亲民型、特色型社工服务站的建设。安吉县在政策层面出台《关于加强社会工作专业人才队伍建设的实施意见》保障社会工作专业化顺利进行。在执行中，以安吉县社会工作协会为基础，对所有社工进行注册和管理，通过评选机制实行年度考核，将有经验的社区工作者从行政事务中解放出来，建立社区社工站，使其转化为专职的社会工作者，从而提供人才保障。

"三社联动"是社区治理的有效创新实践，"三社联动"机制的建立有利于提高社区公共服务的供给质量；扩大社会参与水平，激发社区、社会组织和社工的积极性和创造性；有利于社区、社会组织和社工之间的协调联动，从而整合社区多元主体的功能优势，实现 1 + 1 + 1 > 3 的效果。

二 德治、自治和法治的乡村共治

党的十九大报告中强调"实施乡村振兴战略，加强农村基层基础工作，健全自治、法治、德治相结合的乡村治理体系"。以桐乡和德清为代表的"德治、自治和法治"相结合的乡村治理创新探索，形成了差异化的创新探索，有效地促进了乡村社会合作共治的发展。

在社会生活中，法律难以解决社会治理的众多难题，而道德由于其特有内在约束力，在社会治理中起着非常重要的作用。但道德的约束力往往需要在熟人互动中才会发生，为了解决此问题，桐乡通过道德评判团推动"好坏大家判"。高桥镇成立道德评判团，以公众舆论评判人们的行为，让民众自我教育和规范。道德评判团主要由10—15名村模范人物组成，协调人由村党支部书记担任。主要做法有树立典型、文化熏陶和乡规民约，树立典型即致力于打造"五有市民""四好家庭""四型社会"和"好干部"，通过树立典型推进民风、家风和党风不断提高和好转；文化熏陶即利用道德讲堂、主题公园和文化礼堂开展社会主义核心价值观的教育和宣传，引导人民群众树立良好的道德风尚；进行村规民约的修订，以使道德观念通过实践活动深入人心。

德清县主要是通过建立公民道德馆、文化礼堂、和美乡风馆等道德阵地传承传统文化，弘扬文明风气。通过开展"道德积分"活动，引导公民"积小善为大善""积小德为大德"，从而成为一种道德习惯；通过推行"道德信贷工程"，将"文明家庭"和信贷对接，对获得"文明家庭"称号的农户在贷款上面实行政策照顾，从而将道德发展和经济发展结合起来；除此之外，德清县还不定期开展道德模范的宣传活动，将德治深深扎根于当地人民的生活中。

法治是现代社会的基本治理准则和手段，具有健全和完善的法律制度是现代国家矛盾解决的主要方式。为强化依法行政，桐乡市探索建立"依法行政指标体系"，通过45个具体的指标，形成依法行政指数，并且纳入责任考核。在公正司法上，强化司法资源的整合和队伍建设，并且建立了市、镇、村三级法律服务团，为人民群众提供公正的司法服务。通过法治文化宣传强化全民守法，建立了东方法制园等法治文化教育和示范点，引导人民群众树立法治思维。

德清县在法治建设方面，坚持"法无明文禁止即可为"，围绕优化法治环境的目标，开展"法治德清"建设，通过全面推行政府权力清单制度、完善规范性文件、重大决策、行政合同合法性审查机制、健全事中事后监管制度等,规范公共权力运行,强化依法行政和公正司法;通过加强法治宣传教育、强化法律服务等举措,保障村民依法表达诉求,切实维护村民的合法权益。[①]

为增强社会自治能力,2013 年,桐乡在镇级建立并运行"百姓参政团",让镇上的相关利益者在涉及自身利益的问题上拥有知情权、参与权、建议权,形成"大事一起干"的良性互动机制。百姓参政团由 12 名固定成员和 10—20 名非固定成员组成,前者由全镇的人大代表、政协委员、卫生院院长、中心学校校长、企业代表、道德模范人物等组成,后者主要是直接的利益相关者。除此之外,还聘请专业律师作为顾问,解决涉法的专业问题。百事服务团主要设在村里,是通过整合村里的"网格化管理、组团式服务"等各支队伍而产生的。百事服务团在村委会设立工作室,并开通 24 小时电话热线,24 小时响应群众的需求,除少数技术性服务收取少量费用,大多数服务均免费。

德清在推进自治方面主要从四个方面入手,分别是完善民主选举机制、规范民主决策机制、健全民主管理机制、强化民主监督机制。为落实这四个机制,德清具体推行了"阳光村务七步法"落实村民的知情权、参与权、表达权和监督权,完善村民代表联系户制度、村务联席会议制度,建立民主恳谈等制度落实村民的民主管理权利,强化村务监督委员会的作用,完善"资金、资产、资源"监管网络平台建设。

"德治、自治、法治"的创新探索充分发挥了社会、法律、道德的作用,既依托外部约束机制,又强化了社会规范和自我约束,既吸收了现代法治建设的有益经验,又立足于中国传统和国情,不但有利于基层社会的和谐稳定,也激发了社会的活力。

三 智慧治理与多元协同共治

21 世纪是信息技术的社会,信息技术已经广泛渗透进社会生活

---

① 《"三治"融合推进地方治理现代化》,2015 年 1 月 12 日,中共中央党校网,http://www.ccps.gov.cn/theory/sjkt/201501/t20150112_57097.html。

的方方面面，深刻影响着社会的发展，推动着社会变革。随着信息技术的广泛应用，在社会治理中，信息技术作用也越来越凸显。因此，一种现代社会的全新治理创新应运而生——智慧治理，智慧治理是一种将现代信息技术与政府主导的多元社会治理体系相结合的政策思路，作为信息化的先行省，浙江的智慧治理在探索中前进，不断向纵深发展。

浙江省的智慧治理可以追溯到2003年。是年9月，浙江省政府出台《"数字浙江"建设规划纲要（2003—2007年）》，纲要指出到2007年，省内信息化和工业化形成良性互动，推进传统产业信息化改造；加快电子政务建设，推进政务公开，实现省、市、县三级政务网络的互联互通；全面推进数字城市建设，大幅度提升城市服务功能；加大科技创新力度，发展信息产业，为"数字浙江"提供有力支撑……经过十余年的发展，特别是"十二五"以来，全省上下坚持推进新型工业化、信息化、城镇化和农业现代化同步发展，建成了"数字浙江1.0"框架体系。[1] 目前，浙江省信息基础设施发展水平居全国前列，"两化"深度融合发展水平全国领先，智慧城市示范点建设成效显著，电子商务发展水平全国领先，政府信息资源共享与开放成效突出，农业农村信息化水平明显提升，信息技术产业蓬勃发展，信息化发展环境持续优化。[2] 在这样的背景下，浙江省社会治理正逐渐形成五级互联互通的电子政务平台、快速发展的智慧城市建设系统、智慧化的公共安全管理体系和智慧化的市场监管机制。智慧治理逐渐成为浙江治理体系中的重要发展趋势和有机组成部分。

杭州上城区的案例提供了智慧治理的创新方案。上城区是南宋皇城遗址的所在地，环湖沿江依山傍水，区域面积18.1平方千米。作为一个地域面积狭小、人口密集、老龄化程度高的行政区域，地方政府面临着比其他地方更多的治理挑战，也因此催生了以信息化推动多元协同的智慧治理创新思路。

---

[1] 浙江省发展和改革委员会：《浙江省信息化发展"十三五"规划（"数字浙江2.0"发展规划）》，2016年8月。

[2] 同上。

首先，以互联网、物联网为枢纽，推进城市社会治理智能升级。例如，在城管执法方面，上城区在2011年4月正式运行了城管智能管控平台。该智能城管管控平台通过固定监控、移动监控、智能探头、卫星定位等多种方式，利用现代三维地理信息系统整合主要道路信息，形成全方位、实时动态的城市管理信息系统。在社会服务管理方面，上城区构建了社会服务管理联动网（上城平安"365平台"），该服务管理联动网是一个把居民信息和问题采集、上报、交办、处置、反馈、评价和结果运用等环节融为一体的服务系统，同时也使政府管理与社会治理之间通过"365平台"实现了全方位的互动。联动网利用地理信息系统技术把全区54个社区划分为159个网格、593个片、2516个组，全天候无缝隙收集社情民意，信息由社区网格员将其上传，"平台联动处置中心"根据政府职能和服务标准确定受理部门，并协调不同部门联合处理相关问题，以确保每一个要求都有回应，每一个问题都得到处置。社区作为问题的发现者和反馈者，实时将各种需要解决的问题通过"365平台"反馈到信息处置中心。作为"365平台"的一端，社区在平台运行中起着寻找社会治理问题，反应百姓诉求，监督政府效能等多方面的功能，实现了基层社会治理与信息技术的有效衔接。

其次，以信息平台为依托，推动与"智慧治理"相适应的政府职能体系建设。一是通过公共服务标准化体系建设界定政府的行为标准和职能边界。其主要做法是：以规范公权、服务民权为目的，以构建政府职能标准化体系为核心，以制定具体职能管理标准为基础，以推进标准实施和动态完善为重点，全面推进区一级政府行政职能的标准化管理，经过梳理，确定了5309项由政府职能细化出的具体工作事项及与之对应的880项法律法规、政策依据，针对"无法可依"的工作事项，完成了154项标准编制并分别作为国家、省、市、区级标准颁布实施，通过对政府具体职能的标准化，弥补现行法律法规制定的空白与执行中的缝隙，使每一项具体事项都有标准可依循、可操作、可检查、可评价。二是通过政府联动机制建设推动不同职能部门的协同运行，依托多个信息技术平台，在联动机制建设方面适时推进相关创新。在应急管理方面，在一些诸如台风等自然灾害的应急处置中，区政府将信息平台整合成一个多方协同运行的联动机制，通过信息平台将散落在各领域各方位的信息输入终端实时上报信息，然后处置中心根据具体信息发出指令，所有信息内容可以瞬间传送至所有部门，由此大大提高了政府的应急处置和多部门协同联动能力。在日常的事务处理中，上城区依托信息技术平台推动完善不同职能部门之间的事务协调机制。比如，在一些非常琐碎的民生事务中，这些事务往往很难界定是由哪一个政府部门来负责的，由此过去往往出现各职能部门相互推诿的情况。三是通过信息技术的运用全面改进考评体系，使精细化考评成为可能，提升政府效能。上城智能城管建设开始后，在运行机制方面按照标准化、精细化和流程化目标，以"量化考核、标准测评、网络支撑、全面覆盖"为目标，达到"工作任务定量、工作质量定性、工作纪律规范、工作标准统一、工作责任落实"。社会服务管理联动网的建设也改进了区政府对社区和各个职能部门的考核体系。由于信息平台能够使社会反映的所有问题和处理过程都留痕，因此使得对各职能部门更注重政府公共服务质量、更有效回应群众诉求的考评得以可能。

最后，在一系列信息技术平台基础上，上城区构建了一个多元协同的治理框架。作为中华人民共和国第一个居委会的诞生地，上城区从2009年开始探索和构建"333+X"社区大服务体系，通过政府、社会和社区这三个主体的共同参与，探索社会治理的多元协同模式。其中3个3是指政府、社区和社会三个参与主体；公共服务、自助互助服务、便民利民三种服务；社区公共服务、社区居民参与和社区服务落地三大平台。为促进社会组织的发展和壮大，上城区政府成立了社会组织建设领导小组、社区社会组织培育发展协调小组和社会组织建设专家委员会，并且向社会组织购买大量公共服务。在社区自治方面也进行多元探索，例如"邻里值班室"，邻里值班室在上城区上羊市街社区共有12个，每个值班室以300—400户居民为单位，安排3—4名值班员，值班员是由退休党员、志愿者等热心居民担任。基于信息技术创新运用的智慧治理将政府、企业、社会组织、社区和居民有机整合起来，政府、社会组织、社区和居民之间的互信与合作形成了政社良性互动机制，共同促进社会治理的良秩运转。

互联网和信息技术平台的创新运用大大提升了社会治理的多元协同，提升了社会治理的有效性，形成了基于信息技术与治理体系有机融合的智慧治理格局。

第三节　健全促进社会治理成果共享的有效机制

共建、共治和共享是内在逻辑统一的整体。共建和共治是共享的保障，共享是共建和共治所追求的目标和结果。改革开放40年浙江地方各级政府的创新探索历程，既是政府与社会合作治理体系发展的过程，也是多元主体合作共治的过程，而所有这些努力的最终目标，是不断增进人民福祉，确保社会安定，增强人民群众的获得感，让全体人民共享治理成果。

一　健全为民办实事制度

为民办实事工程是习近平同志主政浙江期间亲自倡导的一项长效制度安排。改革开放以来，浙江经济快速发展，人民生活水平不断提高，但也带来了成长过程中的诸多烦恼，尤其是在人民生活水平达到一定阶段后，如何满足人民更高品质的生活需求，需要探索政府回应社会多元诉求的机制。为民办实事十大工程正是在这种背景下开始启动。2004年，浙江省委、省政府在全国率先制定出台了《关于建立健全为民办实事长效机制的若干意见》。从2004年开始，浙江省委省政府把为民办实事作为一项重要工作纳入议事日程，每年重点抓诸如民生保障、教育卫生、环境保护等10个方面的实事（详见表7-1）。习近平同志强调，"我们要根据人民群众的要求和愿望，坚持不懈地为民办实事，及时主动地为人民群众排忧解难，切实把为人民群众谋利益的实事办好"[1]。通过建立为民办实事的长效机制，有效地解决了与人民群众密切相关的衣食住行等民生问题，受到了人民群众的普遍拥护。

---

[1] 习近平：《努力解决民生问题，促进社会和谐稳定》，《浙江日报》2007年1月5日第1版。

表7-1　　　　　　2005—2016年每年浙江十大民生实事项目

年份	十大民生实事项目内容
2005	（1）落实扶贫政策（2）下岗失业人员再就业（3）扩大养老保险和医疗保险的覆盖面（4）提高农村公共卫生服务水平（5）提高基础设施建设面（6）建设经济适用房（7）完成环境整治村建设任务（8）促进教育发展（9）清理建筑领域工程拖欠款（10）抑制安全生产事故的数量
2006	（1）失业人员再就业（2）养老和医疗保险（3）农村财政投入（4）全省等级公路同村率（5）经济适用房（6）整治村建设（7）异地脱贫（8）义务教育（9）文化下乡（10）提高乡镇村超市的覆盖面
2007	（1）失业人员再就业（2）职工养老保险和医疗保险的县市合作（3）医疗（4）农村中小学"四项工程"改造项目（5）廉租房制度（6）异地脱贫（7）省级环保重点监管区污染整治（8）整治村建设任务（9）文化下乡（10）安全事故
2008	（1）城镇失业人员实现再就业（2）企业基本养老保险（3）医疗保障（4）保障性住房（5）义务教育阶段学生课本费（6）扶贫补助（7）村庄建设（8）文化下乡（9）城镇生活垃圾（10）公共安全
2009	（1）就业（2）基本生活保障（3）医疗保障（4）住房保障和养老服务（5）教育（6）农村环境建设（7）文化建设（8）扶贫（9）污染防治（10）公共安全
2010	（1）就业（2）养老（3）基本生活保障（4）医疗（5）住房保障（6）教育（7）文化体育（8）农村环境建设（9）扶贫（10）公共安全
2011	（1）就业（2）基本生活保障（3）社会救助（4）医疗保障（5）住房保障（6）义务教育（7）扶贫（8）农村环境建设（9）文化（10）各个领域的安全
2012	（1）就业（2）基本生活保障和社会救助（3）医疗保障（4）住房保障（5）教育（6）扶贫（7）农村环境建设（8）文化（9）污染防治（10）公共安全
2013	（1）公共交通（2）城乡困难群众增收（3）社会保险（4）城乡困难群众住房（5）医疗服务（6）居民养老服务（7）食品安全（8）居民养老服务（9）农村历史文化保护（10）建设以及改善城乡环境
2014	（1）加强污水治理（2）加大雾霾治理力度（3）加强城乡环境综合整治（4）全面开展农产品质量安全保障行动（5）稳步提高低收入群众收入水平和生活水平（6）积极推进标准化中小学校建设（7）完善医疗保险和医疗救助制度（8）加强农村文化服务体系建设（9）加快养老服务体系建设（10）省市县各级政府"三公"经费
2015	（1）加大雾霾治理力度（2）加大农产品质量安全保障和餐桌安全治理（3）加强水环境治理（4）加快电商服务网络建设（5）改造提升农村公路，积极发展公共交通，提升农村公路技术等级（6）加快推进农村生活污水治理和城市垃圾分类处理（7）加强收入困难群众和困难群众帮扶，打好扶贫攻坚战（8）加快公共文化体育服务体系建设（9）加快养老服务体系建设（10）加快推进义务教育均等化

续表

年份	十大民生实事项目内容
2016	（1）治理雾霾（2）治理污水（3）加强食品安全管理（4）加快养老服务体系建设（5）加强农村惠民服务（6）加快电商服务网络建设（7）加大城市治堵力度（8）加快标准化中小学校建设（9）方便群众看病购药（10）加快推进"互联网+政务服务"

资料来源：根据历年浙江省人民政府工作报告整理。

值得注意的是2015年是为民办实事工程的重大节点，从省政府确定项目内容转变为公开向社会征求。在征求社会意见基础上，对每一项民生实事提出了具体要求和任务目标。

2017年1月16日开幕的浙江省十二届人大五次会议上，浙江省代省长车俊在作政府工作报告时，公布了2017年浙江省十方面的民生实事。一是加大治霾力度，全面完成大型燃煤机组超低排放技术改造，全面淘汰改造燃煤小锅（窑）炉。二是研究制定推进垃圾分类的具体办法，加快城镇垃圾处理设施建设和垃圾填埋场生态化改造，农村生活垃圾集中收集处理基本实现全覆盖。三是加大畜禽养殖废弃物处理力度，以沼气和生物天然气为主要处理方向，完成大规模畜禽养殖场粪污处理设施建设，完成城镇污水处理设施一级A达标排放改造，全面消除劣V类水体。四是继续大力治理交通拥堵，加快公交、地铁等设施建设，新增公交线路500条、公交站点500个、公交车500辆。五是加强城乡居家养老服务中心建设，实现农村居家养老服务中心全覆盖。六是切实加强食品安全监管，新建放心农贸市场300个。七是基本消除地质灾害隐患点1000个，新建、扩改建避灾安置点1500个，完成全部D级危房和涉及公共安全的C级危房治理。八是对全省所有加油站加油机实施计量检定。九是全面启动适龄妇女免费"两癌"检查。十是新增农村文化礼堂1000个，新建3000个农村电商服务站、3000个城市社区智能投递终端。

从2004年到2017年，浙江每年的十大民生实事工程的发展和变迁，既是浙江五千多万人民美好生活诉求的演变历程，也是浙江省委省政府不断满足人民期盼的重大政策发展过程。面对一件件看似微不足道的小事，政府严肃认真讨论并细化为一个个考核指标保证政策有效落实，一年又一年地为民办实事十大工程，正是"八八战略"在浙江的生动实践，也是以人民为中心的浙江发展实践。

二 建立领导下访制度推动政社互动

长期的高速经济社会发展使社会结构日趋复杂，社会群体也越来越分化，利益诉求越来越多元。探索如何完善多元诉求的制度性表达渠道，不断吸收越来越复杂的利益的诉求，成为现代治理体系建设中的重要命题。改革开放40年来，浙江各地不断探索民生诉求表达和回应机制的创新实践，除构建了政府与社会的互动沟通机制，保障了人民群众的表达权，推动形成了基层实践的合作治理格局。

领导下访，是新时期开展群众工作的一种有效形式，是信访工作的一种新探索和新思路，也是从源头做好信访工作的一项有力措施。自2003年起，浙江把领导干部下访接访作为新形势下加强信访工作的重要载体，纳入经济社会发展全局来谋划。通过采取上下联动、约访为主，调研和检查相结合的方式，把信访工作延伸到经常性的群众工作中去，面对面接待群众，实打实解决问题，起到了听民声、消民怨、解民忧、促和谐的积极作用。浦江县曾是浙江省信访管理重点县（市、区）之一。2002年，全县共受理群众信访10307件（人）次，到县以上越级上访34批次352人次。[①] 从2003年开始，浦江积极构建信访工作大格局，下访、接访成为浦江领导干部的"必修课"。变化随之而来的是：2013年全县信访总量比2003年下降了76.9%，全县存有疑难信访件比2003年下降了90.1%，连续8年在全省信访工作考核中被评为优秀。

为了更好推动领导下访，常山较早探索民情沟通制度。常山县的民情沟通日制度是指每月10日左右基层领导干部在固定的场所接待村民，与村民进行面对面的沟通和交流，了解民情、解决民生问题和接受村民监督的一整套机制，包括民情体察阶段、民情沟通阶段、民情办理阶段和民情反馈四个阶段，而民情沟通是整个流程的关键。常

---

① 张丽：《郡县治，天下安——领导干部下访接访的浦江样本》，《浙江日报》2014年3月19日第8版。

山民情沟通日制度起源于2005年11月，中共常山县委出台《中共常山县委关于建立民情沟通日制度的意见》，此后，民情沟通日制度开始在常山县15个村开始试点。在试点取得良好效果后，常山县委、县政府开始着手进行全县推广。2006年，中共常山县委颁布《关于完善民情沟通制度的意见》《关于进一步深化民情沟通日工作的意见》，至此，常山民情沟通日普遍建立。此外，为了弥补每月仅仅10号一天沟通存在的不充分问题，2015年，常山又开始推广"民情茶馆"这一常驻形式的"机构"，有事则谈事解难，没事则喝茶谈心。开发"爱心E掌通"的APP，擅长使用手机者，直接把遇到的困难写出来或拍下来上传；不擅长者，可以拨打24小时党员志愿者服务热线，让值班人员帮忙把需求登记上网，后台则将需求和问题归类、合并，以派单形式交由医务人员、社工等专业人士，"组团"解决。经过长时间的发展，常山民情沟通已经形成了一整套的保障体系和制度。首先是建立民情限期办理制度，规定简单事项3个工作日办结，一般事项7个工作日办结，重大事项一个月办结。其次是建立民情沟通日工作部门联席会议，联席会议由县委常委、组织部长作为召集人，各成员单位的领导为联席会议会员，联席会议的主要职能是分析在"民情沟通日"中产生的问题和新情况，研究相关的解决措施，抓好落实。再次是设立农村党员、村民代表联户议事制度。2007年中共常山县委办公室发布《中共常山县委办公室关于推进农村党员、村民代表联户议事制度的通知》，从而建立了联户议事制度，主要是通过党员和村民代表挂钩联系若干农户，宣传党委和政府的相关政策，传送村民的意见和要求，引导村民积极参与公共事务管理。最后是监督考核制度，监督考核制度的总体要求是：坚持分级考核，采取明察与暗访、普查与抽查、定期检查和不定期检查、入村走访与检查台账、宣传先进典型与通报批评相结合的办法。同时建立"评驻村干部、评村干部、评民情沟通日活动满意度"的"三评制度"。[①]

常山县的民情沟通日制度是基层协商民主与合作治理的重要创新

[①] 陈华兴主编：《2017年浙江发展报告——政治卷》，浙江人民出版社2017年版，第188页。

实践，落实了人民的知情权和表达权，有利于强化基层的民主监督，有利于基层的民主决策和科学决策，调动村民的参与积极性，激发基层活力。

三 健全民意表达与回应机制

在过去的政府绩效考核中，往往是上级对下级进行考核，是一种内部的考核机制，而以杭州为代表的政府绩效考核开始突破内部考核的界限，逐步向外部扩展，注重民意的表达和回应。1992年，杭州市在市直单位推行了目标责任制考核；2000年，市委、市政府为优化发展环境，根治市直机关门难进、脸难看、话难听、事难办"四难"综合征，切实转变机关作风，推出了"满意单位不满意单位"评选活动；2005年，在"满意单位不满意单位"评选活动的基础上，政府又将"满意单位不满意单位"评选（社会评价）与目标考核相结合，增加领导考评，对市直单位实行"三位一体"的综合考评。杭州市综合考评委员会办公室成立以来，在建立健全综合考评体系、推进市直单位创新创优、扩大公民有序政治参与、强化"评价—整改—反馈"工作机制等方面作了积极探索，推出了社会评价意见报告定期发布、社会评价意见重点整改目标公示制度，建立年度目标绩效改进工作机制，实行先评后考，将外来务工人员纳入社会评价投票层面，试行网上评议，设立社会评价专线电话，设置综合考评进位显著奖等一系列创新举措；经过数年的实践，杭州的考评体系不但具有了对政府各部门和下级政府进行考核评价的功能，在每年的考评中都要对1.5万名各界人士进行问卷调查，这些问卷数据不但可以反映社会对各部门的满意度状况，而且通过问卷回答，可以将一些社会最关注的政策问题反映出来。市考评办将这些社会反映出来的问题进行归类整理，然后由市委市政府牵头，对一些重大问题集中提出处理意见，对于相关政府部门提出整改要求，相关政府部门在接到整改要求后，进行整改，完善相关政策，提高公共服务质量。以2008年为例，2008年度市直单位综合考评社会评价，共征集到9个层面代表评价意见10915条，经梳理归并后为5930条，主要反映在"七难"（看病难、上学难、就业难、住房难、行路停车难、清洁保洁难、办事难）问题、城市管理、公共服务等方面，其中安全生产、城市建设与管理的统筹协调等问题成为人民群众关注的新热点。2009年4月28日，市委、市政府召开全市综合考评总结大会，明确要求各部门在明确社会评价意见的基础上，进行整改，重点解决社会关注的各种民生问题。所有相关部门提出自己的年度整改目标，并在年底对整改结果进行公示，接受社会监督。

四　完善民主化的民生决策机制

让民众共享改革发展的成果，除了结果导向，还必须关注民众的过程参与，充分吸纳民意和考虑民情，保证改革的成果真正惠及广大人民群众。浙江省积极探索民主化的民生决策机制，形成了温岭的民主协商制度、杭州民主促民生制度和民生实事项目代表票决制等创新实践。

浙江基层的实践探索和创新，为中国民主协商提供了尤为丰富的形态。"温岭民主恳谈"就是其中的典型代表。温岭的民主恳谈产生于20世纪90年代末，是将原有的农村思想政治教育活动转化为对话和协商等形式，之后不断发展演化。2003年，温岭开始试行行业工资协商制度，在此基础上，2005年温岭将协商制度不断扩展，最终扩展到政府预算，即参与式预算。从2005年3月开始，温岭市在新河、泽国两镇率先"试水"公共预算改革。温岭市2009年1月出台了《关于开展预算初审民主恳谈，加强镇级预算审查监督的指导意见》，努力将镇级预算民主恳谈正式导入规范化、制度化、法制化轨道。根据温岭市开展"民主恳谈"活动的相关规定，镇民主听证制度要求各镇（街道）就当地重大事务、重要建设项目、新的政策、新的管理办法的制定出台等举办决策听证，党委政府提出初步意见、初步方案，提交镇民主听证会，经群众充分讨论，认真听取群众意见、看法和要求后，在群众旁听的情况下，现场研究并作出决策或决定。参与式预算在政府和民众之间架起了一座沟通的桥梁，使得决策更加符合民意。目前，温岭已经形成了包括党内民主协商、政党协商、人大协商、政府协商、政协协商、社会对话协商、财政预算协商、工资集体协商、村务社区事务协商等多范围的协商形式。

2009年6月26日，中共杭州市委和市政府发布《关于建立以民主促民生工作机制的实施意见》，正式拉开了"民主促民生"的序幕。建立了民生互动平台——"杭网议事厅"——和社区互动平台——"律师进社区"——等社区参与社会治理的平台形式。杭网议事厅由杭州市政府办公厅、市委宣传部和杭州日报报业集团共同创立，集合了党政、居民和媒体，于2009年10月18日正式运行。杭网议事厅承载着反映民情、引导民情、解疑释惑、排忧解难和服务决策等功能。"律师进社区"主要是为了加强基层社区中的人民调解工作，为居民提供法律咨询和法律援助。同年，杭州市下发了《关于开展"律师进社区"工作实施意见》，通过市司法局、市律师协会和浙江大学法学院等单位共同促进法律服务进社区。

2017年来，浙江又开始在市、县、乡探索民生实事项目代表票决制，民生实事项目代表票决制是指民生实事项目由大家提出、代表确定、项目负责、人大评价一整套机制设计。第一，民生实事大家提。在民生实事项目代表票决制设计中，民生实事项目的产生由"部门提"转化为"大家提"，政府必须在广泛征求人民群众意见建议基础上提出民生实事事项候选项目。以杭州市为例，2018年以来，杭州市县乡三级共征集到各类项目建议3406件，经过多层级的删选确定了1043件提交人大代表票决。[1] 第二，民生实事代表定。在经过前一阶段对候选项目的筛选，确定了提交人代表进行票决民生实事项目后，就要进行同级人大代表的现场票决，票决采取差额投票的方式选出正式的民生实事项目交由政府实施。截至2016年年底，宁海县各乡镇票决确定802个民生实事项目，总投资94.61亿元，当年平均完成率达到85%以上。[2] 第三，实行人大代表项目负责制。票决制明确了各个人大代表在各个阶段、每个环节的工作职责来保证民生实事项目的落地和实施。2017年，桐庐县在县人代会上确定了该年县政府的十大民生实事，之后桐庐县建立了人大代表联系项目制，将代表分

---

[1] 《人大代表热议"民生实事项目人大代表票决制"》，2018年3月13日，中国网，http://www.china.com.cn/lianghui/news/2018-03/13/content_50705360.shtml。

[2] 《从"为民做主"到"由民做主"浙江全面推开民生实事项目代表票决制》，2017年6月12日，凤凰资讯，http://news.ifeng.com/a/20170612/51230931_0.shtml。

成 10 个联系监督小组,每个小组跟踪监督一个民生实事项目,重点落在项目进展情况、工程质量把控、资金使用等方面。① 第四,人大评估实事效果。针对民生实事项目的效果,由人大开展进行满意度评价,充分把握民意和发挥人民群众的主题地位。2017 年年底,舟山市人大常委会就该年度 10 个方面 44 项政府民生实事项目落实情况开展满意度测评。根据测评结果,满意的有 40 项,基本满意的有 3 项,不满意的为 1 项,总体满意率 81.8%。②

---

① 《轻轻一票重千钧来看民生实事项目人大代表票决制的浙江实践》,2018 年 3 月 15 日,浙江新闻,https：//zj.zjol.com.cn/news/852987.html。

② 同上。

第八章　勇立潮头：提供高水平共享发展的浙江经验

浙江是共享发展实践的先行者。独特的区域发展条件催生出来的大众创业浪潮和"老百姓经济"格局，使浙江从改革伊始就通过充分发挥市场机制在调动社会成员创业积极性上的作用，形成了某种自发性的共建共享发展格局。习近平同志主政浙江以来，通过进一步理顺政府与市场关系，积极发挥政府校正共享发展的市场失灵现象上的重要作用，逐步形成了相对成熟的共建共享发展模式，使浙江在共享发展特别是建设全覆盖、高水平的小康社会上走在了全国前列。2015年5月，习近平总书记在浙江考察浙江期间，对浙江经济社会发展取得的成绩给予了充分肯定，认为"这体现了中国特色社会主义在浙江的成功实践"，并明确提出"希望浙江努力在提高全面建成小康社会水平上更进一步，在推进改革开放和社会主义现代化建设中更快一步，继续发挥先行和示范作用"。

无论就共享的内涵还是共享的实现程度而言，共享发展都是一个永无止境的探索过程。浙江有责任也有条件继续深化共建共享发展模式的探索，为中国不断完善共享发展道路，进而为广大发展中国家探索跨越中等收入陷阱的道路，贡献浙江经验和浙江智慧。

第一节　干在实处：补齐高水平共享发展的短板

浙江共享发展的成就突出体现在相对较高的小康社会建设水平上。无论就城乡之间、地区之间发展的相对均衡性所反映的全面小康社会建设的"全覆盖",还是城乡居民收入和享有的公共服务的实际水平而言,浙江的全面小康建设都已处于全国领先地位。但是,小康社会建设水平之高低,是一个相对性的概念。

根据习近平总书记提出的"努力在提高全面建成小康社会水平上更进一步"的要求,浙江省第十四次党代会明确提出了确保到2020年高水平全面建成小康社会的奋斗目标。《中共浙江省委关于制定浙江省国民经济和社会发展第十三个五年规划的建议》对浙江小康社会建设的高水平提出了"五个更"的具体要求:一是综合实力更强。经济保持中高速增长,到2020年生产总值、人均生产总值、城乡居民收入均比2010年翻一番,经济发展质量和效益稳步提升。二是城乡区域更协调。城乡之间、区域之间居民收入水平、基础设施通达水平、基本公共服务均等化水平、人民生活水平等方面差距进一步缩小。县县全面建成小康,确保一个也不掉队。三是生态环境更优美。能源资源开发利用效率大幅提高,能源和水资源消耗、建设用地、碳排放总量得到有效控制,主要污染物排放总量大幅减少,浙江的天更蓝、地更净、水更清、山更绿。四是人民生活更幸福。人民生活水平和质量普遍提高,低保水平逐步提高,低收入群众收入持续较快增长。五是治理体系更完善。重要领域和关键环节改革取得决定性成果,治理法治化、制度化、规范化、程序化、信息化水平不断提高。

"五个更"对小康社会建设的总体水平提出了更高的标准,更重要的是,根据中国特色社会主义"五位一体"的总体布局,适应人民群众对美好生活的向往,进一步拓展了小康社会建设的内涵,突出了生态环境的治理、社会文明程度的提升、公共服务和社会保障水平的提高以及社会治理体系的创新等在高水平小康社会建设中的重要地位。

全面建成小康社会,即便是高水平的小康社会,就总体水平或人均水平来说并不很难。2016年浙江经济总量已达46485亿元人民币,接近韩国的经济总量。2016年人均GDP已达12635美元,按照世界银行2010年的标准,已经迈入高收入经济体(12276美元)的门槛。全面小康的难点在于,真正实现"一个都不能少",不"落下一个贫困地区、一个贫困群众"。浙江已经全面消除家庭人均年收入4600元以下的贫困现象，水平明显高于全国。但即使浙江仔细排查，切实做到不落下一个贫困乡镇村，不落下一个贫困群众，但按照中央扶贫开发工作会议的要求，也面临着"农村贫困人口义务教育、基本医疗、住房安全有保障；同时实现贫困地区农民人均可支配收入增长幅度高于全国平均水平、基本公共服务主要领域指标接近全国平均水平"的艰巨任务，面临着切实提高老百姓的获得感和幸福感等问题。为此，浙江省委十三届五次全会通过的《关于建设美丽浙江创造美好生活的决定》明确提出，高水平全面建成小康社会，要做到人口全覆盖，区域全覆盖，领域全覆盖，确保一个县都不掉队、一个人都不落下，让全省人民真真切切拥有高水平全面小康的获得感。

2016年6月浙江省委十三届第九次全会根据习近平总书记"干在实处永无止境，走在前列要谋新篇"的新要求，作出了《关于补短板的若干意见》。该意见突出高质量、均衡性，明确提出要重点补齐科技创新短板、交通基础设施短板、生态环境短板、低收入农户增收致富短板、公共服务有效供给短板、改革落地短板，确保如期高水平全面建成小康社会。这里的高质量、均衡性，给浙江补齐高水平全面建成小康社会建设的短板，设置了新的更高标准。高质量，就是更加强调发展的质量和效益，包括经济结构高质量、生活水平高质量、自然环境高质量、政治生态高质量。均衡性，就是更加关注发展的平衡、协调、可持续，包括城乡均衡、区域均衡、贫富均衡、老少均衡、物质文明精神文明均衡。凡是不符合高质量、均衡性要求的，就是短板，就要补齐。毫无疑问，借助于相对发达的经济发展水平，借助于历届省委坚持的富民强省理念，在长期领先的基础上，浙江完全有可能建设成为高水平全面建成小康社会的标杆省份。

严格地讲，高水平全面建成小康社会并不等于实现高水平的共享发展。对于浙江来说，举全省之力，以更高的标准消除贫困现象都不是很难，真正难的是在高水平全面建成小康社会的基础上，切实提高共享发展的水平。高水平的共享发展意味着弱势群体不仅能够部分地分享到发展成果，满足基本的物质文化生活需要，而且能够日益广泛地分享到追求美好生活、实现美好生活的机会，能够同全省人民一道享有更好的教育、更稳定的工作、更满意的收入、更可靠的社会保障、更高水平的医疗卫生服务，进一步增强获得感和幸福感。

浙江省委《关于制定浙江省国民经济和社会发展第十三个五年规划的建议》，专门就全面推进共享发展提出了七个方面任务。一是加快教育改革发展，高质量普及十五年基础教育，着力提高高等教育发展质量，加快现代职业教育体系建设。二是着力提升就业质量，支持创业带动高质量就业，加强困难群体就业的服务和援助。三是促进城乡居民持续普遍较快增收，确保居民收入增长和经济增长同步、劳动报酬提高和劳动生产率提高同步，确保低收入群体收入增长高于居民收入平均增长。四是加强社会保障改革创新，大力推进全民参保计划，加快推进各类养老保险制度衔接和各类医疗保险制度统筹整合，健全社会救助体系。五是加快医疗卫生体育事业改革发展，深化"双下沉、两提升"工作，联动推进医疗、医保、医药改革，建设高水平、全覆盖的公共体育服务体系。六是促进人口均衡发展，适当提高生育水平，大力发展老龄服务事业和养老服务产业。七是加强公共安全保障，健全公共安全体系。

从打造浙江高水平共享发展的目标追求来讲，浙江在共享发展上补短板，重点要解决好三个问题。首先，要通过政府体系的创新，大力推进低收入群体加快增收。如果说低水平的共享发展，致力的是保证低收入群体分享到的发展成果足以支撑其基本生存需求的话，那么，实现高水平的共享发展，就必须有效扭转收入差距扩大的局面，进而使社会收入差距缩小走上良性循环的轨道，否则，无论政府在扶贫上投入多大的资源，都难以有效提升全社会的共享发展水平。为此，就必须以低收入困难户为重点，创新扶持政策，加大产业开发、就业帮扶、转移支付、政策兜底等工作力度，做到帮扶精准到村、到户、到人，增强低收入群体自我发展能力，确保低收入群体收入增长高于居民收入平均增长。

其次，要立足于切实提高公共服务和社会保障水平，保证全社会成员不断扩大对发展成果的分享，保证社会弱势群体能够不断提升参与共建的能力，从而使得社会成员的发展成果共享从分享基本生存条件扩展到分享美好生活。政府提供的均等化的公共服务和社会保障，作为现代国家国民待遇的体现，是社会成员平等享有的基本社会权利。普惠性的公共服务和社会保障水平的不断提升，本身就是共享发展水平逐步提升的体现。更进一步讲，提高公共服务和社会保障水平，也是政府最有效的人力资本投资途径，它能够帮助社会弱势群体克服人力资本禀赋的局限，提高参与发展的能力。当前，提高公共服务和社会保障水平的关键，是实现均等化、普惠化。一方面，要全力推动基本公共服务均等化，推动优质教育、医疗、文化等资源向社区、向郊区、向农村辐射延伸，从根本上改变基本公共服务设施和资源分布不均衡，配置不合理的问题，使社会成员平等地分享公共服务资源；另一方面，要加快推进各类养老保险制度衔接和各类医疗保险制度统筹整合，大力推进全民参保计划，使社会保障体系更好发挥促进共享的作用。

最后，要在高质量普及十五年基础教育的基础上，着力提高高等教育发展质量，加快现代职业教育体系建设，加强对弱势群体的教育和就业援助力度，切实提高社会弱势群体的受教育程度和就业能力，奠定他们通过共建实现共享的坚实基础。

第二节　走在前列：全面拓展共享发展的内涵

党的十九大报告明确提出，随着中国特色社会主义进入新时代，"我国社会主要矛盾已经转化为人民日益增长的美好生活需要和不平衡不充分的发展之间的矛盾。我国稳定解决了十几亿人的温饱问题，总体上实现小康，不久将全面建成小康社会，人民美好生活需要日益广泛，不仅对物质文化生活提出了更高要求，而且在民主、法治、公平、正义、安全、环境等方面的要求日益增长"。人民群众的需要从基本物质文化生活需要层面向美好生活需要的跃升，既是社会生产力水平质的飞跃的体现，也是人的生活内涵和生活世界历史变迁的反映。相对改革开放之初人们基本的物质文化生活需要，美好生活需要意味着逐渐提升的对生活品质的追求，意味着生活世界的全面拓展，意味着生活方式日益多样化和个性化。这无疑给共享发展实践带来了一系列新的重要挑战。

毫无疑问，人类对美好生活追求是一个永无止境的历史过程，其终极境界,就是马克思揭示的人的全面自由发展。人的全面自由发展的重要前提,必然是社会全面进步,它只能建立在全面现代化的基础之上。浙江要全面深化共享发展的探索,就必须着眼于每个人的全面自由发展,立足高水平推进社会主义现代化,全面拓展共享发展的内涵,推动共享发展实践进入新的境界。

一 以富强浙江奠定高水平共享发展的坚实基础

高水平的共享发展将实现社会成员对发展成果的共享,从基本物质文化需要的满足跃升为日益扩大的美好生活需要的逐步满足。这必将不断对社会生产力水平的提升提出新的要求。正如马克思、恩格斯指出的那样,"当人们还不能使自己的吃喝住穿在质和量方面得到充分保证的时候,人们就根本不能获得解放"[1]。只有在社会生产力水平发展到足以使社会成员普遍性地摆脱基本生存压力,才有可能谈得上普遍参与社会发展过程,并在这一过程中努力追求人自身的全面发展。"如果这个人的生活条件使他只能牺牲其他一切特性而单方面地发展某一种特性,如果生活条件只提供给他发展这一特性的材料和时间,那末这个人就不能超出单方面的、畸形的发展。"[2]

马克思在谈到"人通过人的劳动"创造世界历史时明确提出,"人的依赖关系(起初完全是自然发生的),是最初的社会形态,在这种形态下,人的生产能力只是在狭窄的范围内和孤立的地点上发展着。以物的依赖性为基础的人的独立性,是第二大形态,在这种形态下,才形成普遍的社会物质变换、全面的关系、多方面的需求以及全面的能力的体系。建立在个人全面发展和他们共同的社会生产能力成为他们的社会财富这一基础上的自由个性,是第三个阶段。第二个阶段为第三个阶段创造条件"[3]。资本主义社会虽然形成了普遍的社会物质变换、全面的关系、多方面的需求以及全面的能力的体系,但社会分工和私有制却造成了"一些人靠另一些人来满足自己的需要,因

---

[1] 《马克思恩格斯选集》第1卷,人民出版社1995年版,第74页。
[2] 《马克思恩格斯全集》第3卷,人民出版社1960年版,第295—296页。
[3] 《马克思恩格斯全集》第46卷(上),人民出版社1979年版,第21页。

而一些人（少数）得到了发展的垄断权；而另一些人（多数）经常地为满足最迫切的需要而进行斗争，因而暂时（即在新的革命的生产力产生以前）失去了任何发展的可能性"①。更重要的是，"物的依赖性"普遍地造成了人的全面异化，"每个人都千方百计在别人身上唤起某种新的需要，以便迫使他作出新的牺牲，使他处于一种新的依赖地位，诱使他追求新的享受方式，从而陷入经济上的破产。每个人都力图创造出一种支配他人的、异己的本质力量，以便从这里面找到他自己的利己需要的满足"②。

中国依然处于社会主义初级阶段，要促进人的全面发展，既要通过全面提升社会生产力水平，以物质产品的极大丰富，"形成普遍的社会物质变换、全面的关系、多方面的需求以及全面的能力的体系"，又要通过执政党坚持以人为民中心的发展导向，克服市场失灵现象，避免人的发展陷入"物的依赖性"。浙江经济发展水平虽然领先于全国大部分地区，但社会生产力水平还远远没有达到足以摆脱"物的依赖性"的程度。因此，要探索高水平的共享发展，必须立足实际，全面推进"富强浙江"建设，以社会生产力水平的不断提升，为社会成员普遍性地摆脱基本生存的压力，打下坚实的物质基础。

要着力推动经济转型升级，以技术创新和制度创新，全面提升物质财富创造的效率，使社会成员得以共享越来越丰富的发展成果，逐步摆脱生存压力对生活品质提升和生活世界拓展的束缚。只有在生产力水平得到大幅度提高的前提下，才谈得上劳动时间的普遍压缩和"自由时间"的不断扩大，才能推动社会成员日益普遍和广泛地走出吃、住、行的生存世界，去追求美好的生活以及自身的全面发展。马克思指出："社会发展、社会享用和社会活动的全面性，都取决于时间的节省。"③基于人的解放和全面自由发展，马克思提出，"时间实际上是人的积极存在，它不仅是人的生命的尺度，而且是人的发展的空间"④。他还说："时间是人类发展的空间。一个人如果没有一分钟

---

① 《马克思恩格斯全集》第3卷，人民出版社1960年版，第507页。
② 《马克思恩格斯全集》第42卷，人民出版社1979年版，第13页。
③ 《马克思恩格斯全集》第46卷（上），人民出版社1979年版，第120页。
④ 《马克思恩格斯全集》第47卷，人民出版社1979年版，第532页。

自由的时间，他的一生如果除睡眠饮食等纯生理上的需要所引起的间断以外，都是替资本家服务，那末，他就连一个载重的牲口还不如。他身体疲惫，精神麻木，不过是一架为别人生产财富的机器"[1]。客观地讲，现实社会中的人所拥有的"自由时间"与其拥有的社会财富和获取财富的能力息息相关，社会弱势群体受其创造和获取财富的能力的限制，其生活品质、生活世界和发展空间最容易受到现实生存压力的束缚，要高水平推进共享发展实践，就必须扎扎实实地推进经济发展的转型升级，推动社会财富创造效率的不断提高。2013年5月，省委十三届二次全会已经作出《关于全面实施创新驱动发展战略加快建设创新型省份的决定》，接下来的关键是深入推进腾笼换鸟、机器换人、空间换地、电商换市，着力培育发展信息、环保、健康、旅游、时尚、金融、高端装备制造和文化产业成为浙江八大支柱产业。同时以创新引领传统制造业改造提升，按照产业高新化要求，全面推进新一代信息技术与三次产业的融合创新，传统制造业向智能制造、智慧制造转型升级，实现制造大省向智造大省转变。

在强力推进经济转型升级的同时，要进一步弘扬浙江创业创新优良传统，着力营造大众创业、万众创新的社会氛围，强化浙江以共建实现共享的发展优势。要将机器换人等产业技术升级战略同促就业有机地结合起来，健全引导、鼓励、服务、援助弱势群体就业的政策体系，将充分就业作为实现共享发展的重要支撑。

二 以高水平现代化建设促进社会全面进步

改革开放以来，在特定的发展境遇下，我国确立了以经济建设为中心的非均衡发展战略，以及"效率优先，兼顾公平"的价值取向。经过40年的发展，我国成功地解决了人民群众的温饱问题，并正在向全面建成小康社会冲刺。由此取得的巨大发展成就，为新时期强化共享发展导向，创造了重要前提。针对非均衡发展派生出一系列问题，中国共产党不断优化社会主义现代化建设的总体布局，逐步形成了注重经济、政治、文化、社会和、生态文明建设协调发展的总布

---

[1] 《马克思恩格斯全集》第16卷，人民出版社1964年版，第161页。

局。针对在发展实践中出现的，将以发展为执政兴国第一要务简单地理解为增长第一的片面性，我们党也先后提出了注重全面、协调、可持续的科学发展观，提出了引领发展模式全面转型升级的新发展理念。针对"蛋糕做大后"如何"分好蛋糕"的问题，我们党也不断强化了公平理念，并在党的十八大之后明确提出了"以公平正义为改革的出发点和落脚"的新导向。20世纪90年代，邓小平同志就曾深刻地指出，"过去我们讲先发展起来。现在看，发展起来以后的问题不比不发展时少"。如何有效治理发展起来出现的新问题，是新时代坚持和发展中国特色社会主义的重大历史课题，党的十九大报告已经明确将"逐步实现全体人民的共同富裕"作为中国特色社会主义新时代的重大规定。我们党对社会主义现代化建设规律认识的不断深化，为浙江坚持以人民为中心的发展，立足社会全面现代化，推动社会全面进步，探索高水平的共享发展模式提供了有力思想指导。

浙江省委已经就高水平推进社会主义现代化建设，提出了建设"富强浙江、法治浙江、文化浙江、平安浙江、美丽浙江、清廉浙江"的布局。"六个浙江"集中体现了现代化建设的全面性、一体性和协调性要求，适应了人民美好生活需要日益广泛，不仅对物质文化生活提出了更高要求，而且在民主、法治、公平、正义、安全、环境等方面的要求日益增长的大趋势，必将为浙江探索高水平的共享发展模式奠定坚实的基础。

以高水平社会主义现代化建设推进高水平共享发展模式的完善，就必须始终坚持以人民为中心的发展准则，纠正将全面的现代化建设简单地理解为经济发展，进而又将发展片面理解为增长的倾向，始终以人民对美好生活的向往作为现代化建设的根本引领，从而将共享的内涵从单纯基本生存的保障，拓展到全面共享社会主义民主法治、公平正义、社会安全和美好环境。按照马克思主义理论，人的全面发展表现为人的需要的丰富性和全面性，"他们的需要即他们的本性"[①]，人们正是在追求需要的满足过程中形成自己的社会规定性，形成自己的发展状态。而人的需要始终是一个动态的发展概念，基本生存需要

---

① 《马克思恩格斯全集》第3卷，人民出版社1960年版，第514页。

获得满足以后，必然会提出更高层次的需要，并呈现出需要的日益多样化和个性化。共享发展需要同样也会呈现出需要层次不断提升、需要内涵不断丰富的过程。因此，决不能把共享发展定格在保障弱势群体的基本生存条件上，而必须根据以人民为中心的发展观，根据经济社会发展的现实条件，逐步满足人民日益发展的共享发展需要。

以高水平的公共服务和社会保障，为高水平的共享发展提供了强有力的制度保障。要坚持以增进人民福祉为出发点和落脚点，加大民生改革和社会体制改革，加强社会建设和社会事业发展，构建优质均衡的社会公共服务体系，让改革发展成果更广泛、更公平、更实在地惠及广大人民群众。2013年11月，浙江省已发布《浙江省社会管理和公共服务标准化五年行动纲要（2013—2017年）》，作为指导浙江社会管理和公共服务领域实施标准化战略的重要依据。2016年5月，省委十三届九次全会又明确提出要补齐公共服务有效供给短板，推进基本公共服务标准化均等化，全面提高居民健康水平、文明素养和生活质量，确保如期高水平全面建成小康社会。为此，就必须进一步加强现代公共服务体系，通过向全体成员提供标准化、均等化的基本公服务，进而逐步丰富公共服务的内容和提供标准，扩大和提升社会成员对发展成果的共享。要全面加强社会保障工作，实现城乡居民养老保险最低生活保障制度的全覆盖。要大力实施大健康战略，编制出台《健康浙江2030行动纲要》，实施健康环境改善、食品药品安全保障、健康素养提升、全面科学健身、基本医疗卫生服务均等化等行动计划，全面提高城乡居民的健康水平。

高水平推进区域协调发展，不断提高区域协调发展和共享发展水平。2013年，浙江已在全国率先出台《浙江省主体功能区规划》，就要求在发展战略和政策体系上加强区域间的统筹协调，真正把全省作为一个大城市来谋划，着力构建以四大都市区为主体、海洋经济区和生态功能区为两翼的区域发展新格局，大力推进陆海联动、山海协作，探索实现互利合作、携手共赢的协调发展。要特别注重加强公共服务和社会保障的全省性统筹，加强省级财政对市县财政的调节，以省域一体化的公共服务、社会保障，促进人口的流动，最大限度地提高公共资源与人口分布的对称配置，以保证城乡居民无论工作生活在哪个地区都能公平地共享发展成果。

高水平推进城乡一体发展，不断提高城乡居民共享发展成果的水平。浙江拥有全国最好的城乡协同发展、一体发展的条件，有责任在进一步完善城乡共享发展的体制机制上先行先试。提升城乡居民共享发展水平的关键，是突破城乡二元结构，以体制融合推进城乡发展一体化。要在完善城乡基础设施一体化的基础上，积极推动建立城乡统一的建设用地市场，深化"三权到人（户）、权跟人（户）走"改革，积极稳妥推进农村土地制度改革，探索建立农村集体经营性建设用地入市机制。深化户籍制度改革，加强农业转移人口技能培训，完善政府购买就业培训服务制度，促进进城务工人员在城镇落户。建立城乡一体化的居民医疗保险制度，实现农村居民和城镇居民医疗保险待遇水平及缴费政策的统一。推动教育、医疗卫生、科技推广、文化娱乐、商贸金融等服务向农村延伸。只有城乡二元体制基本被打破，城乡居民只有居住地和职业的分别，而不再有权利、福利的差异，并且是社会成员的自由选择的结果时，城乡共享发展才能实现历史性的突破。

三 以教育现代化全面提升社会成员共建共享能力

社会成员参与劳动实践和社会共建的实际能力，既是人的全面发展的重要组成部分，更是促进人的全面发展的重要条件。马克思指出，所谓"全面发展的个人……也就是能够适应极其不同的劳动需求，并且在交替变换的职能中，只是使自己先天的和后天的各种能力得到自由发展的个人来代替局部生产职能的痛苦的承担者"[①]。马克思在谈到人的全面发展时，一再强调，人的全面发展是"作为目的本身的人类能力的发展"[②]，每个人都要"全面地发展自己的一切能力"，"使社会的每一个成员都完全自由地发展和发挥他的全部才能和力量"[③]。最大限度地实现全体社会成员参与社会财富的创造，是

[①]《马克思恩格斯全集》第46卷（下），人民出版社1979年版，第500页。
[②]《马克思恩格斯全集》第25卷，人民出版社1974年版，第927页。
[③]《马克思恩格斯全集》第42卷，人民出版社1979年版，第373页。

实现共享发展最重要也是最有效的途径。衡量共享发展水平高低的最重要的尺度，不是政府集中了多少社会财富直接用于调节收入分配格局，而且这个社会在何种范围、何种程度上实现了社会成员能力的发展，实现了对社会发展的共同参与、共同建设。

全面发展人的能力，最有效的途径莫过于教育。马克思曾经指出，教育"不仅是提高社会生产的一种方法，而且是造就全面发展的人的唯一方法"①。恩格斯也指出："教育将使年轻人能够很快熟悉整个生产系统，将使他们能够根据社会需要或者他们自己的爱好，轮流从一个生产部门转到另一个生产部门。因此，教育将使他们摆脱现在这种分工给每个人造成的片面性。这样一来，根据共产主义原则组织起来的社会，将使自己的成员能够全面发挥他们的得到全面发展的才能。"② 在社会现代化进程中，特别是技术创新推动下不断深化的经济转型升级的背景下，教育在实现高水平发展上的作用更是以前所未有的方式呈现出来。一方面，生产技术水平的提升，使得各个领域、各个行业的工作对人的专业知识、专业技术提出了越来越高的要求，没有受到过良好的教育和职业能力训练的人，越来越难以适应工作的要求，越来越难以广泛地参与到社会财富的共同创造之中。另一方面，社会生产效率的不断提升，又使"必要劳动时间缩减到最低限度"，"个人受教育的时间，发展智力的时间，履行社会职能的时间，进行社交活动的时间，自由运用体力和智力的时间"③ 大大增加，每个人"不再从事那种可以让物来替人从事的劳动"④，这就"给所有的人腾出了时间和创造手段，个人会在艺术、科学等方面得到发展"⑤。事实上，只有社会成员普遍性地接受内容日益丰富的教育，才有可能最大限度地挖掘出全体社会成员的潜能，提升全社会创造财富的能力；才能最大限度地提升社会成员的个人能力发展，以及他们通过参与社会财富创造而分享社会财富的能力；才能最大限度地实现

---

① 《马克思恩格斯全集》第23卷，人民出版社1972年版，第530页。
② 《马克思恩格斯选集》第1卷，人民出版社1995年版，第243页。
③ 《马克思恩格斯全集》第23卷，人民出版社1972年版，第294页。
④ 《马克思恩格斯全集》第46卷（上），人民出版社1979年版，第287页。
⑤ 《马克思恩格斯全集》第46卷（下），人民出版社1979年版，第219页。

全体社会成员共享发展成果机会的相对均衡。

党的十九大报告明确提出,在提高保障和改善民生水平上要确立"优先发展教育事业"的政策导向。强调"建设教育强国是中华民族伟大复兴的基础工程,必须把教育事业放在优先位置,加快教育现代化,办好人民满意的教育"。省委在提出浙江省要在高水平全面建成小康社会基础上,高水平推进社会主义现代化建设的奋斗目标时,也明确强调要"坚持教育优先发展",要通过深化教育领域综合改革,"全面实现教育现代化,教育发展主要指标接近或达到发达国家平均水平",并提出了"高质量普及十五年基础教育""着力提高高等教育发展质量""加快现代职业教育体系建设"等一系列实施计划。我们必须清醒地看到,无论就社会成员的平均受教育程度,还是高等教育的发展而言,浙江省的教育事业发展水平同其经济发展水平是不相称的,同浙江省确立的高水平推进社会主义建设的宏伟目标更是极不匹配。能否有效地提高全社会的教育水平,直接关系到浙江省最终能否继续在推进和实现共享发展方面走在全国前列。为此,必须痛下决心,尽快补齐教育事业不发达这一最大短板,汇聚各方面的资源,全面提升浙江省义务教育、高等教育和职业教育水平,为提高全体社会成员参与社会共建的能力打下坚实在的基础。

第三节　先行先试:打造跨越"中等收入陷阱"的浙江经验

成熟的、高水平的共享发展,绝不仅仅只是一种注重公平分配的政策导向,而是一种得到完善的制度安排和政策体系支撑的发展道路,一种有效的国家治理模式。诸多发展中国家所遭遇的"中等收入陷阱",在很大意义上是陷入了社会两极分化的不可治理困境。浙江要在共享发展的探索上继续走在前列,打造高水平共享发展的成功典范,就必须在区域治理体系现代化上先行先试,不断完善区域治理结构和治理方式,形成一整套成熟的区域治理制度体系,使共享发展转化为一种常态化的发展模式和治理体系。

一 共享发展与国家治理体系创新

在共享发展上陷入失败境地的典型表现,就是遭遇所谓的"中等收入陷阱"。严格地讲,所谓"中等收入陷阱"并不是一个单纯的经济发展停滞问题,大部分陷入这一发展困境的国家都存在着严重的社会公平问题。畸形化的两极分化格局,以及尖锐的社会利益冲突,不仅直接威胁着社会的和谐稳定,而且还因为发展环境的恶化,以及社会中等收入群体扩大的受阻而直接制约了消费水平的提升和消费结构的升级,制约了产业结构的转型升级和经济的可持续发展。

以拉美国家为典型的"中等收入陷阱"现象,其本质是政府与市场关系的失调。[①] 大致上,在第二次世界大战后的二三十年,拉美国家普遍采用新自由主义的发展导向,虽然一度实现了经济的快速发展,但两极分化的格局逐步使经济增长的活力趋于衰竭。在社会矛盾不断激化之后,许多拉美国家走上了威权主义的发展模式。威权主义的治理结构克服了民粹主义的无序状态,但国家权力对经济社会发展过程的全面干预,同样扭曲了政府和市场之间的正常关系,而且派生了严重的权力寻租现象。结果是两极分化并没有得到有效治理,反而形成了经济发展停滞、社会矛盾加剧、政治腐败高发的恶性循环。如果说,前一发展阶段政府与市场关系的突出问题,是市场经济的自发扩张缺乏必要的政府规制和政府调控,造成了严重的市场失灵现象;那么,威权主义对新自由主义的矫枉过正,又因放纵政府的干预而严重窒息了市场经济的活力。对"中等收入陷阱"问题研究的深化,也使越来越多的人们意识到发展中国家的核心问题,是国家治理结构的缺陷及国家治理能力严重不足,"落入中等收入陷阱国家面临的严重问题在于包容性缺失,政府职能难以匹配市场,国家权力无法协同社会,精英集团不愿容纳大众"[②]。

事实上,政府与市场关系失衡,导致国家治理陷入困境,失衡

---

① 时和兴:《国家治理变迁的困境及其反思:一种比较观点》,《当代世界与社会主义》2014年第1期。

② 同上。

的社会结构严重制约经济发展的现象,并不是发展中国家特有的问题,而是现代化特定发展阶段一个带有普遍性的问题。20世纪二三十年代,失去社会力量制约,又严重缺乏政府规制的市场秩序的自发性扩展,特别是资本力量的野蛮放纵,使西方社会普遍遭遇了严重的国家治理危机。市场的失灵促使西方重新反思国家、政府在社会秩序维护中的作用,以罗斯福新政和欧洲福利国家建设为代表,西方国家治理体系经历了一轮以所谓"新国家主义"为指导的变革,政府逐步承担起社会保障和市场规制的职责,并逐步形成政府、市场、社会三足鼎立的国家治理结构。第二次世界大战以后,随着政府职能迅速扩大,国家在提供日益丰富的公共服务的过程中逐步完成了对社会生活的全面控制,而"民主赤字"及高福利体制带来的难以承担的财政压力,又不断恶化市场机制运行的社会环境。于是,20世纪70年代以来,政府失灵的危害引起人们的广泛关注。20世纪80年代起兴起的新公共管理实践,以及新自由主义思潮,完成了一次对国家和政府角色的大反拨,自由竞争时代的小政府再度受到普遍青睐。西方国家治理的主流思想由此呈现出了浓厚的社会中心主义倾向,治理与善治理论甚至开始憧憬起"没有政府的治理",以及"以公民为中心的治理结构"[①]。然而,从2008年金融危机,到全球性的民粹主义现象的出现,都预示着将国家置于治理对立面,以弱化国家为实现善治的重要途径,将导致国家治理陷入更为严重的混乱。从之前的"合法性危机""民主的危机",到21世纪以来的"风险社会""否决体制"等,西方现有的国家体制难以适应全球化时代、互联网时代公共事务治理面临的挑战,已经成为欧美思想界相当普遍的共识。[②] 反映到理论思潮的演变动向上来,便是"回归国家"引起的强烈共鸣。正如美国学者米格代尔指出的那样,在社会中心主义范式下,各种社会组织单独或和其他组织一道,为个人及社会成员提供生存策略的各种组成要素,大量权威高度分布于社会,

---

[①] [美]理查德·博克斯:《公民治理:引领21世纪的美国社区》,孙柏瑛等译,中国人民大学出版社2005年版。

[②] 参见杨雪冬《论国家治理现代化的全球背景与中国路径》,《国家行政学院学报》2014年第4期。

但权威的运行却可能是碎片化的。① 针对社会中心主义范式下的治理失灵现象,"回归国家"学派主张国家(政府)履行"元治理"的角色,来为政府、市场、社会的合作治理搭建必要的协作平台,构建必要的规则系统,以切实提高国家治理的有效性。"回归国家"的理论反思,"蕴涵着对国家与经济和社会之间关系的一种根本性的重新思考"②,它预示着全球化非但没有导致"国家终结",反而使各国政府日益深切地意识到了国家在公共事务治理中不可替代的功能。

与此同时,后冷战时代,以新自由主义为理论支撑的所谓"华盛顿共识"大量输出,同样没有带来发展中国家和转型国家的经济繁荣、社会公平,"华盛顿共识"失灵现象促使一些学者不得不就此展开反思。弗朗西斯·福山就明确指出:"软弱无能的国家或失败国家已成为当今世界许多严重问题的根源。"③ 一度成为西方自由民主体制代言人,宣称历史已经终结的福山,在广泛比对了中国、美国以及一些发展中国家和转型国家的发展绩效与国家治理结构的关联性后,在一定程度上修正了其原先的理论。福山指出,国家(state)、法治(rule of law)和民主责任制度(accountability)是现代政治秩序的三大基本要素,当三者达到平衡时,就会出现政治秩序的理想情况。因此,在建设政治秩序时,首先需要构建一个强有力的政府,然后厉行法治,最后是建构民主责任制度。法治和民主责任制度必须能够牵制政府权力,但如果国家因此丧失能力,则会导致灾难,像叙利亚、伊拉克一样,社会将陷入大规模混乱。中国的成功很大程度上得益于构建了一个强有力的政府,相反,政府权力受到削弱的美国则正在走向衰落。

中国是在特定的历史背景下开启市场化改革进程的,整个市场体系都是政府释放和培育出来的,政府不仅直接主导着市场体系的发

---

① [美]乔尔·S. 米格代尔:《强社会与弱国家:第三世界的国家社会关系及国家能力》,张长东等译,江苏人民出版社2012年版,第30页。
② [美]西达·斯考克波:《找回国家:当前研究的战略分析》,载[美]彼得·埃文斯等编著《找回国家》,方力维、莫宜端、黄琪轩等译,生活·读书·新知三联书店2009年版。
③ [美]弗朗西斯·福山:《国家构建:21世纪的国家治理与世界秩序》,黄胜强、许铭原译,中国社会科学出版社2007年版,第7页。

育，而且在资源配置上发挥着极为重要的作用。更重要的是，沉重的赶超压力驱使着政府不得不采取非均衡的发展战略，实行"效率优先、兼顾公平"的发展导向，集中资源甚至暂时不惜代价"先把蛋糕做大"。发展至上主导的举国体制与民间爆发出来的被压抑已久的创业致富冲动的结合，使中国创造了发展的奇迹。但长期的非均衡的发展使国家治理在"发展起来后"遇到了新的重大挑战，改革发展30多年积累的众多社会矛盾开始大量释放出来。概括地讲，发展起来之后，国家的有效治理问题已极大地凸显出来。一个突出的问题，如何理顺政府与市场关系，强化政府在维护公平正义上职责，推进之前鼓励一部分地区、一部分人先富起来的赶超发展迈向逐步实现全体人民共同富裕的新时代。为此，党的十八大突出强调了"党领导人民有效治理国家"的重大历史课题，十八届三中全会进一步将推进国家治理体系和治理能力现代化确立为全面深化改革的总目标。

国家治理体系现代化的核心问题，是推进国家治理结构与治理方式的现代转型，健全和完善执政党总揽全局的政府、市场、社会的合作治理结构，以及与此相适应的法治化、民主化的国家治理方式。在谈及全面深化改革的重点时，习近平总书记强调："坚持社会主义市场经济改革方向，核心问题是处理好政府和市场的关系，使市场在资源配置中起决定性作用和更好发挥政府作用。"① 国家治理结构在很大程度上决定着国家治理的基本方式。要充分发挥市场体系和社会治理体系在国家治理体系中不可替代的作用，要充分保障人民在国家治理中的主体地位，就必须推进全面依法治国，以法律制度明晰和规范政府与市场、政府与社会的关系，维系市场治理和社会治理的相对自主性；就必须全面加强社会主义民主政治建设，充分发挥民主作为一种凝聚共识、协商公共事务治理方式的作用。为此，党的十八届四中全会就推进法治国家、法治政府、法治社会一体化建设，健全科学立法、严格执法、公正司法、全民守法的制度体系进行了整体设计。与此同时，习近平总书记还就中国特色社会主义民主政治建设发表了一

---

① 习近平：《切实把思想统一到党的十八届三中全会精神上来》，《人民日报》2014年1月1日第1版。

系列重要讲话，创造性地提出了选举民主与协商民主相统一的民主政治建设思想方略。这些就为推进国家治理方式的现代化，提供了明确的思想指导。显然，国家治理体系现代化命题的提出，标志着中国共产党对现代化建设规律的认识达到一个新的历史境界，开始从整个国家治理的制度体系视角来审视、谋划整个现代化进程，来完善中国特色社会主义事业，包括逐步实现全体人民共同富裕的共享发展的探索实践。

二　完善促进共享发展的区域治理结构

如前所述，浙江共建共享的发展模式的形成，得益于特定的发展约束条件与浙江区域文化传统的良性互动。在国有经济和集体经济都比较薄弱，而民间又涌现出了极为旺盛的创业冲动的背景下，地方党委政府顺乎时势，顺乎民意，对个体私营经济的发展以及民间推动的市场化改革采取了开明、包容的态度，进而在民营经济发展增长绩效的激励下，致力于努力为民营经济发展和市场化的体制机制创新营造宽松的政治和政策环境。这种区域市场经济的发育和扩展模式，不仅使浙江在理顺政府与市场关系上走在了全国前列，而且为塑造浙江相对合理的区域治理结构奠定了独特的优势。

浙江市场体系的率先发育，开明务实的地方政治文化传统，以及"藏富于民"的政府行为导向，客观上将地方政府对市场机制的行政干预控制在了相对合理的范围之内。据樊纲、王小鲁在21世纪初的研究成果，浙江的地区市场化总体水平居全国第2位，其中"政府干预"单项指标的排名长期居于全国第1位（政府对市场的行政干预最弱）。[①] 这就为浙江充分发挥市场在资源配置中的优势，充分发挥市场机制在调动民众的创业创新热情，形成共建共享格局，提供了充分的空间。与此同时，市场体系的扩展，政府的开明务实，特别是地方党委政府形成的尊重群众的首创精神，注重发挥民间力量的作用等传统，又为民间社会组织的发育，以及在经济发展和社会建设中发挥其

[①] 樊纲、王小鲁：《中国市场化指数——各地区市场化相对进程报告（2000年）》，经济科学出版社2001年版。

独特作用，提供了良好的环境。据浙江民间组织管理局统计，截至2004年年底，浙江省登记在册的民间组织（包括民办非企业单位、基金会、社会团体）已近3万个，从业人员约13万人，全省平均每10万人拥有民间组织47个，居全国第二位。[1] 浙江的民间组织素以自主性性格突出而著称，[2] 其快速发展显著地提高了社会的组织化水平和自治化程度，不仅促进了市场体系的扩展，而且为推进政府职能转变，推动政府管理模式创新创造了有利的条件。从浙江涌现出的诸如义乌工会社会化维权、温州民间商会、温岭行业工会工资协商制度、瑞安农民农村合作协会等制度创新案例，我们可以清楚地看到，自治性的社会组织与政府的互动关系，已经相当有效地促进了地方治理模式的优化。

进入21世纪以来，浙江遭遇了一系列"成长中的烦恼"。习近平同志在主政浙江期间就此进行了深入的思考，一再提出"为什么浙江生活那么好，还会出事故"[3] 的问题。这一问题的实质，就是浙江如何认识和处理先发展起来后遇到的新情况新问题。在2004年省委十一届六次全体（扩大）会议上，习近平同志明确指出，"形势越好，我们越要保持清醒头脑，居安思危，增强忧患意识，切实做到'为之于未有，治之于未乱，防患于未然'"。"浙江作为经济相对发达的东部省份和市场经济的先发地区，在许多问题上程度不同地比全国先期遇到，比如促进社会公正问题、失业和社会保障问题、社会治安和人民内部矛盾问题、安全生产和公共安全问题、生态环境问题等等，这些问题的显性化与群众越来越高的预期，在一些方面已成为突出的矛盾。"[4] 反映

---

[1] 2007年12月30日，浙江民间组织信息网，http://mjzz.zjmz.gov.cn。

[2] 参见王诗宗、何子英《地方治理中的自主与镶嵌——从温州商会与政府的关系看》，《马克思主义与现实》2008年第1期；褚松燕：《我国社会团体发展的省际差异比较——北京、浙江、黑龙江》，《国家行政学院学报》2004年第6期。另据浙江民间组织管理局的统计，目前浙江省1346个应脱钩的行业协会已全部民间化，其中743个与行政机关合署办公的行业协会实现了机构分设，203个与行政机关会计合账的行业协会实现了财务独立，2703人次的兼职公务员退出了行业协会工作人员队伍。

[3] 习近平：《为什么浙江生活那么好，还会出事故？》，《人民日报》2005年2月22日第1版。

[4] 习近平：《干在实处　走在前列——推进浙江新发展的思考与实践》，中共中央党校出版社2006年版，第24页。

到区域治理结构上来,浙江"先成长先烦恼"的关键问题,就是浙江迫切需要进一步深化政府与市场、政府与社会关系的调整。在制定和实施"八八战略"的过程中,习近平同志就如何进一步理顺政府与市场、政府与社会的关系,进一步优化浙江区域治理结构,促进浙江共享发展向纵深拓展,进行了大量探索,推出了一系列战略举措。正是在这样的大背景下,进入21世纪以来,浙江成为政府创新最为活跃的地区,涌现出了众多在全国产生重要影响的地方政府创新案例。仅以"中国地方政府创新奖"评选的入围项目统计来看,前五届政府创新奖评选中,全国共有114项政府创新典型案例入围,其中浙江入围项目17个,约占入围项目总数的15%,是全国入围项目最多的省区之一。

政府角色的持续深入调整,使浙江在习近平同志主政期间逐渐形成了市场发育、社会成长和政府创新的良性互动,在区域治理结构现代化上走在了全国前列。总结浙江区域治理结构演变的历程,我们不难发现,浙江经验特有的政府、市场、社会互动模式,为从整体上思考区域治理乃至国家治理体系现代化提供了有益的借鉴。概括地讲,在市场体系的发育过程中,浙江地方政府的角色行为选择,呈现出了鲜明的"顺势而为"的倾向。政府既没有一味放任无为,听凭区域市场体系完全按照自生自发的逻辑缓慢演进,也没有运用行政手段去支配和控制市场化进程,而是在充分尊重市场体系发育内在规律的前提下,根据市场体系发育在不同阶段提出的要求,不断调整自己的角色地位,坚持有所为有所不为,从而有效地发挥了对区域市场体系发育的扶持、引导、增进作用。改革开放初期,地方政府的服务功能突出体现在尊重民众的经济主体地位,尊重群众的首创精神,通过保护和扶持民众的自主创业,营造和优化民营经济成长的空间,形成"民有、民营、民享"的"老百姓经济"格局,从而为民众的脱贫致富,以及区域市场体系的率先发育提供了特定条件下最有效的公共服务。进入21世纪以来,在市场主体发育趋于成熟,区域市场体系开始向更高的形态演进的情况下,适应人民群众日益增长的公共服务需求,地方政府的公共服务功能则更加突出地集中到提供市场和社会无法提供的基本公共服务上来。与此同时,"浙江市场化取向的改革进行得早，已经形成了一种内生机制，领导参与到微观经济活动中相对比别的省少一点，我们可以腾出更多的精力干别的事"[1]。区域市场体系相对发达，大大减轻了政府直接组织经济建设的压力，得以将注意力更多地转向政府自身的改革，转向公共服务的供给。而市场体系发育过程中逐步成长起来的各类社会组织在社会治理、公共服务、市场服务方面发挥的积极作用，[2] 同样既减轻了政府在社会管理和公共服务领域大包大揽的压力，也逐步增强了各级地方党委对社会组织的信任感，并致力于探索政府主导的社会多元主体合作治理的运行机制。

毫无疑问，浙江相对合理的区域治理结构，已经成为浙江从区域治理制度体系上探索高水平的共享发展模式的独特优势。为进一步理顺政府与市场、政府与社会的关系，优化区域治理结构，浙江从2013年11月开始全面进行"四张清单一张网"改革。这场改革通过编制权力清单，进一步限制政府权力；通过编制责任清单，进一步强化政府责任；通过制定并修订《浙江省企业投资项目核准目录》，进一步赋予企业自由；通过编制财政专项资金管理清单，进一步减少微观干预；通过建设功能集成、统一架构、多级联动的浙江政务服务网，打造网上政府，抓住了政府正确履职的关键，成为浙江加快政府职能转变，推进政府改革的总抓手。在此基础上，根据人民日益增长的美好生活需要以及全面深化改革的要求，从2016年12月起，浙江更是以最大决心，启动了"最多跑一次"改革。2017年省级"最多跑一次"事项达到665项，设区市本级平均达到755项，县（市、区）平均达到656项，全省"最多跑一次"实现率达到87.9%，办事群众满意率达到94.7%。[3]

在公布"最多跑一次"事项的同时，"最多跑一次"改革也在多个关键领域向纵深推进。在政府流程再造方面，浙江全面推行行政服务中心"一窗受理、集成服务"改革，将原来按部门设置的窗口由

---

[1] 习近平：《为什么浙江生活那么好，还会出事故？》，《人民日报》2005年2月22日第1版。

[2] 参见何显明《顺势而为：浙江地方政府创新实践的内生演进逻辑》，浙江大学出版社2008年版。

[3] 《浙江省政府工作报告》，《浙江日报》2018年2月5日。

行政服务中心分类整合为投资项目审批、商事登记、不动产交易登记、医保社保、公安服务等综合窗口,再按职责分工由业务部门后台分别审批,从而使群众只需进行政服务中心"一个门",到综合窗口"一个窗",提交"一份材料",就能把"一件事"办成。在涉及多部门、多环节的"一件事"办理优化方面,浙江推进并深化不动产交易登记改革、商事登记制度改革、企业投资项目审批制度改革,使这些群众最渴望解决、以往最难办的事项也能实现全业务全过程的"最多跑一次"。在推行"互联网+政务服务"方面,浙江依托省、市、县、乡、村五级联动的浙江政务服务网,推进权力事项集中进驻、网上服务集中提供、政务信息集中公开、数据资源集中共享。

在总结"最多跑一次"改革实施成效的基础上,浙江省第十四次党代会进一步明确提出要以"最多跑一次"改革作为"突出改革强省,增创体制机制新优势"的总抓手,加快打造"审批事项最少、办事效率最高、政务环境最优、群众和企业获得感最强"省份,进而以"最多跑一次"改革撬动各方面各领域改革,最大限度释放改革红利。这一战略思路,抓住了体制改革最有效的切入点,确立了政府改革的新逻辑。

"最多跑一次"改革通过以外置压力构建最强倒逼机制,确立最直观的改革评判标准,将政府效能改革推向极限值,在打破行政审批制度改革"精简—增设—再精简—再增设"的怪圈方面取得了显著的成效。更重要的是,"最多跑一次"改革,为撬动各个领域的改革,再造浙江体制机制优势提供了历史性的机遇。为此,就要横下一条心,不断破解"最多跑一次"改革遇到的难题,层层深入,持续推进,在实践中形成更多的制度性成果,建立起改革的自我强化机制,形成一个浙江地方行政体制改革和政府治理体系现代化的完整路线图,以高效、合理的现代治理结构,保障经济的持久繁荣和社会的长治久安,奠定高水平共享发展坚实的制度基础。

三 健全法治化、民主化的共享发展机制

法治与民主是现代国家治理的基本方式,也是促进共享发展的重要制度保障。浙江相对成熟的区域治理结构,有力地促进了民主法治

建设走在了全国前列，这同样为浙江健全和完善共建共享的法治化、民主化机制创造了有利条件。

浙江共享发展的一大优势，是形成了共建与共享的良性循环机制。浙江构建高水平的共享发展模式，同样需要发挥好这一优势，充分发挥公平竞争的市场机制在调动社会成员参与社会共建的积极性上的关键作用。为此，就必须大力健全市场经济的法律保障体系，充分保障市场主体的合法权益。习近平同志主政浙江期间，围绕全面提升浙江"经济、政治、文化和社会各个领域的法治化水平"，在全国率先进行了区域法治建设探索，全面推进"法治浙江"建设，并取得了显著的成效。习近平同志强调，市场经济的高效率就在于价值规律、竞争规律、供求规律的作用，但发挥市场经济固有规律的作用和维护公平竞争、等价交换、诚实守信的市场经济基本法则，需要法治上的保障。如果不从法律上确认经济实体的法人资格，企业就不能成为真正的市场竞争主体。如果缺乏维护市场秩序的法治保障，市场行为就会失当，市场信息就会失真，公平竞争就会失序。如果缺乏对不正当市场行为进行惩防的法治体系，守信者利益得不到保护，违法行为得不到惩治，市场经济就不能建立起来。从这一意义上说，市场经济就是法治经济。推进法治建设的一个重要动因，就是要反映和坚持社会主义先进生产力的发展要求，坚持为社会主义市场经济服务，坚持平等、自由、正义、效率等社会主义市场经济内在价值的追求。浙江省要在完善社会主义市场经济体制上走在前列，首先就要在法治建设上走在前列，更多地运用法律手段来调节经济、实施监管，加强对知识产权的保护，提高自主创新能力，反对不正当竞争，维护市场秩序，保证社会主义市场经济的健康发展。[①]

健全的法治体系不仅能够有效维护公平竞争的市场秩序，保护市场主体的合法权利，以调动创业主体的积极性，而且能够有效地保障劳动者的合法权利及其分享发展成果的权利。正如习近平同志指出的那样，法治通过调节社会各种利益关系来维护和实现公平正义，法治为人们之间的诚信友爱创造良好的社会环境，法治为激发社会活力创

[①] 习近平：《之江新语》，浙江人民出版社2007年版，第202页。

造条件，法治为维护社会安定有序提供保障，法治为人与自然的和谐提供制度支持。① 2005年8月2日在义乌市调研工会社会化维权的创新实践时，习近平同志指出，要把实现好、维护好、发展好广大人民群众的根本利益作为一切工作的出发点和落脚点，在各项工作中注重维护群众合法的经济、政治、文化和社会权益，同时教育引导人民群众合法理性有序地表达利益诉求，依法维护自身权益。② 同年9月15日在全国工会维权机制建设经验交流会上，习近平同志在致辞中再次着重指出，要坚持依法办事，把维权工作纳入法治化的轨道。

如果说健全的法治为社会成员维护自己参与社会共建的权利和获得共享发展成果的权益提供了有力保障的话，那么，完善的民主体制将为社会成员充分表达自己的利益诉求，在社会多元主体之间建立各种形式的利益平衡机制、调节机制，提供了有效的渠道。习近平同志主政浙江期间就高度重视发挥民主作为一种治理手段、治理方式在优化区域治理中的作用。他曾经多次强调，民主选举是基层民主政治建设的一个核心内容，是实现村民自治的前提和基础。但是，民主选举不是民主政治建设的全部，一选了之肯定会出乱子……"民主管理、民主决策、民主监督"同"民主选举"一样重要，一样关键。"半拉子"的民主，造成"选时有民主，选完没民主"，反而把原有的秩序都搞乱了。民主的管理、决策、监督，不仅能保障民主选举的成果，而且可以解决民主选举尚不完善带来的一系列问题。③ 在习近平同志的推动下，浙江广泛开展了各种形式的基层协商民主创新实践，成为全国基层民主治理创新最为活跃的省份，为全国贡献了以温岭民主恳谈、义乌工会社会化维权、武义村务监督委员会等为代表的一大批创新典型。2011年3月全国两会期间，在看望浙江省人大代表时，习近平同志指出，浙江在多年锲而不舍的实践中，积累了构建和谐劳动关系的宝贵经验，并涌现出一大批劳动关系和谐的先进典型。要进一步总结经验，把实施积极的劳动就业政策与构建和谐劳动关系结合起

---

① 习近平：《之江新语》，浙江人民出版社2007年版，第204页。
② 同上书，第157页。
③ 习近平：《干在实处　走在前列——推进浙江新发展的思考与实践》，中共中央党校出版社2006年版，第382—283页。

来，健全协调劳动关系三方机制，发挥政府、工会和企业的作用，努力形成企业职工利益共享机制，建立规范有序、公正合理、互利共赢、和谐稳定的劳动关系，切实维护劳动者的合法权益。[①]

在完善和落实为民办实事的长效机制上，习近平同志也突出强调要建立起民主化的运行机制，指出"为民办实事对象是'民'，要把群众的呼声作为第一信号，问需于民、问计于民、问情于民，掌握民情、分析民情，民主决策、科学安排"，而在落实为民办实事项目时，必须做到让人民群众参与和让人民群众做主，只有这样才能让人民群众受益、让人民群众满意，真正使群众成为利益的主体。[②] 这意味着，在政府作出决策之前抑或在决策执行之中，都应当通过适当的机制设计让广大人民群众参与进来，让政府的公共政策体现最广大人民群众的根本利益所在，这也是政府决策民主化和科学化的必然要求。在习近平同志的推动下，浙江广泛开展了各种形式的"问需于民、问计于民"和"让人民群众参与、让人民群众做主"的创新实践活动。在浙江天台，村级民主决策"五步法"以民主决策为突破口，将法律法规关于民主决策、民主管理、民主监督的内容系统化、具体化，使村级工作走上了程序化、规范化的轨道，保障了村党支部的领导权，规范了村民代表会议的决策权。在浙江武义，村务监督委员会的建立和有效运转，极好地强化了广大村民对村级公共事务的监督权，保障了村民民主权利和权益的实现。可以说，这些民主实践活动，不仅有效地保障了基层群众的合法权益，而且完善了基层社区促进发展成果共享的治理机制。

众所周知，治理主体的多元性以及由此构成的治理结构的开放性，是现代治理区别于传统管理、统治的显著特征。联合国全球治理委员会在1995年发表的题为"我们的全球伙伴关系"的研究报告中对治理作出了如下界定："治理是各种公共的或私人的个人和机构管理其共同事务的诸多方式的总和。它是使相互冲突的或不同的利益得

[①] 习近平：《促转型发展，抓社会管理，强党建保证》，《浙江日报》2011年3月9日第1版。

[②] 习近平：《之江新语》，浙江人民出版社2007年版，第245页。

以调和并且采取联合行动的持续的过程。它既包括有权迫使人们服从的正式制度和规则，也包括各种人们同意或以为符合其利益的非正式的制度安排。"[1] 在治理理论的视野中，参与治理的行为主体结成一种平等的合作关系或伙伴关系，它们通过多元互动，找到共同的利益和目标。这样一种合作性治理结构，必然要求充分发挥协商民主作为一种常态化的治理机制的作用。要在社会分化的过程中形成共建共享的秩序，一个重要的前提，是社会成员需要在各个层面形成最基本的共识。这种共识，不仅在于对社会共同体共同利益的确认，还在于对法治秩序所确立的社会行为的刚性底线的确认，更重要的是形成"有事好商量"的化解冲突的行为方式。协商民主，无疑正是寻求共识最广泛、最有效的现实路径。众所周知，民主最本质的内涵是公共事务治理充分体现公众的真实意愿。现代民主实践的经验和教训充分证明，仅仅通过民主选举并不能真正解决这一问题。选举说到底是以简单的票决来形成偏好的聚合，在这个过程中，公众真实的声音是很难得到表达和回应的，甚至容易出现对少数人权利的合法压制现象。更重要的是，选举民主毕竟只能在政府层面形成偏好聚合机制，而不可能对微观层面各种复杂的利益关系调节施加影响。协商民主的优势在此得到了充分体现。在此，不仅各种层面、各种范围的公共事务决策都可以借助于形式多样的民主协商形式，充分表达各个群体的真实意愿，进而通过沟通交流，最大限度地达成共识，而且不同群体的矛盾也可以通过相互倾听，相互协商得以缓解。

对社会问题特别是社会不公现象的普遍关切甚至愤怒，转变为政治参与的强烈愿望，常常是诱发发展中国家在社会两极分化背景下出现参与危机甚至民主危机的重要根源。如何将日益增长的参与热情导入制度性轨道，是民主政治健康成长的关键。协商民主实践完全有可能为此提供某种缓冲机制，提供必要的参与训练。正如有学者分析指出的那样，参与过程为参与主体提供了直接体验、彼此感知、谋求策略的现实场景，是参与主体进行协商对话、施加话语影响力、增进理解并改变分配规则的交互学习场所。参与主体间的积极交往和互动能

---

[1] 转引自俞可平《治理与善治引论》，《马克思主义与现实》1999 年第 5 期。

够产生一系列不同层次的功效，如公民在参与过程中所表达的分散于民间的诉求信息，可以为政府制定公共政策提供重要依据；公民向政府施加影响力能够促使权力被置于阳光之下，释放出社会"安全阀"的能量；参与主体间的交互影响会促使参与主体考虑对方的诉求，体验并理解对方的生活环境与状态，互换角色并不断地认同彼此角色，以学习尊重对方和平等互利的交往能力，增强彼此的信任程度；在互动性的参与实践中参与可以共同学习打破僵局、克制冲动、化解矛盾的策略和技能；公民参与所表现出的公共事务治理潜力，会增强政府与公众的合作信心，如此等等。[①]

党的十九大报告明确提出，要"完善政府、工会、企业共同参与的协商协调机制，构建和谐劳动关系"。浙江要健全促进共享发展的制度保障，就必须充分发挥浙江基层民主创新实践活跃，干部群众民主参与、民主协商意识较为发达的优势，在社会各领域、各个层面广泛建立各种形式的协调民主机制，在充分保障相关利益群体，特别是弱势群体的利益诉求权利的基础上，引导和推动社会多元利益主体就相关利益展开平等的协商、沟通、谈判，最大限度地保障和平衡各方的权益。能否在日益完善的法治体系的规范下，建立健全有中国特色的社会主义协商民主体系，不仅是强化共享发展的制度体系支撑的重要突破口，也是避免许多发展中国家因迷信简单化的票决式民主诱发严重的"社会撕裂"、社会冲突，深陷"中等收入陷阱"难以自拔困境的关键。

---

① 孙柏瑛：《我国公民有序参与：语境、分歧与共识》，《中国人民大学学报》2009年第1期。

主要参考文献

《马克思恩格斯选集》，人民出版社1995年版。
《邓小平文选》第3卷，人民出版社1994年版。
《习近平谈治国理政》，外文出版社2014年版。
习近平：《干在实处　走在前列》，中共中央党校出版社2006年版。
习近平：《之江新语》，浙江人民出版社2007年版。
［美］约翰·罗尔斯：《正义论》，何怀宏等译，中国社会科学出版社1988年版。
［英］卡尔·波兰尼：《大转型：我们时代的政治与经济起源》，冯钢、刘阳译，浙江人民出版社2007年版。
［美］查尔斯·沃尔夫：《市场或政府》，谢旭译，中国发展出版社1994年版。
［美］查尔斯·林德布洛姆：《政治与市场——世界的政治—经济制度》，王逸舟译，上海三联书店、上海人民出版社1994年版。
［美］道格拉斯·C.诺思：《制度、制度变迁和经济绩效》，杭行译，格致出版社、上海人民出版社2008年版。
［美］道格拉斯·诺思：《经济史中的结构与变迁》，陈郁等译，上海三联书店1991年版。
［美］道格拉斯·诺斯等：《西方世界的兴起》，厉以平、蔡磊译，华夏出版社2009年版。
［美］曼瑟·奥尔森：《权力与繁荣》，苏长和、嵇飞译，上海人民出版社2005年版。
［美］贝克尔：《人类行为的经济分析》，王业宇、陈琪译，上海三联

书店 1993 年版。

［奥］路德维希·冯·米瑟斯：《自由与繁荣的国度》，韩光明等译，中国社会科学出版社 1995 年版。

［美］林德布洛姆：《政治与市场：世界的政治—经济制度》，王逸舟译，上海三联书店 1992 年版。

［美］奥斯特罗姆等编：《制度分析与发展的反思》，王诚等译，商务印书馆 1992 年版。

［日］青木昌彦等主编：《政府在东亚经济发展中的作用》，中国经济出版社 1998 年版。

［美］乔尔·S. 米格代尔：《强社会与弱国家：第三世界的国家社会关系及国家能力》，张长东等译，江苏人民出版社 2012 年版。

［美］弗朗西斯·福山：《国家构建：21 世纪的国家治理与世界秩序》，黄胜强、许铭原译，中国社会科学出版社 2007 年版。

世界银行：《东亚奇迹——经济增长与公共政策》，中国财政金融出版社 1995 年版。

世界银行：《1997 年世界发展报告：变革世界中的政府》，中国财政经济出版社 1997 年版。

林毅夫：《以共享式增长促进社会和谐》，中国计划出版社 2008 年版。

樊纲、王小鲁：《中国市场化指数——各地区市场化相对进程报告（2000 年）》，经济科学出版社 2001 年版。

方民生等：《浙江制度变迁与发展轨迹》，浙江人民出版社 2000 年版。

浙江改革开放史课题组：《浙江改革开放史》，中共党史出版社 2006 年版。

陈加元：《迈向全民社保（上）》，浙江人民出版社 2013 年版。

陈一新、徐志宏：《浙江改革开放 30 年辉煌成就与未来思路》，浙江人民出版社 2007 年版。

史晋川等：《制度变迁与经济发展——温州模式研究》，浙江大学出版社 2002 年版。

史晋川、汪炜、钱滔等：《民营经济与制度创新："台州现象研究"》，浙江大学出版社 2004 年版。

卓勇良：《挑战沼泽——浙江制度变迁与经济发展》，中国社会科学出版社 2004 年版。

钟晓敏：《公共财政之路》，浙江大学出版社 2008 年版。

何显明：《顺势而为：浙江地方政府创新实践的内生演进逻辑》，浙江大学出版社 2008 年版。

何显明：《市场化进程中的地方政府行为逻辑》，人民出版社 2008 年版。

时和兴：《国家治理变迁的困境及其反思：一种比较观点》，《当代世界与社会主义》2014 年第 1 期。

杨雪冬：《论国家治理现代化的全球背景与中国路径》，《国家行政学院学报》2014 年第 4 期。

郁建兴、徐越倩：《服务型政府建设的浙江经验》，《中国行政管理》2012 年第 2 期。

史晋川等：《政府在区域经济发展中的作用——从市场增进论视角对浙江台州的历史考察》，《经济社会体制比较》2004 年第 2 期。

史晋川、钱滔：《制度创新与民营经济成长——以浙江台州为例的历史制度分析（HIA）》，《浙江学刊》2005 年第 2 期。

赵伟：《温州模式：作为区域工业化范式的一种理解》，《社会科学战线》2002 年第 1 期。

后　记

　　我牵头的浙江省重点学术创新团队"地方政府创新研究团队"一直致力于通过跟踪研究地方政府的创新实践及其典型案例，梳理总结地方治理变迁的趋势及其内在逻辑。坚持富民强省，实现共享发展，是改革开放以来形成并与时俱进的浙江模式的一个显著特征。从20世纪八九十年代想方设法保护老百姓的创造热情，推动浙江形成大众化创业浪潮，到新世纪推出发挥优势、补齐短板的"八八战略"，再到近10年来的"创业富民、创新强省"、"物质富裕、精神富有"、"美丽浙江、美好生活"和"高水平小康、高水平现代化"实践，浙江四十年的改革发展历程呈现出一种鲜明的共享发展的内生逻辑，为中国道路提供了一个极具典型意义的研究实践。

　　浙江发展经验的转型升级同区域治理体系的变革有着紧密的内在关联。事实上，浙江之所以能够在共享发展方面走在前列，从根本上讲，还在于政府与市场关系顺势而为的动态调整，既充分发挥了市场机制在调动大众创业热情的重要作用，奠定了共富的坚实社会基础；又通过健全公共服务体系，完善推进城乡区域协调发展的政策体系，发挥了政府在共享发展上不可替代的作用。本项目的研究，力图通过梳理浙江改革发展历程，就区域治理格局及其变迁对经济社会发展的共享效应进行初步的总结。

　　全书由何显明设计总体思路和框架，并完成统稿工作。各章的写作分工发下：何显明撰写导论、第六章、第八章，汪锦军撰写第三章、第五章、第七章，袁涌波撰写第一章、第二章、第四章。

何显明

2018年10月8日